AF357952

DEUXIÉME CINQUANTAINE

DES

AMUSEMENS

MICROSCOPIQUES.

DE

MONSIEUR

MARTIN FROBENE LEDERMULLER,

Confeiller de Juftice & Infpecteur du Cabinet de
Curiofités naturelles de S. A. S. Monfeigneur le Marggrave regnant
de Brandebourg - Coulmbac ; Affocié de l'Academie Imperiale
des Naturaliftes, & de la Société Teutonique
d' Altorf.

Chés

ADAM WOLFGANG WINTERSCHMIDT,

Graveur & Marchand d'Eftampes

à Nuremberg 1766.

AMUSEMENS
MICROSCOPIQUES
DEUXIÉME CINQUANTAINE.

TABLE LI.
Le Nerf optique d'un Veau.

Les Savans & furtout les Anatomiftes ne font pas encore d'accord, fi les *Nerfs* ont les *Tuïaux* creux, ou non. Il y en avoit qui croioient, qu'ils étoient folides & nulle-ment *creux*; d'autres les comparoient à des *Joncs d'Efpag-*ne, ou à des *Cannes de Sucre.* Il y en avoit peu qui les cruffent *creux* & la plûpart étoit fur ce chapitre dans une incertitude ennuieufe,

C' eſt ainſi, *p. e.* que *Severin* a dit que les *Nerfs optiques* étoient *creux* *Willis* en a dit autant des *Gutturaux* & *Thomas Bartholin* des uns & des au‑ tres. *

Déſcartes en fait la Deſcription la plus exacte à peu près en ces Ter‑ mes :

„ Les *Nerfs* ſont un Paquet très compacte de petits *Tuïaux*, dont „ chacun eſt revêtu & enveloppé par dedans & par dehors d'une *Pel‑* „ *licule.* Ils partent tous des deux *Mères du Cerveau.*

Feu Mr. le Profeſſeur Heiſter les décrit des Particules longues, menues, rondes, (*Partes teretes*) blanches, reſſemblant à des *Fibres*, ou à des *Filets*, & qui ont pour *fluide* une Matière *ſpiritueuſe*, qui eſt l'Emanation la plus déliée du Cerveau ; de ſorte qu'on ne ſauroit les regarder comme de ſimples *Fibres ;* mais plûtôt comme de petits *Vaiſſeaux.* Il allegue dix puiſſantes raiſons, qui le font donner dans ce ſentiment, dont je ne rap‑ porterai que la quatrième, que Voici : **

„ Puiſque la Partie du Corps, dont on ſépare ou coupe un *Nerf,* „ perd tout auſſitôt la Vie, le Sentiment & le Mouvement, & qu' elle „ ne reçoit plus de Nourriture ; il faut neceſſairement, que le *Nerf* „ ſéparé ait contenu quelque choſe d'approchant d'un *Eſprit Vital,* „ qui a nourri auparavant la Partie morte & qui l' a fait *ſentir & mou‑* „ *voir.*

Mon illuſtre Ami, Monſieur le Conſeiller Treu, aux ſages Ordon‑ nances & aux Soins infatigables duquel je ſuis redevable, après Dieu, de ce que je puis commencer cette ſeconde Cinquantaine d'Obſerva‑ tions microſcopiques, étant hors d'Apparence que je dûſſe parachever

le

---

* Vidi ego cauitatem & publice demonſtraui in cadauere &c. ſunt verba Th. Barthol. in Anatome. Pag. 662. Edit. Lugd. Batav. 1673.

** In Compend. Anatom. &c. , 299. p. 149.

le prémier. Mr. Treu, dis-je, compare les *Nerfs* à la Conftitution des *Queues du Fruit des Arbres*, & croit, que ce qu'on prend pour *Ouvertures* ou *Cavités* dans les *Nerfs*, ne font que des *Interftices*. Or de même que c'eft par eux, que la *Séve* peut pénétrer dans le *Fruit*, & que le refte des *Filamens* de la *Queue* n'eft pas *creux*, mais deftiné à d'autres Operations fecrettes de la Nature ; il en peut être tout ainfi du *Nerf Optique*, qui répréfente ici la *Queue*, & *l'Oeil le Fruit*. *

Quelques divers que foient ces fentimens, que j'abandonne tous de bon cœur au Jugement du Lecteur ; ils fe réüniffent tous fur la Doctrine de leur Ufage; qui eft en peu de mots, *que les Nerf fervent à procurer la Nourriture, la Vie, le Sentiment & le Mouvement à toutes les Parties extèrnes & intèrnes du Corps.*

C'eft par ces nobles & précieux Organes que nôtre Efprit & nôtre Ame font mûs & agités. C'eft par eux, que nous éprouvons des Sentimens de Joïe, de Gaîté, de Douleur & de Trifteffe. Ils naiffent de la Tête & du Cerveau ; & c'eft donc par leur Moïen que nous penfons.

Mais helas ! combien de malhûreux Effets ne produiffent-ils pas au dedans & au dehors de l'Homme. Tels font p. e. la *Crampe*, la *Paralyfie*, la *Scyatique*, le *Mal-caduc*, l'*Etourdiffement*, la *Lethargie*, la *Laffitude*, la *Surdité*, l'*Aveuglement*, l'*Apoplexie*, la *Perte du Goût*, la *Démence*, la *Folie*, le *Spafme* & tant d'autres maux terribles. Triftes Fruits, dont les humains font martyrifés, par le Miniftère des *Nerfs!*

Avant que d'entrer dans l'Explication de l'Eftampe, je m'en vai donner au Lecteur un Evénement des plus remarquables, tiré du prémier Tome *des Nouveaux Actes de l'Academie Imperiale des Naturaliftes.* **

A 3

Un

---

* Je puis dés à préfent affurer, que les Fibres les plus deliées des *Queues du Fruit* font *creufes*.

** Nova Acta phyfico-Medica Acad. Caef. Leop. Carol. Nat. Curiof. T. I. Norimb. 1757. Obferv. VI. D. D. G. C. Materni de Cilano p. 16. Tab. I. fig. I.

Un Manoeuvre, qui fervoit des Charpentiers, s'étoit fourré par Mégarde un *Clou*, qui tenoit verticalement à un *Poutre*, qui étoit par Terre, dans la *Plante du Pié droit*, & les *Nerfs* en avoient été fort endommagés. Le Coup fût fuivi de cuifantes Douleurs & d'une fi exorbitante Enflure du Pié, de la Jambe & de la Cuiffe, que ne pouvant fe tenir, fes Camarades furent obligés de l'emporter chés lui. On le mit au Lit; mais il ne pût pas y demeurer long-tems étendu, à la façon d'autres Malades. La bleffure du *Nerf* lui caufa une Crampe fi terrible, qu'elle alla jufqu'à lui retirer le gros *Nerf* de l'Epine du Dos & à reduire ce pauvre malhûreux à la figure d'un Demi-cercle, de forte qu'il fût contraint de paffer 16. Jours & autant de Nuits, comme un Arc bandé, fur le derrière de la Tête, le Bout des Coudes & les Extremités des Talons. En même tems la Crampe lui boucha toutes les Iffues naturelles de la Veffie & de l'Eftomac, fans qu'aucun Remède pût le foulager. Enfin la Mort vint au Bout du 16ᵐᵉ jour le rétirer de cet Etat de Défefpoir. Après fa Mort l'on fit les derniers Efforts, pour reddreffer ce Corps ainfi courbé ; mais ce fût peine perdue. Il fallut ainfi le laiffer dans cette trifte fituation & faire accomoder le Cercueil à fa pofture, pour le pouvoir enfevelir.

L'Auteur de cette Obfervation fait la Remarque judicieufe, qu'à la Honte de la Chirurgie, ceux qui s'en difent les Sectateurs voulurent faire paffer ce pitoïable Spectale pour l'Effet de la *Magie :* & leur fait voir, que, s'ils avoient eu quelque Teinture de la *Nervologie*, ils auroient apperçu, que ce ne font pas des Caufes furnaturelles, mais de naturelles, qui produifent de pareils Accidens ; tout Apprentif d'Anatomie devant favoir, que le *Nerf* de la Plante du pié vient *de la Moille Spinale*, qu'il traverfe, fous le Nom de gros *Nerf Ifchiade*, l'*Os Sacrum*, defcend le long de la Cuiffe, de la Jambe & du Pié, & va fe terminer aux Orteils, & que par conféquent cet Effet peut être très naturellement produit par la Liaifon de tous ces *Nerfs*.

Cette

Cette Hiftoire & mille autres triftes Evenemens prouvent affés, que
es dignes Suppots d'Hygée font obligés de connoître trés exactement
les *Nerfs* tant par dedans que par dehors, quelque grand que foit leur
Nombre ; C'eft auffi ce qui a intéreffé non feulement des Savans du
prémier Ordre, mais même des Academies entières à découvrir avec
folidité leur vraie Figure & leur Conftitution.

Déja Galien a crû, qu'il faloit pour cela prendre de gros *Ani-*
maux : prétendant, felon le Temoignage de Bartholin, avoir vû que *le*
Nerf optique d'un Bœuf étoit *creux.*

Mais l'Experience de nos Jours a fait voir, que les plus gros Animaux n'ont pas répondu à cette efpérance. Car l'Academie des Sciences de Petersbourg aïant examiné en 1727. les Nerfs d'un Elephant,
elle ne les a trouvé ni *creux,* ni plus gros que ceux de nos Animaux de
la Campagne. *

Je doute que l'on connût alors à Petersbourg les *Microfcopes* Nro
I. o. & oo. où le *Groffiffement au Deux cent millième*, qu'il faut cependant
avoir, pour trouver & reconnoître, que les *Nerfs* font *creux.*

L'Explication fuccinte, que je m'en vai donner de l'Eftampe LI;
dont la Defcription circonftanciée eft inferée dans le *Journal de Franconie*,
Chap. 27. Nro II. va conftater mon Sentiment.

Etant à Erlang, il-y-a un An paffé, à m'entretenir avec Mr. le Confeiller & Profeffeur Delius, mon illuftre Ami, fur le Chapitre des *Nerfs*,
que je croiois dèslors être *creux ;* il me confeilla, d'aller bien fûr dans
cette Recherche, & d'en faire l'Experiment plus d'une fois. Je fuivis ce
fage Avis, & pris pour cela le *Nerf optique d'un Veau.* Dábord je parcou-
rus avec la *Loupe* Nro 7. la Surface du *Nerf* coupé, & déja j'apperçus
plufieurs petits *Trous,* fur lesquels êtoit un *Suc* blanc & épais qui ref-
fembloit à du Lait a). Là deffus j'en coupai avec une Lancette un

petit

---

* Comment. Acad. Scient. Imp. Petropolit. Tom. 2, pag. 372-384. ad an, 1727,

petit Morceau en rond trés mince, b) & l'aïant examiné par le Microscope manuel Nro 3. je découvris quantité de *Globules* blancs & quelques
petits *Tuïaux* fortans ; à l'Ouverture desquels, je vis auffi ce *Suc* blanc
c). Puis je coupai perpendiculairement du *Nerf* (a) le *Morceau* d) ; je
l'examinai avec le Microscope Nro O. & je vis un Paquet de petits *Tuïaux* joints enfemble, e) dont quelques uns avoient encore à l'Ouverture
ce *Lait*, ainfi que je l'ai deffiné f) ; dans d'autres *Tuïaux* ce Suc étoit
defcendu plus bas ; de forte qu'on pouvoit regarder dans les Tuïaux g).

Je deffinai le tout avec Soin, & aïant été enfuite à Erlang, pour
d'autres affaires, j'eus occafion de l'expofer au Jugement de Mr. Delius.
Bien que je ne m'attendiffe à rien moins, qu'à des Doutes ou à des Objections ; Mr. le Profeffeur ne laiffa pas d'être d'avis, que ces Tuïaux
pouvoient bien n'être que les *Interftices* des *Nerfs*.

Je concevois bien la poffibilité de ces *Interftices* ; mais j'avois un
Depit fecret, de voir cette Obfervation fujette à tant de Contradiction
& de Recherches pénibles, & à mon retour je jettai tout ce Tracas dans
un Coin bien refolu, de ne me plus mêler de le débrouiller.

Au bout de quelque Tems, mes propres *Nerfs* m'aïant obligé d'a-
voir Recours à Mr. le Confeiller Treu, dont j'ai deja parlé ; dans fa
Vifite, le Chapitre des *Nerfs* fut mis fur le Tapis. Je lui produifis mes
anciens *Deffeins*, pour apprendre le Sentiment de cet habile Anatomifte:
Mais il me fit, ainfi que j'ai dit plus haut, le même Objection, que Mr.
Delius, c'eft que ces Tuïaux pouvoient être des *Interftices*, comme dans
les *Queues du Fruit* ; & que l'on pourroit faire des Obfervations plus
certaines fur des *Nerfs* fecs &c. A peine mon Aefculape fut forti, que
je cherchai, pour voir fi je ne retrouverois pas mes vieux *Yeux* de
Veau. Ma Peine ne fut pas perdue. Je les trouvai tous deux , mais
durs comme Corne. J'examinai tout de fuite le Deffus & le Deffous de
l'un de ces *Nerfs*, coupé perpendiculairement, & je découvris par le

fimple

fimple Nro 5. quantité de *Filamens* d'un jaune brunâtre très ferrés les uns aux autres en Ligne perpendiculaire. J'en humectai une Partie avec de l'Eau, & je parvins hûreufement en éfleurant & foulevant dou-fement avec une groffe *Epingle*, à détâcher & à redreffer quelques unes de ces *Fibres*, telles qu'elles fe voïent h) de Grandeur naturelle. Je coupai un Couple de ces petits Morceaux détâchés, i) & les aïant mis fur le *Porte-Objet*, je les examinai avec mon meilleur Microscope Nro ∞, & les trouvai être de longs *Tuïaux creux* k k, qui ne fauroient fe mieux comparer, qu'à des *Cheveux* de Tête ; puis-qu'on y peut clairement difcerner, comme à ceux-ci, le Tiffu & l'Enlacement fubtil de la *Peau ex-térieure*, de même que les *Tuïaux* clairs, qui les parcourent tout du long en ligne perpendiculaire. Ce que j'ai auffi trés exactement obfervé dans le *Nerf* de *l'Aîle de Mouche* Tab. LIII. c.

Si l'on peut après tout cela douter encore de leur *Cavité*, c'eft ce que j'abandonne au Difcernement du Lecteur impartial.

TABLE LII.
La Punaife.

La préfente Eftampe ne répréfente qu'une *Femelle* : a) montre un large *Mufeau* camard ; b) deux *Antènes* ; c) de gros *Yeux* perlés ; & d) fix *Piés* dont les extremités font armées de deux *Serres* e) comme les autres *Infectes*. Ce puant Animalcule eft au refte répréfenté par le *Dos*, fur lequel on peut voir felon leur vraie Situation & Figure, la Quantité d'Anneaux, & de poil, de même que les Entrailles g. h. i. k. l.) qui reçoivent leur Nourriture des Vaiffeaux f.) le tout ainfi qu'il a été obfervé par la *Lentille* Nro 6. L'on-voit m) une *Ouverture* ronde, qui ne fe voit point au *Mâle*, & n) montre la Groffeur naturelle de la *Punaife*. Je donnerai une autre fois le Mâle du côté du *Ventre* avec *l'Aiguillon* ; & c'eft jufque là que je remets le Refte de la Defcription de cette Créature.

B

TABLÈ III.

Une Aîle de Mouche.

J'ai d'abord examiné l'*Aîle de Mouche* a) avec la Lentille Nro 5. & je l'ai vû telle qu'elle est fidelement dessinée fig. b) avec sa *Membrane ou Peau* subtile Couleur d'Arc-en-ciel, ses petites *Plumes* déliées & ses *Nerfs*. J'en ai examiné une Particule par le Microscope Nro 1. avec ses *Plumes; Voi* d) & sans *Plumes* e) aïant eu soin d'ôter & de laver les plumes de celle ci.   La Nature a sans doute muni de Plumes les *Aîles* de la *Mouche*, de même que celles des autres Papillons, de peur que la Pluïe & l'Humidité ne les empêchât de voler.   Car sans ces Plumes, la tendre Peau se relâcheroit bientôt dans l'Eau.   Mais avant que de finir cette Observation, je dois dire, que pour avoir l'*Aîle* bien entière, je l'ai arrachée un peu avant dans le Dos de la Mouche.   Par là j'ai eu aussi le *Nerf de l'Epaule* c) auquel tenoit l'Aîle, qui dans sa Figure naturelle étoit de beaucoup plus fin qu'un *Cheveu*, & qui s'est présenté à la Vue par le Nro o, de la même façon que les Nerfs optiques ont été decrits Tab. LI. *

Je crois que si l'on avoit soin, quand on arrâche une *Aîle de Mouche*, de la prendre bien avant dans le Dos, & de la tirer tout d'un Coup, l'on pourroit toutes les fois arrâcher le *Nerf* entier; ainsi que je l'ai éprouvé, & l'on verroit avec Etonnement, que dans le Microscope il ressemble parfaitement à un Cheveu de Tête.

TABLE LIV.

Figure 1.

Un Bout de Dentelle fine de Brabant.

Figure 2.

La Moitié d'une petite Toile d'Araignée.

La Comparaison que j'ai faite de l'*Aiguillon de l'Abeille* avec la *Pointe d'une Aiguille*, a été si bien reçue, que des Personnes de haut Rang

m'ont

* V. l'Explication des Estampes XXXIV. XXXV. XXXVI. XXXVII. XLI. & XLII. de la 3. Partie.

m'ont ordonné de continuer à donner des Obfervations de cette Efpèce. C'eſt ce qui m'a obligé d'en deſſiner *deux* ſur cette Eſtampe ; dont la prémière répréſente un *Chef d'oeuvre* du Beau Sexe ; & l'autre *l'Ouvrage journalier* du plus vilain des Inſectes.

En mettant ces *Ouvrages* vis-a-vis l'un de l'autre, l'on ne peut ſans Injuſtice refuſer la Préférence à l'Araignée.   Cette Fileuſe & Tapiſſiére infatigable n'a eu qui que ce ſoit pour lui apprendre à filer & à faire ſon *Tiſſu*.   Il ne lui faut ni *Deſſein*, ni *Patron*, ni *Epingles*, ni *Métier*, ni *Rouët*, pour ſon Travail, & cependant rien ne l'égale pour l'Art, l'Ordonnance & la Force.

Car autant que ce *Bout de Dentelle Fig.* 1. paroit beau hors du Microſco-pe, & autant qu'un Voile transparent de la *Dentelle* la plus fine orne une Gorge bien arrondie ; auſſi mauvais effet fait elle dans le Microſcope, où l'on ne voit qu'une Enlaçûre groſſière & confuſe de *Noeuds* & de *Lacqs* de Ficéle & de Corde b).   On n'y reconnoît ni Deſſein, ni la moin-dre Ordonnance ; de ſorte qu'on ne le peut voir ſans rire.

Mais que nous montre le *Tiſſu* de l'induſtrieuſe Arachné Fig. 2.   De-dans & dehors du Microſcope, rien qu'Egalité, que *Deſſein*, et ſi j'oſe le dire, qu'Intelligence.   Car pour rendre ſa *Toile* durable, elle ourdit dou-bles les *Fils* qui ſont les plus expoſés au Choc des Mouches & d'autres plus gros Animaux, & qui doivent ſoutenir ſon Corps & celui de ſes Enfans, *Voi* a) b).   Pour ceux qui ne lui doivent ſervir que d'*Echélons*, ou de *Filets* & de *Lacqs* pour envelopper ſa Proïe, elle ne les ourdit que ſimples c) & les attâche à ceux de Traverſe b).   Et quelque pénible, regulier & artificiel que ſoit cet Ouvrage, elle y eſt infatigable ; quand même on le lui détruiroit chaque Jour.   Je renvoïe à un autre Tems d'en dire davantage ſur ce *Tiſſu*.   Je me contente pour le coup de re-marquer, que j'ai trouvé tous ces *Fils creux* & de la Groſſeur marquée a) b) c), mais qu'il faut faire cette Obſervation par les Nro 1. ou o.

B 2

TABLE LV.

La Peau de l'Homme & ſes Pores.

Bienque la Conſtitution de nôtre *Epiderme* ne ſoit pas encore des plus exactemens établie & décrite, & que bien des Gens n'en aïent aucune Connoiſſance ; Elle n'a pas laiſſé de faire l'Objet des Récherches des *Naturaliſtes* de l'Antiquité.

Timée le Locrien, ſur le Syſteme duquel Platon a fondé ſa *Philoſophie naturelle*, peut paſſer pour le prémier, que nous ſachions, qui aît donné une Deſcription & une Définition exacte de *l'Epiderme* de l'Homme & de ſes *Pores* *.

Après lui eſt venu *Hypocrate*, Père de la Medecine, qui a enſeigné, que *tout le Corps de l'Homme eſt fait de façon qu'en ſuant & en tirant l'baléne, il peut tranſpirer & inſpirer*. Et ſes dignes Succeſſeurs *Sanctorius à Sanctoriis, Nicolas Steno, Marcel Malpighius*, & *Nehemie Grew*, nous ont donné d'excellens Ecrits, moins à la vérité ſur ſa Conſtitution, que ſur ſon Utilité.

Monſieur Hoerel, récommandable Phiſicien de nôtre Ville, lorsqu' il prit le Grade de Docteur en Medecine en 1732. nous donna auſſi une trés docte Diſſertation, *ſur les avantages des Pores, de l'Epiderme de l'Homme* **. Et j'oſe aſſurer, ſans Lui vouloir faire Compliment, que, ſelon moi, l'on ne ſauroit lire cette Piéce ſans en recueillir du profit & de la Satisfaction.

Pour moi, je ne ſonge qu' à expoſer à la Vûe *la Figure extérieure de la Peau & de ſes Pores*, en abandonnant le Reſte aux Dépoſitaires des Secrets d'Eſculape.

Je n'en ai vû que deux *Deſſeins* gravés en Taille-douce ; l'un de *Lee-*
vven-

----

* in Timæo pag. 491. Edit. Lugd. Anno 1588.

** De primario uſu Pororum in ſuperficie corporis humani, Altorfii 1732.

vvenhoeck, * l'autre de *Grew* **. J'avoue ingenûment, que celui de Grew eſt plus naturel & plus ſûr que celui de Leewenhoeck, car j'ai trouvé les Obſervations & les Figures du Prémier fort reſſemblantes aux Miennes ; au lieu que je n'ai point encore découvert dans la Peau les *Ecailles à cinq Angles*, que Leevvenhoeck prétend étre couchées à *trois Rangs* les unes ſur les autres.

Car ce que le Docteur Grew aſſure avoir obſervé ; que les *Pores* des Piés & des Mains de l'Homme ſont plus grands & plus larges, que ceux des autres parties du Corps ; que la *Peau* y eſt garnie d'une Infinité de *Lignes, de Triangles & d'Elypſes ſpheriques,* entre lesquelles l'on peut même appercevoir les *Pores* avec l'Oeil nud ; que ces Pores reſſemblent ſous le Microſcope à de petites *Sources,* au Centre desquelles l'on voit des *Goutes* d'Eau claire, qui rejailliſſent toutes les fois qu'on les eſſuïe &c. Tout cela ſe conſtate par l'Experience la plus moderne & la plus quotidienne ; & pour s'en convaincre, il n'y a qu'à conſulter les Microſcopes communs Nro 4. 5.

Selon moi *l'Epiderme* eſt compoſé de *Lignes,* de *Fentes* ou *Crevaſſes,* de *Pores* & d'Ecailles.

Cette 55ième Eſtampe montre *Fig.* 1. un *Doigt* répréſenté par la ſimple Vûe, ſur lequel on peut déja appercevoir des *Lignes elyptiques* & de petits *Pores.* *Fig.* 2. ne donne que la première *Jointure* d'un *Indice,* groſſie par le Nro 6. dont *l'Epiderme* avoit reçu, par le Maniment inconſidéré de *l'Eau-forte,* pluſieurs *Ouvertures* & *Fentes* & s'étoit entiérement ſeparé du *Doigt.* Je pris d'abord ces Fentes, Felures ou Crevaſſes, ſur lesquelles ſe voioient les *Pores,* & que j'avois remarquées entre les *Lignes,* pour les veritables *Ecailles* que Leewenhoeck avoit décrites ; mais j'en fus déſabuſé par une Récherche ultérieure.

B 3   Car

* Deſcriptio ac uſus pororum in cute manuum atque pedum translata ex transact. Angl' Menſ. Maji 1684. n. 159. *V. Acta Erud. A. 1685. T. 13. fig. 5. 6. p. 156.*

** Arcan. Nat. Tom. 3. pag. 413.

Car aïant mis dans le *Porte- Objet* une de ces prétendues *Ecailles*, dont la Groffeur naturelle fe voit *Fig.* 5. c) & l'aïant examinée par Nro o. je découvris feulement quantité de petites *Ecailles*, dont le plus haut Groffiffement par Nro oo. fe voit individuelement d) & qui font fi petites, qu'on en peut couvrir 200. avec un *Grain de Sable*.

Je ne faurois donc concevoir pourquoi Leewenhoeck a deffiné plufieurs de ces *Ecailles*, auffi groffes que *Fig.* 3. a) & quelques unes couchées trois fois les unes fur les autres b) *le tout d'après fon Deffein.* Jusqu' ici, malgré tous mes Soins, je n'ai pas eu le Bonheur de voir fur la *Peau* de l'Homme des *Ecailles* dont le Volume allât au delà de d) & e) *Fig.* 5.

La *Fig.* 4. répréfente un petit *Morceau de Peau*, dont la *Grandeur* naturelle eft la même que c) & qui eft prife du Milieu de la Main. Les *Lignes* & les *Pores* y font fidelement marqués, tels que je les ai vûs par Nro 4.

Les Amateurs n'ont qu'à en faire l'Epreuve par les Verres Nro 3. ou 4. à la Clarté du Soleil ou à celle des Bougies & ils pourront voir affés clairement la *Sueur* fourdre hors des *Pores.*

Au refte je laiffe au Lecteur à voir fi, pour avoir quelque particule de *Peau* humaine, il juge à propos de fuivre le Confeil fuivant qui eft de Mr. Backer:

„ Pour bien voir les *Pores*, *dit-il*, qu'on coupe avec un bon *Rafoir*
„ une Particule bien mince de *l'Epiderme ;* & puis une feconde à la
„ même Place, & qu'on en préfente au Microscope autant, qu'on en
„ pourroit couvrir avec un Grain de Sable &c.

Je ferois tenté de croire, que le fecond Coup de Rafoir iroit jusqu' au Vif.

Cependant Raillerie à part, il n'eft pas fi aifé que l'on croit d'avoir une *Peau* d'Homme qui foit propre aux Récherches Microscopiques. Qu'on ne croïe pas p. e. qu'on puiffe faire Ufage de la *Peau* d'une Main, à laquelle le Travail a caufé des *Durillons ;* quand ce feroit celle de la Dame la plus belle & la plus délicate,

Une

Une telle *Peau des Durillons* eſt de beaucoup trop épaiſſe ; elle tient même plus de la *Corne* que de la *Peau*, & elle n'eſt point du tout *transparente.*

J'ai été obligé de differer pluſieurs Années à faire cet Experiment faute *d'Objet ;* juſqu'à ce qu'il-y-a quelques ſemaines, qu'il m'eſt arrivé l'Accident, que voulant nétoïer quelque choſe avec de *l'Eau forte,* je me ſuis tellement endommagé *l'Indice* de la Main droite, que l'Epiderme s' en eſt ſéparé ; ainſique j'ai dit ci-devant. Ce qui m'a fourni caſuellement & ſans beaucoup de Mal une aſſés bonne Proviſion de Peau pour mes Obſervations Miſcroscopiques.

Je ne puis finir ſans faire Mention du Calcul des *Pores,* qui, ſelon Leewenhoeck, ſe trouvent dans tout le Corps d'un Homme.

Il ſuppoſe que *Cent pores,* les uns derrière les autres dans une *Ligne,* font la Vingtième Partie d'un *Pouce* Un *Pouce* en contiendroit donc 1000. & un *Pié* 2000. dans une *Ligne ;* Mais le Pié en *Quarré* en contiendroit 144. Millions.

A ſuppoſer donc comme certain, que la *Superficie* d'un Homme a 14. *Piés* en *Quarré ;* la *Superficie* de toute ſa Peau auroit Deux Mille & Seize Millions de *Pores.*

Du Reſte je ſouhaite de bon coeur au Lecteur, que tous ſes *Pores* faſſent exactement les Fonctions auxquelles la Nature les a deſtinés, & qu'ils ne tranſpirent ni trop, ni trop peu ; l'un & l'autre étant contraire à la Santé.

Ceux qui ont des *Microscopes ſolaires,* peuvent voir contre une *Paroi* blanche & éclairée la *Tranſpiration* des Mains monter des cinq Doigts, comme une *Vapeur* épaiſſe. Amuſement délicieux, que pluſieurs de mes Amis & moi nous ſommes donné plus d'une fois dans une Chambre obſcure.

Comme il vient de me tomber entre les Mains une Idée ſinguliére de Mr. *Maillet,* par laquelle il veut faire de tout le Genre humain au-

tant

tant d'Animaux *acquatiques*, je ne puis m'empêcher de mettre ici cette
Saillie neuve & originale, & de l'abandonner à l'Examen du Lecteur.

„ L'on trouve en même tems en l'Homme, *dit-il*, un Caractère cer-
„ tain, qu'il tire son Origine de la Mèr. En Effèt il n'y-a qu'à en
„ examiner la Peau avec un Microscope tel qu'on en a inventé de
„ nos Jours, & qui p. e. porte un Grain de Sable jusqu'à la Grosseur
„ d'un Oeuf d'Autruche. Vous verrés par là que toute la Peau est
„ pleine de petites Ecailles qui ressemblent à celles de la Carpe.

Si l'on veut ajouter que l'Experience journalière nous fait voir des
Hommes si *tigneux*, que l'on apperçoit par l'Oeil nud les *Ecailles* qui cou-
vrent leur Peau, il y-aura bien encore là dequoi mieux constater leur
Origine marine. *

NB. Puisque je suis sur le chapitre des *Mains ecailleuses* de Mr. *Maillet*, je me rappelle d'avoir vû une telle *Main* en Taille-douce dans le
Commerce litteraire **, prise des *Transactions philosophiques* ***. Le célébre
Naturaliste Anglois, Mr. George Edvvards **** a peint cette Main d'
après nature et l'a décrite telle qu'il l'avoit vûe et examinée lui même
en un Païsan. Elle êtoit conditionnée d'une façon dont aucun Savant
n'a encore parlé; car elle consistoit en une Infinité de petits *Tuïaux*
brun-noirâtres, en Cylindre, et herissés de près d'un demi Pouce; lesquels étoient si élastiques, qu'ils bruïoient, quand on y passoit la Main
dessus; & c'étoit à leur Pointe, qu'on appercevoit les Pores.

Cette Histoire m'a fait faire toutes sortes de Reflexions sur le Chapitre des *Ecailles* de nôtre Peau. Et Monsieur le Conseiller Trew, qui
a eu

---

* Teliamed ou Entretiens d'un Philosophe Indien avec un Missionaire françois sur
la diminution de la Mer, la formation de la terre l'Origine de l'Homme, mis en
ordre sur les Memoires de feu Mr. Maillet. Amst. 1748. in 8vo p. 206.

** Annus 1734. pag. 243. Tab. 5. Fig. 7. 8. 9.

*** Vol. 37. Num. 424. an. 1731-32. Tab. I. Fig. 1.

**** Gleandings of Naturel Histori by George Edvvards. London 1758. C. 2. Pla.
212. p. 3.

a eu la bonté de me communiquer *l'Histoire naturelle d'Edvvards*, m'aïant honoré aujourdhui d'une Visite, je me suis ouvert à ce célébre Anatomiste, & il a eu la complaisance de m'éclaircir infiniment cette Matière, par l'Experiment suivant.

Monsieur le Conseiller a eu donc la bonté de me dire, qu'il avoit mis pendant quelque Tems tremper une *Tête d'Homme* dans de l'Eau, pour faire quelque Epreuve, & qu'ensuite aïant passé par hazard le Doigt sur le *Nés* de cette Tête en l'examinant, il l'avoit trouvé si *macerée* par l'Eau, que l'*Epiderme* du haut du *Nés* s'enleva & y resta pendu au Bout.   En examinant la Superficie de cet *Epiderme*, qui tenoit auparavant à la *Peau* proprement dite, il n'avoit apperçu qu'un Amas velu de *Filamens* sortis des Pores de l'*Epiderme* & restés attachés à la seconde *Peau* ; Aïant ensuite consideré en dehors cette *Pellicule* enlevée, ses *Pores* se trouvèrent, comme de Raison, beaucoup plus grands & plus larges, que d'ordinaire.   S'il est donc certain, que les *Pores* de l'Epiderme (*cuticula*) ne sont que les Ouvertures, par où sort le superflu des *Humeurs* ; ainsi que l'a prouvé *Ruisch* par l'Experience, en refutant la *Doctrine des Glandes* de Leevvenhoeck, de *Malpighius* & de *Steno*; il est aisé de trouver la Cause qui a produit *la Peau écailleuse & pleine de Tuïaux* du Païsan Anglois.   Ce Principe même peut nous donner en général des *Idées* naturelles, faciles & possibles de la vraïe structure de nôtre Epiderme.

Mais que tous ces Tuïaux ne soient pas de la même espèce, & qu'il.y.en ait qui contiennent une *Matière huileuse* ; c'est ce que Mr. le Conseillér à découvert par différentes Observations, inferées dans *le Commerce litteraire* *.

TABLE LVI.

Un peu de la Cornée d'un Oeil de Hanneton.

La Partie extérieure de *l'Oeil* de toutes les Créatures, Hommes & Bêtes, porte bien le Nom de *Tunica cornea* ou de *Cornée* ; mais cependant la Constitution n'en est pas la même.   Dans les Hommes & les

C

gros

* Ann. 1743. p. 246. Tab. 1. fig. 24.

gros Animaux, on la trouve unie comme une Glace & fans Comparti-mens.   Mais dans les Infectes elle eft formée tout autrement & dans la plûpart, d'une Infinité d'Hexagones.   On la voit aufli fouvent triangu-laire ; mais cela vient des *fes Lumières transparentes*, qui font des *Reverbe-rations* différentes & qui ont toûjours du rapport à nôtre *Attitude* & à nô-tre *Point de Vûe*.   Il en eft de même du Jour.   Car s'il n'y-a qu'une Partie du Microfcope qui foit éclairée, & que l'autre ne le foit pas, il n'en faut attendre que *d'Angles* faux.   Il ne faut donc pas s'abufer ; car il eft certain que les *Yeux* des *Infectes* furtout des *Abeilles*, des *Mouches*, des *Han-netons*, des *Sauterelles* &c. font compofés des *Réfeaux* les plus fins, en *Hexa-gones* géometriques, qui reflemblent en dedans à des Miroirs concaves, que nul Géometre ne fouvoit imiter.

Cette *Cornée* eft très fine & mince dans certains Infectes, tels que la *Mouche* & le *Coufin*, dans d'autres, comme dans l'Abeille & le Hanne-ton, elle eft fort épaiffe.

La diverfité de la Couleur de la *Cornée* vient de la *Liqueur*, qui eft entre elle & *l'Uvée*.   Car celle-ci, felon *Schvvammerdam*, n'eft point au Fond de l'Oeil, mais d'abord au deffous de la Cornée.   La *Liqueur* elle même, qui eft entre deux, eft rouge, ou verte, ou bleue, ou jaune, ou blanche, ou noire, ou brune, ou mêlée ; & la diverfité de la Couleur extérieure dans les Yeux des Infectes, vient de ce que cette Liqueur pa-roit à travers la *Cornée*.

Le célébre Naturalifte *Hoocke* a compté Quatozre Mille de ces *He-xagones* ou *Yeux* différens dans la Cornée de la *Demoifelle*.   J'aime bien mieux l'en eroire fur ce Calcul, que de le faire ; bienque ce feroit un affés joli Amufement & affés facile pour un Amateur.   Il n'y-auroit qu'à divifer une *Cornée* par Portions égales & en mettre une fous un bon Verre dans le Microscope folaire, pour compter à fon aife contre la Pa-roi, combien cette Portion auroit d'*Hexagones* ; & cela feroit trouver fans Peine la Totalité des autres Parties.

Il me reste à repondre à la Question : *Pour quoi la Sage Providence a donné tant d'Yeux à des Insectes, qui nous paroissent si vils, préférablement à toutes les autres Créatures ?* Je m'en vai donner un Racourci de ce que les plus grands Naturalistes ont dit sur cette Matière.

Comme les autres Créatures peuvent remuer leurs *Yeux*, ce que les *Insectes* ne sauroient faire ; la Sage Providence a compensé ce défaut de Mouvement par la Quantité, & elle a formé leurs *Yeux* de Façon que pouvant voir en *tous Sens* à la fois, ils peuvent se mettre en garde contre les Embuches de leurs Ennemis, les Araignées, les Moineaux, les Hirondelles &c. & appercevoir de tous côtés leur Nourriture & leur Proïe. L'on peut en voir davantage dans *Leevvenhoeck, Hoocke, Nieuvventyt, Schvvammerdam*, & dans bien d'autres, dans lesquels, & surtout dans la *Bible de la Nature* de Schwammerdam, l'on trouve la Refutation des Objections faites contre la *Multiplication & l'Errement de la Vûe*, & la Preuve, que chaque *Hexagone* a son *Nerf optique* particulier. Nous même, avec deux Yeux, nous ne voïons pas les Objets doubles. J'ai encore à dire un Mot sur la Manière de préparer la *Cornée de l'Insecte* pour le Miscroscope.

Si l'on veut faire cet Examen sur des Bêtes vivantes, ce qui est bien le plus sûr ; l'on n'a qu'à séparer la Téte de la *Mouche, Abeille* ou *Sauterelle ;* qu'à la partager en deux, & qu'à couper bien proprement, avec de petits *Ciseaux*, la *Peau velue* qui environne *l'Oeil.*

Puis on attâche avec deux Epingles cet *Oeil* encore plein de son *Humeur* & ressemblant à un *demi Globe sphérique*, à une Planche de *Tilleul* bien lisse ; & l'on en torche bien proprement la *Liqueur* intérieure avec un Pinceau & de l'Eau fraîche. Pendant cette Operation, l'on appercevra à Vûe d'Oeil le Changement de la *Cornée*, & l'on découvrira insensiblement la *Rétine* argentée, brochée de Milliers d'*Hexagones*. Il faut continuer à torcher, jusqu' à ce que la Cornée soit aussi transparente, que du Verre & aussi molle que du Papier. Ce n'est pas en vain qu'on la nomme Cornée ; car elle est aussi dure & aussi roide, que de la Cor-

C 2

ne;

ne ; aussi casse-t-elle comme le Verre & la Corne, quand on la presse avec violence. Il est ainsi bon de mettre entre les deux Verres du *Porte-Objet*, la *Cornée* encore humide, après l'avoir bien nettoiée & rendue transparente. Car de cette façon, ou la peut plier & l'y mettre entière ; au Lieu qu'elle prendroit des Fentes, si l'on vouloit la pliér étant séche.

L'on peut à la verité la tirer plus aisément d'un Insecte dsséché & gardé ; mais il faut auparavant faire tremper un couple de Jours cet *Oeil* ou cette *Cornée* dans de l'Eau ou de l'Esprit de Vin & la bien purger, comme ci-dessus, de toute l'Ordure qui y tient.

Il ne faut pas non plus pour cela toute une *Cornée*, une Particule rendant le même Service. Celle de la *Demoiselle* (Lybelle) est la plus commode pour sa Grosseur & sa Transparence.

Cette 56me Estampe réprésente un brin de la *Cornée* d'un *Escarbot doré des Indes*, dont l'Epaisseur est bien quatre Fois aussi forte, que celle de la Peau de son Corps ou de son Aîle.

L'on voit a) *l'Oeil* entier & la véritable Figure de cet *Escarbot* de Grandeur naturelle. L'on en montre b) un Morceau grossi par Nro 3, avec sa multitude de *Miroirs Sphériques*, dont la Couleur se présentoit jaune doré.

NB. La 51me Estampe étant déja gravée & ses Explications imprimées, je reçus la savante *Description de l'Oeil de l'Homme* de Mr le Professeur de Gœtingue Zinn, que la Mort a trop-tôt ravi à l'Erudition, accompagnée de magnifiques Estampes * dans lesquelles j'ai vû avec Surprise ; que le *Nerf optique* étoit tout autrement réprésenté, que je ne l'ai pu observer jusqu'ici. C'est donc pour prévenir tout Réproche, que j'ai fait très fidelement copier & imiter le Dessein de feu Mr. le Professeur sur cette Estampe Fig. 2. sans *Enluminure*, où est réprésenté

    a) le *Nervus opticus* comme un petit Tuïau séparé, situé au Milieu ;
    b) *Vaginæ nervi optici lamina exterior*, &

c) Vag.

* Descriptio anatomica oculi humani Iconib. illustrata Auct. Dr. Joh. Gottefr. Zinn. Gœtingæ 1755.

c) *Vag. nervi opt. lam. interior*;

d) *pia mater nervi optici.*   Ce font les propres Termes de l'Auteur.

N' aïant donc jamais apperçu le *Nerf optique* de cette façon, j'ai fait graver à Coté mon Obfervation Fig. 3.   J'ai bien trouvé dans b) & c) les deux *Gaines* extrémement minces ; mais je n' ai pas trouvé dans a) un petit *Tuïau* particulier ; mais bien quantité de petites *Fibres* très délicés, ainfi que j' ai expliqué ci-devant.

J'avoue que je n'ai pas encore eu Occafion d'examiner *la Cornée* d' un Oeil humain.   Peut etre que la Différence vient de ce qu'Elle eft autre dans l'Homme, que dans le Refte des grandes Bêtes.   Or comme j' en doute, j'attends que l'Occafion fe préfente de m'en éclaircir.

Pour s'épargner la Peine de diffequer une Tête de Veau, je puis affurer à mon Lecteur, qu'il peut faire des *Yeux* de *Poule*, *d'Oïe* & d' autre *Volaille* le même Ufage, que de ceux des plus groffes Bêtes, pour examiner le *Nerf optique.*

<h2 style="text-align:center">TABLE LVII.</h2>

Des Criftaux de l'Alun.

J' ai été bien du Tems à pouvoir porter cette Obfervation au Point de Perfection, que je la défirois.   La Goute, bien loin de fe vouloir *Criftalifer* dans le Verre, ne vouloit pas même fe *configurer*.   J'avois toûjours dans le *Porte-Objet* une *Maffe* gluante, comme de la *Colle* ou de la *Gomme* ; & cela me fit auffi abandonner entiérement cette Récherche. Il n' y-a que quelques Semaines, que le Hazard m' a fait attraper le Secret d'y reüffir.   Je m'en vai donc communiquer fidelement la Manière d'imiter cet *Experiment* avec Facilité.

L' on prend un petit Morceau d'*Alun* auffi clair & Transparent, qu' on le peut avoir.   Il s'en trouve par fois d'auffi clair, que le Chriftal. L' on en met la Quantité qu'on veut dans un petit Mortier de Verre bien

net, avec à peu-près trois fois autant d'Eau froide, & on le broïe jusqu'à ce qu'il ſoit prèſqu' entièrement fondu & diſſous. En ſuite l'on en
poſe avec la Pointe d'une Plume ou d'un Pinceau bien propre une trés
petite *Goute* ſur le *Porte-Objet*, laquelle on laiſſe ſécher d'elle même, ou
pour gagner du Tems, on la fait ſécher ſur une *Plaque;* mais il faut qu'
elle ne ſoit que mediocrement chaude. Dés que l'Oeil nud apperçoit,
qu'elle prend un *Cercle blanc*, il faut mettre le *Porte-Objet* ſous le Microſcope, pour remarquer & admirer juſqu' à la Fin les Operations de la
Nature.

Dabord il ſe préſentera des *Points* Couleur d'Arc-en-ciel, en Forme
d'*Etoiles*, mais qui enfin ſe produiront en différentes *Figures* Géometrique-
ment regulières & en *Criſtaux*, dont rien n'égale la Beauté. J'ai toûjours remarqué parmi ceux-ci, quantité de *Criſtaux* de *Vitriol* & de *Sel*
ordinaire, & j'ai fidelement répréſenté ſur cette 57me *Eſtampe* tous ceux
qui me ſont tombés ſous les Yeux.

C'eſt ainſi *p. e.* qu' a) répréſente une Figure à 14. *Superficies*, dont
    chaque *Côté* en a 7. entre lesquels ceux du *Centre* ſont des *He-*
    xagones réguliers, & Ceux des Extremités conſiſtent en 3.
    Quarrés & 3. *Hexagones.*

b) eſt un *Oſtogone* de huit *Triangles rectangles* ; de même que

c) qui ne ſe préſente autrement à la Vûe, que parce que cette Fi-
    gure ſemble porter ſur ſa Baſe.

d) répréſente un *Criſtal* de 14. Superficies à *Angles obtus* &

e) un *Corps géometrique* compoſé de 14. Côtés, 12. Quarrés & 2.
    Hexagones.

f) eſt un des plus beaux Criſtaux & des plus réguliers, lequel pour
    ſes *Trapezoïdes,* ſes *Angles obtus,* ſes *Triangles* & *Priſmes* eſt plus pro-
    pre à donner de l'Admiration qu'à être décrit.

g) une *Pyramide* ou *Cube,* qu'on voit d'ordinare dans *le Sel* de Mèr,
    de Pierre, de Fontaine, & même de Cuiſine.

h) un

h) un *Pentagone* oblong, dont il - y en a par fois 3. à 4. de jonchés
les uns fur les autres ; & qui paroît être la Moitié de la Figure
du Criftal d)

i) eft comme b) un *Octogone* en forme de *Lofange*, qui n'aïant fait
que changer de Pofition, fe préfente autrement à la Vûe.

En comparant tous ces *Criftaux* entr'eux, l'on eft tenté de croire que
l'*Alun* n'eft qu' un *Minéral* compofé de *Sel*, de Vitriol, de *Salpetre* &c. puisqu'on trouve diftinctement dans g) les *Criftaux* du *Sel*, dans f) ceux du
Salpetre; ; & dans b) ceux du *Vitriol verd*. J'y ai vû auffi Quantité de
Criftaux du *Vitriol blanc* ; comme l'Explication fuivante va le conftater.

TABLE LVIII.

La Configuration de l'Alun.

Puisqu' il faut encore un autre Savoir-faire, pour effectuer la *Configuration de l' Alun*, je m'en vai auffi le communiquer avec toute la
Concifion poffible.

Il y entre bien l'Eau d'*Alun* qui a fervi pour les *Criftaux* ; mais quelque faturée qu'elle foit encore d'*Alun*, il faut pourtant la mettre fur
une Plaque & la faire chaufer fur de la *Braife* pas trop ardente, ou à la
Chandelle ; afin de délier de nouveau les *Criftaux*, qui fe font pofés au
Fond. Enfuite on la laiffe réfroidir, & procéde avec une *Goute*, ainfi que
j' ai marqué touchant les *Criftaux de l'Alun*. D' abord on ne voit que *Vapeur;* mais elle fe diffipe bientôt, & laiffe un *Ciel clair* avec quantité de
grands & de petits *points étoilés* ; ce qui fait un Effet charmant, fur tout
confidéré de Nuit à la Chandelle.

Mais une *Goute* ne fe configure pas comme l'autre. Tantôt c'eft l'
Edifice de *Perches*, e) tantôt les *Raïons*, a) tantôt le *Quadre criftalifé* b, B.)
& tantôt les *points étoilés* c.

Cependant les *Etoiles à Queue* f, & g) font toûjours les dernières
Appa-

Apparitions. Il faut bien de la Patience pour faire cet *Experiment*; mais un Amateur n'aura par certainement Regret à sa Peine.

J'ai choisi pour cette Estampe, entre tant d'autres, la plus belle Réprésentation, pour la dessiner, dans laquelle les *Raïons* a) se produisirent subitement; puis elle forma dans B.) un Couple de *Cristaux de Virtiol* blanc & de *Sel*; ensuite dans b) le demi Quadre d'une Infinité de petits *Cristaux d'Alun*; Enfin vinrent les Points radieux c).

A ces Changemens succeda la *Configuration*, dont les *Figures dentellées* ressembloient au *Sel ammoniac* & à celui de Vitriol verd; après cela il parût subitement des *Chevrons longs*, les uns allant horifontalement de droit à gauche, les autres perpendiculairement de haut en bas jusques au dessous du Milieu du Cercle, & formèrent enfin une *Paroi de chevrons brisés*, que le plus habile Artisan n'auroit pû mieux construire.

Dèsque cette *Paroi* fut en ordre, il se forma d'abord des *Etoiles*, f) des *points radieux* & enfin les Figures ressemblant à des *Comètes* g) lesquelles finirent toute l'Operation.

TABLE LIX.
Une petite Ecaille de Merluche.

Quel vil Objet que cette *Ecaille* hors du Microscope! Voiés la dans a) de Grandeur naturelle. Mais avec quel Eclat ne se présentet-elle pas dans le Microscope à l'Oeil attentif! Voiés b.) Que de Beautés, quel Ordre dans ce petit Volume! Preuve authentique de la Sagesse infinie du Toutpuissant. Comme si'l ne suffisoit point à sa Bonté d'avoir couvert tout le Corps de ce poisson d'une Infinité d'*Ecailles*; il a voulu décorer chaque *Ecaille* en particulier de je ne sais combien d'*Ecussons*. Ici l'Ouvrage fait l'Eloge du Maître, & l'on peut dire avec Syrac: *Il falloit un grand Maître pour faire tout cela.* Qu'on considère le Nombre des *Ecailles* d'une seule *Merluche*, lequel va bien au delà de Cent

Mil-

Mille ; qu'on ajoute l'Art avec lequel une feule eft travaillée ; qu'on refléchiffe fur la Quantité étonnante de cette feule Efpèce de Poiffon, dont on charge des Flottes entières feulement à *Terre-neuve* ; & qu'on remonte enfin à la Main qui a tout fait & qui crèe encore tous les Jours, & l'on ne pourra s'empêcher de reconnoître audeffus de nous quelque Chofe de fi Grand, qu'il merite à jufte Titre la plus profonde Vénération & l'Amour de toutes fes Crèatures. Je finis par l'Aveu ingenu que je fais, que les Amateurs découvriront par la Voïe du Microfcope, infiniment plus de Beautés dans l'*Ecaille* même, que la Main de l'Artifte quelque favante qu'elle foit n'en fauroit graver fur une *Planche*.

TABLE LX.
Une petite Goute de Lait de Carpe.

L'on me fit un Jour Préfent d'une belle *Carpe*, que je fis d'abord vuider en ma préfence, afin d'en tirer un peu de la *Laite*, pour l'examiner avec le Microfcope. Au Commencement je n'apperçus que des Obiets confus avec quelque *Mouvement*, mais point de *Corps*. Puis en examinant une autre *Goute* fraîche dans un plus haut Degré de *Groffiffement*, j'y aperçus des Millions de *Créatures* vivantes, formées en *Oeufs*, & qui marquoient un *Mouvement libre*. Quelque tems après, je me remis à cet Experiment en Préfence de quelques uns de mes Amis, & nous apperçumes ces Animacules petits au delà de toute Expreffion, d'une Manière fi diftinfte, qu'elle ne nous laiffa plus aucun Doute fur leur *Vie*. Il faut cependant, que j'obferve en paffant, que l'on ne trouvera point ces *Animacules* dans le *Lait* d'une *Carpe mâle*, qui péfera moins de 2. Livres.

C'eft un des Experimens le plus agréables en ce que, l'Examen fini, l'on peut fe mettre à Table, fe faire fervir la *Carpe* bien affaifonnée, la manger & l'accompagner d'un bon Verre de Vin,

D

Mais

Mais pour venir à l'Experiment même ; je n'ai rien vû à travers les Nro 5. 4. & 3. Avec Nro 2. j'ai apperçu quelques *Mouvemens* de certains Corpufcules clairs & de Figure ronde. Et avec les Nro 1. & 0. j'ai découvert enfin les *Animalcules* & leur *Mouvement* libre.

Or voici comment il s'y faut prendre pour imiter cet Experiment avec facilité.

L'on prend d'abord une Carpe Laitée, ou mâle ; On l'ouvre le long du Ventre, depuis la Tête jusqu' à la Queuë, en la tenant renverfée fur le Dos. L'on en tire la *Laite*, que l'on fépare du Refte des Entrailles, & l'on en met ce qu'on juge à propos dans une Taffenette.

La *Laite* de la Carpe eft à la Verité couverte d'une petite *Membrane*, qui la contient, comme celle de l'*Ovaire* ; mais il n'eft pas befoin de la lever. Il n'a qu' à y faire un trou avec un Tuïau de Plume non taillée, ou avec le Bout du petit Doigt. Il fort de ce Trou une *Liqueur* blanche & flluide, qui coule dans la Taffe & que je prends pour la *Sperme de la Carpe*. L'on en met à peu près de la Groffeur d'une *Lentille* fur le *Porte-Objet*, & on l'examine par les Nro 1. ou 0. les Groffiffemens moindres ne fuffifant pas, ainfi que j'ai infinué, à voir vivre ces petits Animaux. Mais Nro 0. en fera obferver une Infinité qui fourmillent enfemble. Que fi l'on délie avec de l'Eau cette *Maffe* étant fur le Verre, on en apperçoit des Individus, qui fe féparent de la Troupe, & qui fe meuvent par des Marches en *Rond*, en *Lignes fpirales*, *droites*, *obliques* & *tortueufes;* ainfi que je les ai fait graver fur cette 60me Eftampe tout au tour de la *Maffe*.

Quant aux Obfervations que j'ai faites fur les *petits Animaux fpermatiques*, je renvoie le *Lecteur* à Deux Piéces, que j'en ai publiées *. *Jonfton*, *Blaife*, *Rondelet*, *Ruifch* & *Petit* ont donné auffi des Hiftoires de la
Carpe.

* 1. Obfervations phifiques fur les petits Animaux Spermatiques, faites avec les meilleurs Microfcopes p. M F. L. 1756.
2. Effai d'une folide Apologie des Animaux Spermatiques Nuremberg 1758.
NB. Ces deux Titres font traduits de l'Allemand.

Carpe. La Récenfion des Ecrits du dernier fe trouvé dans le *Commerce litteraire* * où j' ai trouvé la Defcription fuivante de la *Laite de ce Poiffon:*

„ *C'eft une partie de la Carpe mâle, confiftant en deux parties inégales, qui* „ *font les Tefticules, où la Semence eft Séparée* **.

Je pourrai avec le Tems Toucher, encore quelque chofe *des Animalcules Spermatiques,* & répondre à quelques nouvelles Objeêtions.

La *Semence* de la *Carpe* fe préfente ici a) de Grandeur naturelle, & b) bien groffie par Nro ϴ.

TABLE LXI.
Un peu de l'Ovaire d'une Carpe.

Peut être Perfonne n'a jamais tant aimé à voir faire des Experimens fur les *Poiffons*, que ma Femme. A' peine y-avoit-il deux Jours que j'avois fait celui *de la Laite de Carpe ;* qu'elle vint me demander, d'un air qui fentoit fon Envie d'en manger, s'il ne me faudroit pas bientôt quelque *Poiffon* pour mes Obfervations Microfcopiques. Comme je n' avois fait encore aucun *Effai* fur la Carpe femelle ; je ne fus pas fâché de faire d'une Pierre deux Coups, en fatisfaifant d'un côté l'Apetit de mon Epoufe & de l'autre ma Curiofité. Je lui repondis donc, qu'oui & que la dernière aïant été une *Carpe laitée*, j'en voudrois aujourd'hui une *Oeuvée*. Celle-ci fut ouverte comme la précédente, j'en tirai l'Ovaire, & après en avoir mis peut-être la Centième partie fur une Affiette propre, j'abandonnai tout le Refte à ma petite Moitié, qui m'en fit un fouper délicieux, pendant que je m'occupai à examiner foigneufement les *Oeufs* de cette Carpe. Il n'y-a qu'à prendre de cet *Ovaire* de la Groffeur d'une *Lentille*, le mettre fur un *Porte-Objet* fimple, le regarder par Nro f. & l'on verra déja par ce Groffiffement modique, Quantité de *Globules* d'un Jaune

D 2

pâle,

* Ann. 1739. Hebd. 27. 28. 29. 30. P. 112. 211. 227. 238.

** Laftes pars funt cyprini maris duobus conftans corporibus albis ad modum irregularibus, funt hæc corpora tefticuli in quibus femen feparatur.

pâle, dont la Figure revient à celle de *l'Orange*, & qui font confervés & enveloppés dans un *Réfeau* treffé. Que fi on veut l'examiner dans un Groffiffement plus confidérable, l'on trouvera ces *Globules* pleins de petites Taches & le Rézeau doublement treffé ; & je ne fais aucun doute, que cet Experiment n'ait dequoi charmer les Yeux & l'Efprit. Car d'abord l'on reconnoît la Providence du Créateur, qui en enfermant ces *Œufs* dans une *Enveloppe* en Forme de Rézeau, a tant de Soin de les fi bien rejoindre, qu'ils n'en peuvent fortir avant le tems, & ainfi fe gâter. Enfuite mon Efprit admire les foins qu'a pour nousle Créateur de toutes chofes, dans cette Quantité incroïable d'Oeufs.   Tel *Brochet* en a paffé 2000. dans fon *Ovaire*. Et Mr. le Profeffeur *Hannovv* de Danzig * décrit dans fes Curiofités certains *Ovaires* de Poiffons, & fur tout d'une groffe Carpe, qui contenoit 1036800. *Oeufs*. L'on peut voir un plus grand Nombre d'Experimens, fur la Quantité des *Oeufs* de la Carpe, dans le *Commerce litteraire de l'Année* 1739. *Semaine* 29. *pag.* 217. Quelle Bénédiction du Créateur envers les Hommes ! Cette Obfervation de Mr. le Prof. Hannow eft trop belle, pour ne pas regaler le *Lecteur* de quelque Morceau remarquable, qu'il ne fera pas faché de lire. Voici fes propres Termes:

„ Suppofé, que la *Carpe* ne fraïe pas fon *Ovaire* tout d'un Coup, & qu'
„ elle n'en lâche tous les Ans qu'une Partie, quelle Quantité d' *Alevins*
„ ne fortira - t - il pas d'une Carpe ? Une feule pourroit peupler Cent
„ Etangs, chacun de 9. à 10000. *Carpes*. Que fi *l'Ovaire* n'étoit que
„ pour une *Fraïe* & pour un An, cela feroit dans Dix ans 9. à 10. Mil-
„ lions.

„ Mais fuppofé encore, qu'il n'en vînt à bien que la Centième Par-
„ tie;

* Curiofités naturelles & œconomiques de Mr. Jean Daniel Titius, Profeffeur ordinaire en Philofophie & en Mathématiques, & Palatin de la Cour Imperiale à l'Univerfité de Wittenberg, T. I. p. 607.
NB. Ce Titre eft traduit de l'Allemand.

„ tie ; il ne laisseroit pas d' y-avoir un Gain très Considerable à faire
„ sur une *Carpe mâle* & une *Femelle* ; qu'on les Achetât l'une & l'autre
„ 1. fl. & que la *Fraïe* s'en vendît au Bout de 3. Ans à 9. *Gros* la pièce,
„ l'on pourroit, sans Usure illicite, gagner dans l' Espace de 10. à 13.
„ Ans, par ces deux Poissons dans les prémier Cas, qui seroit le moin-
„ dre 2799. fl. dans l' autre 3110. à la troisième Fraïe 29990. & à la
„ quatrième 3110. fl.   Mais pour cela il faudroit bien purger l'Etang
„ au *Fraï* de tout ce qui dévore le Poisson, tel que les *Brochets*, les
„ *Perches* &c. & tâcher d' y introduire bonne Nourriture.

Il est sûr que les *Ecrevisses* ont tous les Ans leur *Ovaire* nouveau, qui
leur vient sous la *Queue* ; mais lorsque celle-ci en est pleine, l'on n'en
trouve aucune Trace en Dedans ; & une Ecrevisse a 120. 130. jusqu' à
150. *Oeufs* & même davantage.

Leewenhoeck soutient, qu' un *Eturgeon* renferme plus de Poissons,
qu' il n'y a d'Hommes dans le Monde *.

Toutes ces Considérations ne peuvent que remplir la Créature rai-
sonnable de Sentimens d'Actions de Graces, d'Amour, de Confiance &
de Vénération pour l'Etre suprème.   Pour moi, tout ce que j'ai encore
à dire au Sujet de cette *Estampe*, c' est que dans a) l' on voit le Morceau
d' *Ovaire*, qui a été examiné de Grosseur naturelle ; dans b) le *Réseau* qui
le renferme ; dans c) les *Oeufs* enveloppés, grossis par Nro 3. dans d)
un de ces *Oeufs* crévé, & dans e) la *Liqueur fluide*, composée de *Globules*
comme le *Sang* ou le *Lait*.

TABLE LXII.

Etincelles de Feu tirées de l'Acier.

Il paroît d'abord ridicule, qu'on entende parler d'examiner des *Etincelles*
par le Microscope.   Il-y-a même bien des Gens qui regardent com-

D 3

me

---

* Arcan. Nat. Ep. ad Grew. T. 2. p. 8

me paradoxe la Poffibilité d'obferver à travers un Verre une *Etincelle* qui part & qui fe diffipe comme un Eclair.

Cependant bien loin que le Fait foit impoffible, il eft même très aifé de voir groffir des *Etincelles*, de les enfermer entre les deux *Verres* du *Porte-Objet*, & de les y conferver, pour fes récherches quotidiennes. En voici le Secret, qui eft bien peu de Chofe:

L'on prend deux bon *Morceaux* de bon *Acier;* plus ils feront fins, plus ils rendront les Etincelles belles & brillantes. L'on met fur la Table une Feuille de Papier blanc, dont on replie les Bords, de peur que les Etincelles n'en tombent ; puis l'on prend les deux Pièces d'Acier, qui peuvent étre de bons *Conteaux* joints enfemble, des *Limes*, des Fufils &c. & l'on bat à bon Comte du Feu fur ce Papier. Il-y a du Plaifir à voir fautiller ces *Etincelles* luifantes ; mais dans l'Inftant l'on n'apperçoit au Lieu d'Etinelles, que de petits *Points noirs*, plus menus que la Pouffière. L'on examine cette *Pouffière* par le Microfcope compofé ; car elle n'eft pas transparente ; On peut la mettre auffi fur la *Table* du Microfcope univerfel, ou de Mufchenbrock, de même que dans le *Plateau* du Microf-cope en forme de *Compas* felon que l'Amateur pratique eft fourni de ces Inftrumens ; & l'On fera furpris de la Diverfité des *Figures*, qui fe pré-fenteront à l'Oeil armé. Il eft impoffible d'en copier les *Couleurs*. Le *Bleu d'Acier*, le *Rouge* & *l'Argenté* en font les Principales ; les autres don-nent dans un Efpéce de *Bronzé* approchant du *Bismuth - colombin*. J'ai ap-perçu parmi des Bouquets de *Muguets*, dont les Fleurs n'étoient pas encore éclofes.

L'on y trouve quantité de *Boules d'Acier* & *d'Argent* grandes & peti-tes, & les autres fe peuvent mieux voir, que décrire. Les *Etincelles*, que voici, aïant été tireés de *l'Acier* & de la *Pierre à Feu* ; cette 62me Eftampe montre dans a) les Parcelles qui ont éclaté de la *Pierre* ; dans b) diverfes *Etincelles* qui reffemblent à de *l'Acier* fondu, & dans c) la *Grof-feur* naturelle de ces Etincelles, que j'ai fidélement deffinées, d'après les

diver-

diverſes Obſervations, que Mr. l' Entrepreneur & moi en avons faites.

D' où vient que ces Particules *d'Acier* étoient d'abord de *Feu* ? c'eſt
ce que nul Amateur de la Phiſique n'ignore. C'eſt une vérité reçûe
depuis long-tems, qu'il-y-a du *Feu* renfermé dans toutes les Matières du
Monde, qu'on voudra ſoumettre à l'Epreuve· De là vient auſſi que le
Fer, *l'Acier*, *le Cuivre*, *l'Etain* & le *Plomb* ſe laiſſent aplattir & alonger, ce qui
ne ſe pourroit faire ſans le Secours du Feu, qui eſt renfermé dans ces
Metaux * Qu'il-y-a du *Feu* dans l'Homme même ; c'eſt ce que *l'Electri-*
cité nous prouve par une Infinité d'Experimens. Differens Artiſtes &
Gens de profeſſion, nous montrent auſſi tous les Jours, en travaillant
au *Tour* ou à la *Lime*, que la Friction de deux Corps durs produit du *Feu*.
La Nature a elle même appris aux Peuples les plus ſauvages cette Manière d' en avoir ; car ils prennent deux pièces de *Bois* & les frottent
l'une contre l'auttre, jusqu' à ce qu'elles s'alument. Et nôtre Manière
de battre du Feu ne diffère guères de la leur. Nous prenons deux Pièces d'Acier, ou une Pièce d'Acier & une Pierre, nous les battons & nous
en tirons des *Etincelles*, qui alument notre *Mêche* ou nôtre *Amadou*. Si
quelcun doute encore que ces particules d'Acier ſoient de véritables
Etincelles produites par une *Friction* forte ; il n'a qu'à prendre un Morceau
d'*Antimoine* & le faire fondre avec deux fois autant de Fer ; puis attacher cette Maſſe à l'Eſtoc, & paſſer deſſus une forte *Lime* neuve ; alors
il verra la Table innondée d'un Déluge d'*Etincelles* qui ſortiront d'entre
la *Lime* & l'*Eſtoc* ; lesquelles alumeront même le Papier. Le Curieux
d'Expe-

---

* Quelque inconteſtable que ſoit tout ceci ; il-y-a cependant un Savant Ruſſe nommé
Lomonoſow qui a combattu cette Verité dans une Diſſertation qui a été publiée
dans le Tome I. *Novorum Comentariorum Academiæ Scientiarum Petropolitanæ*
pag. 206. *ſeqq.* ou Mais Mr. Arnold Profeſſeur à Erlang l' a refuté par un Ouvrage auſſi ſavant que ſolide, intitulé :

Exercit. Phiſic. de Calore motu particularum corporis eoque rotatorio circa
axes noutiquam explicando. Erlangæ 1754.

d'Experimens de cette Nature, pour confulter *. *Nollet*, ** *Mufchen-brock*, *** *Boerhave* & tant d'autres.

TABLE LXIII.

Une Punaife qui ne fait que d'éclore.

Il-y-a plufieurs Raifons, qui m'ont porté à préfenter encore une Fois cet Infecte au Lecteur; Prémièrement parce que je l'avois promis dans la LIIme Table ; en fecond Lieu, parce que j'ai crû ne lui rien préfenter de trop commun, en lui deffinant une jeune *Punaife* avec *l'Oeuf* d'où elle vient de fortir, foit pour fes *Couleurs*, foit pour fon *Aiguillon* & pour d'autres Obfervations qui s'y rapportent. Je m'acquite donc & affure, fondé en Experience, que les *Punaifes* des deux Sexes font munies d'Aiguillons, affés dificiles à découvrir, étant toûjurs couchés le long de la Poitrine, & qu'il faut mettre la *Punaife* fur le Dos, pour le Voir, car au prémier Coup d'Oeil, je l'ai pris moi même plufieurs Fois pour une Partie de la *Jambe*.

Il faut certainement un grand Fond de Patience, une Vûe bien fine & une Main bien lefte, pour couper cette Partie, entièrement imperceptible à *l'Oeil nud*, afin de la pouvoir mettre dans un *Porte-Objet* & de l'examiner.

Ce Deffein-çi eft fait d'après une *Punaife*, qui n'étoit éclofe que 3. heures auparavant.

Parmi bon Nombre de Vieilles & jeunes Punaifes, que m'envoïa un Homme, dont la Maifon en eft toute empêtrée, & que je mis dans un Verre ; il fe trouva par Bonheur tout un *Nid d'Oeufs de Punaifes*. Je le mis d'abord fous le *Verre Oeconomique*, & je le vis compofé de Particules de *Paille* & de *Plume*, entre lesquelles les petits *Oeufs* blancs étoient comme gardés.

Le

---

* Leçons de Phyf. experiment. T. 4. P. 158. Amft. 1749.

** Traité de Phyfique par Mufchenbrock T. 1. C. 26. ff. 226. Edit. in 4 Leyden 1739.

*** Traité de la Chimie.

Le Lendemain voulant encore visiter ce Nid, j'y apperçus quelque petit Mouvement, puis en regardant de plus près, je vis un *Oeuf*, qui s'ouvroit par en haut , & qui laissoit pendre derrière lui un *Couvercle* rond, ce qui ressembloit à une *Cruche* couchée, dont le Couvercle seroit ouvert. Ce Couvercle levé à la Pointe de *l'Oeuf*, je découvris aussi-tôt un petit *Point blanc*, qui Grouilloit & qui sortoit de ce Sachèt, au lieu que je m'attendois à un *Fer* brun. Quelques Minutes après ce *Point* se développa, il étendit une *Tête*, des *Jambes*, & se mit enfin à marcher aussi vite, que la plus grosse *Punaise*.

Cet *Animalcule* ne garde sa *Blancheur* qu'environ **2.** ou **3.** Jours, puis il jaunit, & prend insensiblement la Couleur des Vieilles *Punaises*.

Je n'ai pas encore pû découvrir leur Manière de s'apparier ou de se féconder ; mais il est facile de distinguer leur Sexe.

Au reste rien de plus aisé que d'avoir de jeunes *Punaises*, quand on en veut. Il n'y-a qu'à en mettre une demi Douzaine de Vieilles sous un Verre Oeconomique, & les y laisser un Couple de Jours & puis en les visitant, l'on trouvera au Fond Nombre de petits *Points* de Couleur d' Argent & faits en Sacs ; ce sont là les *Oeufs* de *Punaises*, lesquels éclosent au Bout de 3 à 4 Jours.

Explication de l'Estampe.

a) est la jeune *Punaise* de grosseur naturelle.

b) la même, grossie par Nro 5. où l'on voit

c) la Machoire en forme de Pinces ; d) *l'Aiguillon* à 3. Jointures, qui y tient & qui est couché sur la Poitrine ;

e) les deux *Yeux* sortans comme ceux de l'Ecrevisse & faits en *Grappe* ;

f) les *Anténes* avec leurs 4. *Jointures* ; g) les 6. *Piés* qui ont aussi chacun 4. *Jointures*, & qui tiennent tous aux deux Côtés de la Poitrine ;

E

h) le

h) le *Nid* avec les *Oeufs*, un peu au delà de la Grandeur naturelle ;

i) un *Oeuf* d'après *Nature* ;

k) le même fort groffi & avec *l'Ordure* qui y tient. 1) La **Partie** naturelle de la *Femelle*, ou le Bas du Corps ; m) le Membre viril ou le *Derrière* du *Mâle* ; l'un & l'autre examiné fur de Vieilles Punaifes & groffi par Nro 3. n) L'*Aiguillon* au naturel; o) groffi par Nro 1. où l'on rémarque les deux *Sucçoirs*, qui le traverfent, & le *Poil* dont il eft garni.

TABLES LXIV. & LXV.

La Graine du Sapin-rouge & la Chenille, qui la détruit , avec fa Métamorphofe en Tigne.

Cette Obfervation a été occafionnée par la Queftion fuivante, que l'on m' a faite:

„ Si l'on feroit bien en Etat de découvrir, par le Microfcope, dans
„ la *Graine du Sapin & du Pin* quelques Traces de l'Arbre qui en
„ doit naître?

Sur ce que la Réponfe que je fis, marquoit beaucoup de Doute, je fus exhorté à examiner moi-même cette *Graine*, & en même tems l'on m'en envoïa une petite Provifion. Mais à peine en eus-je mis quelques unes fous le *Verre Oeconomique*, qu'en y jettant feulement les Yeux, j'apperçus, que prefque tous les *Grains* en êtoient rongés des *Vers* en bas vers le *Germe* ; ainfi que je l'ai montré entre autres dans k) & m) de la Tab. LXIV.

Quelque temps après un honête-homme de Forêtier eut la bonté de me procurer quantité de *Pommes de Sapin* tout fraîchement ramaffées dans le Bois. Il fe plaignit en même Tems de ce qu'il n'y · avoit prefque pas une de ces *Pommes*, où l'on ne trouvât des *Chenilles*, des *Vers* ou des *Tignes* ; & pour Preuve il en fendit plufieurs en ligne perpendiculaire

laire

laire de haut en bas ; & de Cinq, il ne s'en trouva qu'une qui n'eût point
de Chenille & qui fût bonne.

J'ai fait graver sur cette 64me Estampe a) une *Pomme de Sapin* par dehors, & b) par dedans de Grandeur & Figure naturelle, & pour la Liaison, je m'en vai donner tout de suite l'Explication des Figures & des Lettres de cette Table, en me réservant de mettre à la Fin le Reste de cette Matière.

a) Répréfente donc la *Pomme de Sapin* au naturel, avec ses *Ecailles* extérieures & quelques Feuilles ;

b) la même confidérée par dedans, laquelle répréfente dans c) la *Moille* brune ou *l'Axe* autour duquel les *Vaiffeaux* à *Graine* & les *Ecailles* étoient plantées.

d) eft un Vuide, dans lequel avoit été une *Chenille.*

e) marque un Trou, que s'eft fait une *Chenille* pour parvenir à un *Grain* de *Semence,* qui étoit auprès ; f) eft un Tiffu en Forme de Sachèt où fe tient la *Chryfalide.*

g) montre cette Envéloppe à Chryfalide ouverte, par où eft Sortie la *Chryfalide* devenue *Tigne* ; h) font 2. de ces *Sachèts* deffêchés & gâtés.

i) en eft encore un, d'où fort le Derrière d'une Chryfalide. k) C'eft la Partie antérieure d'un *Grain* de *Semence* entamé, avec fon Aîle argentée ; l) en eft la poftérieure ; m) eft un Grain de Semence fans Aîle ; n) eft non feulement une *Ecaille* telle, qu'elle paroît en dedans avec fes deux *Grains* de *Semence* aîlés ; mais encore avec le *Trou* au *bas,* par lequel la Chenille fe fait jour jusqu'au Grain ; o) défigne une *Ecaille* par dehors.

p) eft une Copie exacte de cette *Chenille,* vorace, répréfentée fous deux Attitudes différentes.

q) en eft la *Chryfalide,* &

r) enfin la Tigne, qui en eft fortie.

E 2

Après

Après avoir réprésenté tout ce-ci d'après Nature dans cette *Estampe*, on va le voir

TABLE LXV.

dans tout son Groffiffement.

a) & b) font les deux Parties d'un *Grain de Semence de Sapin* coupé en long, avec fon *Germe* dans b), lequel il fe voit dans

c) groffi par Nro 4. Mais comme la Structure de ce *Germe* en forme de *Rézeau*, magnifique à voir par Nro 1., y prend un Groffiffement qu'on ne fauroit mettre en entier fur un Quart de Feuille ; je n'en ai réprésenté qu'une petite Partie d) Tout le *Germe* fe préfentant de la même Façon dans ledit Nro 1. Quand le Germe eft frais & plein de *Séve*, ce *Rézeau* ne fe rémarque pas fi facilement ; mais au Bout de quelques Jours, qu'il eft deffeché, l'on ne peut fe laffer d'en admirer la ftructure. Ce *Germe* a la Tête couronnée de *Rôfes*, qui reffemblent à un *Oeillet* par la Compreffion des deux Verres du *Porte Objet*. J'ai vû avec Admiration dans une Chambre obfcure ce *Germe* avoir Cinq Piés de haut à travers le Microfcope folaire Nro 3.

e) Eft la *Chryfalide* & f) la *Chenille*, groffies par Nro 4. Cette *Chenille* a la Tête dure comme de la Corne, les Yeux rouge-brunâtres, comme ceux de la *Mouche* ; la Machoire forte avec deux Pinces trenchantes. Sur le Devant vers la Tête, elle a 6. Piés crochus ; & plus bas elle en a encore 12. plus larges & reffemblant à une Corname émouffée. A l'Extremité de la dernière Jointure, elle a, pour fe prendre, un *Crochèt* fort & recourbé en haut & toute la *Chenille* eft divifée en 12. *Anneaux*.

La dernière Metamorphofe s'en fit au Bout de 4. Semaines à compter du Jour que je la pris moi même d'une *Pomme de Sapin* & que je la mis dans un petit Verre à Confiture, où je la nourris de *Feuilles* & d'*Ecailles* de cet Arbre. Elle vécut dix Jours d'Ecailles & de Feuilles, allant toûjours

en

en diminuant, de forte qu'à la Fin elle fe retira tellement, qu'elle n'avoit prefque plus Figure de Chenille ; le 11. Jour la *Chryfalide* fut toute formée. D'abord elle étoit jaune puis elle devint d'un brun Châtain ; enfuite & furtout la Veille du Jour, qu'elle s'ouvrit, elle etoit noirâtre. Enfin au Dixfeptième Jour, la *Chryfalide* s'ouvrit fur le Devant, & il en fortit une Tigne à *Raïes* noires & blanches, & luifante comme l'Argent. Après avoir repouffé la *Coque* vuide, elle deploïa peu à peu fes belles *Aîles*, elle étendit un *Pié* après l'autre, & dans un Quart d'Heure elle fut à même de Voltiger dans le Verre, pour chercher fa Liberté & fe dérober à ma Curiofité. Je n'ai deffiné fur cette 65me Eftampe qu'une feule *Jambe* de cette *Tigne* par Nro 4. g) en montre la Grandeur naturelle ; & h) fon Groffiffement avec fes Plumes. J'y ai trouvé encore 4. *Pés* particuliers, que j'ai pris pour des Crochèts, par le Moïen defquels la Tigne peut marcher fûrement par tout & même fur le Verre le plus uni.

Il auroit peut-être fuffi, d'avoir deffiné les *Plumes* de cette *Tigne* avec fa *Jambe*. Mais quelques uns de mes illuftres Correfpondans m'aïant temoigné quelque Doute fur la Poffibilité de préparer des Verres, qui puffent groffir les *Plumes* de la *Tigne* jufqu'à 4. Pouces de haut, ainfi que je l'avois affûré au Public dans les *Recueils de Franconie*, & dans mon *Effai d'une folide Apologie des Animaux fpermatiques* ; je me fuis vû obligé, fur tout aïant une *Tigne* entre les Mains, de reprendre cette *Obfervation*, & de donner fidélement dans cette

TABLE LXVI.

les *Plumes* de ce petit *Oifeau de Nuit*, dont la Groffeur naturelle fe voit Tab. LXIV. *Fig.* r. telles que je les ai vûes par mon Microfcope de *Streicher* Nro o. o. au Lecteur pour en faire l'Objet de fes Récherches & de fon Examen, en juftifiant en même tems mes Obfervations & la Force du petit Verre, dont je viens de parler. Le Lecteur aura donc la bonté d'étre affûré, que la *Plume* a) de cette *Eftampe*, quelque groffie qu'elle paroiffe, n'a cependant rien d'outré, & qu'elle eft telle que plufieurs de

E 3

mes

mes Amis & moi l'avons Vûe & examinée par le Nro oo. que Mr. le Candidat *Streicher* m'a fabriqué.   Les deux *Plumes* b) c) qui font aux deux Côtés, font du Dos de la Tigne & paffent les 4. Pouces ; je ne parle pas ici du *Microfcope* folaire, mais du *Manuel* de *Wilfon*.   Les petites *Plumes* de diverfes Figures, dont la plûpart tirent fur la Couleur de Cendre & fur le brun , font prifes du Deffous de l'Aîle fupérieure, ou de l'inférieure, ou du Ventre, ou des Franges qui bordent l'Aîle fupérieure, & ont été marquées d) e) f) g) h) i) k) l) & m).   Il eft plus aifé de les voir & de les admirer, qu'il ne l'eft de les peindre & de les décrire.   Ce que l'on peut difcerner, c'eft que les principales Couleurs de cette *Tigne* font le rouge, le violet, l'argent, le brun de Paille, & que ce n'eft qu'à la Vûe qu'elles fe préfentent tantôt plus foncées, tantôt plus claires.   Ces *Plumes* font difpofées en *Ordre prifmatique* dans les Aîles fupérieures & aux Piés ; c'eft ce qui fait, que l'Oeil nud les trouve noires & Couleur d'Argent, comme dans le *Papillon changeant*.

Du refte, je puis affûrer avec Certitude à qui douteroit encore du Groffiffement de ces Objets, & de la bonté du *Verre*, que la *Tigne*, le plus petit des Oifeaux de Nuit, eft celui qui a les plumes les plus longues ; & que les Verres de Mr. *Streicheroo.* rendent trés fenfibles à la Vûe non feulement les *Raïes* en long, mais auffi celles de Traverfe (*Strias & contra Strias*) des *Plumes* de Quantité d'autres Papillons, dont je me propofe de donner encore quelques Preuves avec la Permiffion des Amateurs.

L'Explication de ces trois Eftampes étant donc finie, je m'émancipe de faire fur la *Graine* & le *Fruit* du *Sapin*, rouge & blanc quelques Rémarques, qui pourroient échaper à bien des Gens, qui Vont le plus fouvent dans les Forêts.   Nous allons nous promener dans les *Bois* pour confidérer la Beauté des Arbres, qui les compofent ; & bien fouvent nous n'en favons pas faire la Différence.   Nous en avons par Exemple ici près dans nos Forêts de Nuremberg, plufieurs Sortes,

qui

qui ont de la Reffemblence entre eux pour la *Feuille* ; mais qui fe diftinguent parfaitement par les Marques Caractériftiques de leur *Efpece,*   Il y. a, p. e.

1. la Sapin rouge, puis
2. le Sapin blanc ; l'un & l'autre s'appellent en latin *Abies*
3. le Pin, en Latin *Pinus* &
4. la Méléfe, en Latin *Larix.*

La *Sapin rouge* fe diftinque du *Blanc* principalement par fon *Fruit.* Celui du *Rouge* pend fous le Rameau la Tête en bas ; le Blanc au contraire porte le Sien fur le Rameau, la Tête en haut, comme font les *Cedres* du Liban.   De là vient auffi que tant d'habile Botaniftes ont mis dans la Claffe des Sapins (*Abies*) ces fameux *Cedres* fi vantés dans la Sainte Ecriture.

Le Chevalier *Linnæus,* célébre Naturalifte Suedois, a voulu abolir le Nom de *Cedre,* & appeller tous les Arbres de cette Efpèce, dont les Feuilles fe reffembloient, d'abord du Nom d'*Abies* & enfuite de celui de *Pinus* *.   Les Anciens même ont fait au *Génévrier* l'Honneur de le mettre dans la Claffe des Cedres & de l'appeller *Cedrus baccifera.*   Matthiolus même, en travaillant fur *Diofcorides,* ne lui a pas donné d'autre Nom. Mais nôtre illuftre Confeiller *Trew,* qui s'eft rendu fi célébre dans le *Regne des Plantes* & qui en a fi bien mérité par fes excellens Ouvrages de Botanique n'eft point du tout pour cette Diftribution ; & il a prouvé dans un Traité plein d'Erudition **, qu'il étoit plus incommode qu'

utile

---

* De Gen. pl. Edit. II. n. 917. & Edit. V. n. 1005. Spec. pl. 1039. feqq n. 2. 3. 9.

** In novis Actis Acad. Cæf. Nat. Curiof. T. I. An. 1757. Obf. Cl. p. 409. Dn. D. Chr. Jac. Trew, Caracteres Cedri Montis Libani cum illis Laricis abjetis pinique comparat.

Ce Traité a paru à part intitulé : Cedrorum Libani Hiftor. earumque Caracter botanicus cum illo Laricis, abjetis pin. compar. accedit brev. Difquifit. an hæc

arbor

utile aux Savans, de donner un Seul Nom à tant d'Espèces différentes d'Arbres & d'Arbriffeaux, & de les confondre dans une Claffe, etant auffi facile qu'il l'eft, de trouver & de reconnoître le Caractère diftinctif de chaque Espèce, dés qu'on veut bien fe donner la peine de le chercher. Ce Naturalifte infatigable n'a epargné ni Soins, ni Peine, ni Application, pour exactement examiner difféquer & décrire, foit l'Oeil nud, foit à l'Aide des meilleurs Microfcopes, toutes les Parties des Arbres qui ont quelque Rapport entre eux ; c'eft à dire du *Cedre*, des deux fortes de *Sapin*, du *Pin* & de la Méléfe, de leurs Fleurs, Fruits & Feuillles ; pour faire peindre fes Découvertes d'après nature par d'habiles Peintres, & pour enfuite les faire graver en *Taille-douce*. Ainfi qu'on peut voir dans fon *Hiftoria Cedrorum* &c.

Autant que les deux Espèces de *Sapin* fe diftinguent, par leur Fruit, qui a la Tête en bas ou en haut ; Auffi facile eft-il de diftinguer le Fruit du *Pin* d'avec celui de la Méléfe ; celui-là aïant les *Pommes* plus groffes & plus fortes, que celle-ci ; & même en examinant attentivement les *Feuilles* de tous ces Arbres ; l'on y trouvera des Caractères diftinctifs, auffi bien que dans leur Fruit. Mais pour abréger, je renvoie le Lecteur a l' *Hiftoria Cedrorum* de ci-deffus & à fes *Eftampes*, où tout cela fe voit très clairement démontré.

Cependant tous ces Arbres ont, chacun dans fon Espéce, leurs *Vers*, qui leur nuifent, en vivant de leur *Sève* & de leur Graine. Je n' entends pas parler ici des *Chenilles des Bois* & des *Oifeaux de Nuit*, que Mr. *Rœffel de Rofenhof* a décrits ; car ceux-ci fe trouvent dans le Bois ou dans le Tronc des Arbres, ou même dans les *Nœuds* de poix de Réfine, qu'on voit fouvent aux Rameaux du Pin. Je ne parle que de cette Espèce de petites Chenilles & Tignes qui fe tiennent uniquement dans

la

arbor in facro Codice præ omnibus celebrata & vel Acres vel Berofch dicta itemque an Græcis Botanicis fuerit cognita ? cum Tab. æn. Norimp. Impenf. Wolf. Schwarzkopfii 1757.

la Graine & dans le Fruit de ces Arbres.   Car en ouvrant une Pomme de *Sapin* endommagée par le *Ver*, j'y trouverai la *Chenille*, que j'ai marquée Fig. b) Tab. 64. & de là la Tigne V.   Que fi au contraire j'ouvre des *Grains* de la *Semence* du *Pin*, j'y trouve toûjours au Lieu de *Chenilles*, de petits *Vers* comme dans les Pommes, qui ne fe changent pas en *Tignes* mais plûtôt en *Moucherons* bruns, que je pourrai donner dans la fuite.

Il me refte à répondre à une Objection, qui naît naturellement de cette Obfervation ; c'eft, *comment eft-ce que ces* Chenilles & ces Tignes *peuvent entrer dans la Moille d'un Fruit fi dur & fi femblable au Bois ?* Je m'en vai en dire mon Avis, que je ne donne pas pour infaillible.   Je conje-ture, que la *Tigne* ou le *Moucheron* fait ou avec fon Aiguillon, ou avec fes Dens, un Trou dans ce Fruit, pendant qu'il eft encore jeune & ten-dre, & qu'il y fait fes *Oeufs.*   La petite *Chenille* fort de la *Coque,* lorsque le Fruit commence à meurir, & pénétre tout en mangeant fucceffive-ment jufqu'à la *Moile* ou à la *Graine* ; où elle fe transforme en *Chryfalide,* & y demeure, jusqu'à ce que la *Tigne* fort par le même Trou, que la Chenille étoit entrée.   Et de là il fera aifé de conclure, que ce fera toû.jours Soins, Peine, Travail, & Depenfes perdues, que de vouloir pur-ger les Forêts des *Infectes* grands ou petits.

Avec tout cela le Mal que font ces Créatures, auxquelles le Créa-teur a donné les Bois pour Demeure, & les Arbres avec leur Fruit pour Nourriture, n'eft pas fi confidérable.   Il refte toûjours autant de Graine qu'il en faut pour perpetuer les Forêts, comme nous voïons fe perpetuer les Créatures vivantes, Oifeaux, Poiffons, Bêtes à quatre Piés.   Outre cela les Infectes ne manquent pas d'Ennemis, qui leur téndent des Embuches & qui les éclairciffent.   Sans parler ici de la Chaleur, de la Sêchereffe & du Froid, qui en font perir les Oeufs; *l'Hirondelle, le Pic, le Pinçon, la Mefange , le Grosbec,* la Becaffe & tant d'au-tres Oifeaux, qui mangent les Infectes, font les meilleurs Medecins contre les *Coufins, les Tignes, les Moucherons , les Papillons , les Chenilles , les Frélons, les Hannetons* &c.   C'eft ainfi que le Petit & le Foible eft toûjours

la Proïe du Fort & du Puiffant. Le *Brochet* mange plufieurs fortes de petits Poiffons ; le *Loup* dévore l'Agneau, *l'Epervier* le Pigeon ; & il ne feroit pas impoffible de pouffer cette Comparaifon jufqu' à l'Homme ; mais c'eft une Vérité trop généralement reconnue.

TABLE LXVII.

Les Polypes à Bras.

Quoi des *Polypes* ici ? Leur Chapitre n'eft-il pas affés rebattu ? Voila ce que penferont certaines Gens à la Vûe de cette *Eftampe* ; car cette Créature a déja fait le fujet de bien de Doctes Ecrits ; & ils n' auront pas tout le Tort. Mais comme mes Obfervations font auffi recherchées par des Amateurs, dont les uns n'ont pas les Ouvrages coûteux, qui en parlent, & d'autres n'entendent pas les Langu s favantes dans lefquelles ces Ouvrages font ecrits, & qui étant à même d'avoir des *Polypes*, feroient bien aifes de pouvoir s'en former quelque *Idée* ; je fais d'autant moins de Difficulté d'en donner ici quelques *Eftampes* & d'y joindre les Explications qui me paroiffent le plus intereffantes, fur le chapitre de ces étranges Créatures ; que j'en ai été affés fouvent requis : Je commencerai donc par rapporter fuccintement ce que les meilleurs *Naturaliftes* en ont écrit, & finirai par mes propres *Experiment.*

Le Terme de *Polype* eft compofé de deux Mots Grecs, πολύ *beaucoup* & πᾶς *Piés* ; (*animal à plufieurs Piés*) parce qu'il a tant de Bras, qui lui fervent auffi de Piés. J'aimerois mieux le nommer *Polyphage* (Glouton) de πολύ & Φάγω ; comme il paroîtra, par la Défcription de fes propriétés ; mais paffe. Je me hate de faire Mention des principaux Ecrits, qui ont dépeint les *Polypes* de la Manière la plus jufte.

Déja en 1703. *Leeuwenhoeck* & un *Anonyme* ont découvert & décrit quoi qu'imparfaitement cet *Animal Aquatique.* a)

Le

---

a) Tranfact. philof. an. 1703. num. 283. Art. IV. & Num. 288. Art. I.

Le Chevalier *Folkes*, Préfident de l'Academie Roïale de Londres & Mr. *Backer*, les ont jugé dignes d'un Examen particulier. b)

L'immortel Mr. de *Reaumur* a entretenu un Commerce particulier de Lettres avec Mr. *Tremblai* au Sujet des *Polypes*, & il s'en eft même fait envoïer de Hollande en France par ce favant Ami : Rien de plus curieux, que la Peinture que fait Mr. *Tremblai* dans fa Préface, de l'Irrefolution dans laquelle ont été ces deux Savans, pour favoir dans quelle *Claffe* placer cette Créature ; c) jusqu' à ce que Mr. de Reaumur fe crut enfin en Droit de placer le Polype dans le *Regne des Animaux*. d)

Je rappelle ici un ecrit très moderne, que le fameux Naturalifte Mr. le Profeffeur *Titius* a publié dans un *Programe* qu'il a fait diftribuer à la Memoire de Philippe Melanchton, & qui contient un Syftéme nouveau & commode pour la Claffification du Regne des Animaux. Suivant lequel l'on pourroit compter les *Polypes*, parmi les Animaux aquatiques à plufieurs Piés, à Caufe de leur Mouvement indéterminé, & les appeller : *Animal in aqua viuens, motu indeterminato vt Zoophyta*. e)

Après avoir fait bien des Experimens fur les *Polypes* & confulté les plus habiles Naturaliftes, Mr. *Tremblai* en compofa tout un *in Quarto*, dans lequel in communiqua fidélement toutes les importantes Découvertes, qu'il avoit pû faire. Mais ce qui rehauffe de beaucoup le Prix & la Beauté de cet Ouvrage, ce font les magnifiques *Eftampes*, dont il eft orné, & qui ont été gravées par une Main fi habile & fi excellente, qu' on ne fauroit fans Injuftice lui refufer la dernière Admiration. C'eft celle de Monfieur l'Avocat *Lyonet*, dont la vafte Erudition , le Difcernement & l'Experience confommée dans les Connoiffances na-

F 2

turel-

---

b) Ibid. Num. 467 & 469.

c) Memoires pour fervir à l'hiftore d'un Genre de Polypes d'Eau duce, à bras en forme de Cornes. Par A. Tremblai de la Société Roiale à Leide 1744. *in 4to.*

d) Memoires des Infectes Tom. 6. pag. 55. de la Préface.

e) De divifione animalium generali. Wittebergæ 1760.

turelles font trop universellement reconnus, pour qu' il foit né-
ceffaire d'en parler ici. Il n'y - a en tout Cas, qu' à citer la belle Traduction francoife que Mr. *Lyonet*, a faite de la *Theologie des Infectes de Mr. le
Profeffeur Leffer*, laquelle il a enrichie de très belles Remarques.   Le
Coup d'Effai de ce fameux Avocat a été non feulement de deffiner les
Polypes, mais encore de les graver en Taille-douces.   Et bien qu'il n'eût
jamais fait ce Métier, il réüffit fi bien dans cet Effai d'Apprentif, qu'il y
a cent Maîtres, qui fe trouveroient bien empêchés, s'ils étoient obligés
de le copier. L'on n'aura pas Regret de lire foi-même cette Anecdote
vers la Fin de la *Préface*, qui eft à la Tête des *Memoires* de Mr. Tremblai. f)

Ce que Mr. *le Cat*, a répréfenté à l'Academie des Sciences de Rouen
fur les *Polypes* mérite fourtout d'être lû tant pour la Quantité & la Rare-
té de fes belles Penfées & originales, que pour l'Efprit, le Goût & les
nouvelles Découvertes, qui y regnent. g)   *Le Magazin univerfel* contient
une bonne Traduction de ce Difcours. h)

Mr. le Profeffeur *Hannow* en a auffi beaucoup parlé dans fes *Curiofités naturelles & Oeconomiques*. i)

Et Mr. le Doct. *Schaefer* aujourd'hui Pafteur à Ratisbonne a donné
dans divers Traités affés étendus, des Experimens très exacts des *Polypes*, qui fe trouvent aux Environs de Ratisbonne. k)

Le *Magazin de Hambourg* fait auffi Mention de cet *Infecte aquatique*
dans plufieurs de fes Tomes, l) & le *Magazin univerfel* donne dans quel-

ques

f) Memoires des Polypes par A Tremblai 1744.
g) Magazin à Londres. Janv. 1750. p. 1. &
h) Magazin Univerfel. Part. 3. Nro I.
     NB   *Ce dernier Titre eft traduit de l'Allemand.*
i) Hannow Curiofités naturelles & Oeconomiques, T. I. p. 637.
k) les *Polypes des Fleurs d'Eau douce.*
     les Polypes à Bras verds l'un & l'autre in 4to à Ratisbonne 1755.
l) Magazin de Hamb. Tom. 1. 3. 7. 12. & 16.

ques unes' de' fes Parties de très agréables *Traductions* fur cette Matière. m)

Mais le Livre auſſi beau qu'inſtructif, intitulé *le'Regne de la Nature &*
des Moeurs, joint une morale très ſaine à la Deſcription des *Polypes*, &
fait voir comment un Homme raiſonnable peut & doit examiner avec
utilité cette Créature admirable. n)

Je paſſe ſous Silence pluſieurs *Journaux* & *Piéces volantes* ; mais je
n'oſerois omettre un bel Ouvrage, qui mérite d'être placé ici avec Élo-
ge. C'eſt l' *Hiſtoire des Polypes*, que feu Mr. *Roeſſel de Roſenhof* a inſérée
dans ſes *Amuſemens ſur les Inſectes*, & qui l'emporte ſur tous les autres, en
ce qu'elle contient non ſeulement tous les Genres de *Polypes* ; mais ſurtout en ce qu'il les a peints en Couleur d'après Nature, & qu'il en a
donné des Deſcriptions très claires. o)

Ce ci me rappelle avec bien du Plaiſir le Jour, que feu Mr. *Roeſſel*
vit pour la première fois les Memoires de Mr. *Tremblai*. Comme ils
étoient écrits en François, il me fit appeller, pour les lui expliquer.
Mr. *Roeſſel* n'avoit jamais vû de Polypes ; c'eſt pourquoi nous envoïames
de concert querir de l'Eau dans tous les Etangs & les Ruiſſeaux voiſins·
Nous eumes le Bonheur de trouver de ces *Créatures*. Nous nous mîmes
à les examiner ; Mr. *Tremblai* fut conſulté avec ſoin ; nous nous com-
muniquames fidélement nos Découvertes, leſquelles nous deſſinames
ſur du papier & enfin nous fumes parfaitement convaincus, que Mr.

F 3

Trem.

m) Magazin univerſel Part. 3. Nro I. & Part. 9. Nro 19. p. 327.

n) Le Regne de la Nature & des Moeurs Part. I. Ch. 15. & dans les Parties ſuivan-
   tes, les Chapitres de ce qu'il y-a de remarquable dans les Inſectes.
   NB. *Ces ſix Ouvrages ſont en Allemand.*

o) 7ème Table du Suplement aux Amuſemens ſur les Inſectes, qui ſe diſtribuent par
   Mois. Hiſtoire des *Polypes d'Eau douce.*
   L'Ouvrage eſt auſſi Allemand.

Tremblai étoit un Naturalifte très fincère, qui non feulement eft entré dans les Details, & qui a écrit avec clarté ; mais qui a encore fidélement communiqué aux Amateurs des Connoiffances naturelles, tous les Moïens dont il s'étoit fervi pour faire fes Obfervations.

Je finis par l'Explication de cette 67ᵐᵉ Eftampe, dans laquelle on verra a) un *Verre* blanc, rempli *d'Eau* limonneufe & de *Lentilles de Marais*, parmi lefquelles font les Polypes b); devant ce Verre eft c) une petite Machine, qui fert à pécher les Polypes, & les autres Animalcules. Elle eft prife du Chap. 3. du Tom. 7. du *Magazin de Hambourg*. J'en donnerai dans la Suite une de ma Façon, qui fera plus commode, d) eft la *Loupe* attachée aux Noix de Mufchenbrock c). Elle peut être Nro 8. ou de deux Pouces.

e) Un *Polype Verd* avec des Petits.

f) Encore un debout, qui s'eft retiré.

g) Un *Polype brun*, aïant à fa Queue h) des *Petits* i) qui y pendent.

k) Un *Polype* couleur de Rofe, dont j'ai marqué les *Bras* ou les *Piés* par m) comme dans les autres, & la *Bouche* par n).

l) Un *Polype* jaune, écharpé & dechiré avec une Épingle en plufieurs Parties à chacune defquelles les Bras ou les Piés m) étoient revenus.

TABLE LXVIII.

L'Infecte qui fe trouve dans la Graine du Pin,
& un Rameau de Mélèfe.

J'ai promis dans l'Explication de la 66ᵐᵉ *Eftampe* de répréfenter auffi le *Ver* que j'ai trouvé dans la *Graine du Pin* & fa Métamorphofe en *Moucheron*. Mais pour remplir le Vuide, je ne crois pas défobliger le *Lecteur* en lui donnant, en *Suplement* à mes Obfervations fur les Arbres,

qui

qui donnent dans le Genre des *Cedres*, un *Rameau* de Méléfe deſſiné d'a-
près Nature ;& tel que Mr. *Streicher* me l'a envoïé.   Ce *Rameau* a) avoit
ſes *Boutons* b) c) ;   la *Fleur* de la Pouſſière ſpermatique, ou *fécondante* d)
& la Fleur e) *femelle* qui conçoit l'Embryon & porte le Fruit ; de même
qu'un *Fruit* en pleine Maturité f) ; le tout juſtement du Volume exactement côpié dans cette 68 ᵐᵉ *Eſtampe*.   La *Fleur femelle* étaloit un Rouge
incarnat auſſi éclatant que la plus belle Fleur qu'il-y-ait.   Et l'on eſt
ſtupefié, de voir à la Fin ce beau Rouge & cette tendre Fleur ſe changer
en un *Fruit* d'un Brun mauſſade, dur & donnant dans la Nature du Bois.

Il me reſte à remarquer, que j'ai trouvé, ainſi qu'il a été dit, des
Vers, deſſinés d'après Nature, g) dans la Graine des Pommes de Fin. Ils
ſont bruns de Paille, fort tranſparens & ont deux Yeux à la Tête &
une Machoire en Forme de *Pinces*.

Ils ſe transforment en petits *Moucherons* bruns , dont la Groſſeur
naturelle eſt marquée i) ; tandisque k) la préſente examinée par Nro 5.
Ils ont le Corps garni d'un Poil fin.   Les Aîles, de celui que j'ai examiné, n'étant pas de veloppées, étoient ſur le Dos comme une Valiſe.

A' l'Extremité du Corps il avoit une *Corne* courbe & qui finiſſoit
en Pointe, ſix *Jambes* ſous la Jointure de devant, une groſſe tête avec
deux *Yeux* brun clairs, deux petites *Antènes*, & encore deux plus grandes , qui reſſembloient à des Panáches.   L'accident qui m'eſt arrivé
d'écraſer cet *Inſecte* entre les Verres du *Porte-Objet*, pendant que j'étois à
le conſidérer, m'empêche d'en rien dire de plus particulier.   Cependant
je ne ſaurois diſſimuler, que les Obſervations que j'ai faites juſqu' ici,
principalement ſur les Inſectes, m'ont ſouvent fait faire de belles Réfle-
xions & m'ont inſpiré de bonnes Penſées.   En Effet plus je m'occupe à
examiner les grandes Oeuvres du Toutpuiſſant dans les plus petites de
ſes Créatures, plus je ſuis perſuadé de la Vérité du Raiſonnement, que
les Auteurs du *Regne de la Nature & des Moeurs* ont fait dès le prémier
Chapitre de la Première Partie.

„ Je

,, Je conviens dit-on pag. 14. que tout le Monde ne peut ni ne
,, doit favoir le *Droit*, la *Medicine*, & la *Géometrie*. Mais pour la *Phifi-*
,, *que*, la *Théologie*, & la *Morale*, ce font des Scienfes univerfelles, que
,, quique ce foit ne devroit ignorer.

Ce qu' il-y-a de certain, c'eft que la Phifique eft propre à diffiper
la Superftition ; & que fi elle nous met aujourd'hui hors de toute Crain-
te des *Pluïes de Sang*, des *Feux S. Elme*, des *Hommes de Feu*, des *Sorciéres* &
des *Comètes* ; & nous fait méprifer toutes ces fadaifes, qui fe débitent
dans les *Veillées* des Villageois, dont on peut lire la jolie Differtation, qui
a été defendue en 1752. fous Mr. le Chevalier *Linneus*, & qui a pour Titre : *Merveilles des Infectes* * ; il n'eft pas moins inconteftable, qu' elle
prête la Main à la Révélation, & qu'elle éclaircit bien des Miftères que,
fans fon Secours, il nous faudroit croire fimplement, fans pouvoir nous
attendre à la moindre Vraifemblance.   C'eft par elle que peuvent s'expliquer Quantité de Paffages de l'Ecriture fainte felon l'Efprit de fon
Auteur.   Un Chrêtien en même tems Naturalifte, fera bien plus rempli
de Refpect & d'Admiration pour l'Auteur de fon Etre, qu'il trouve, voit,
entend, goûte, fent & touche en tous Lieux, qu'un Idiot qui n'a pour
fon Créateur que la Foi du *Charbonnier*.   Il y-a plus.   Son Efperance
pour les Biens avenir fe fortifie d'autant mieux, qu'outre les Affurances,
que lui en donne la Révélation, il trouve dans le *Regne de la Nature* tant
d'Evénemens, qui ont tant de Rapport à l'Etat d'après là Mort,   qu'il
ne lui refte aucun Doute fur la perpetuité de fon *Etre* ; Je puis me di-
fpenfér de dire, que la Phifique aneantit ces Criminels *Contes de Vieille*,
qui prétendent, que par la Force des Sortilèges, l'on peut engendrer des
Foux & des *Souris*, pour en tourmenter les autres Hommes.   Il n'y-a
qu'à examiner la Structure d'un *Foux*, pour être à jamais défabufé de
l'Illufion, qu'elle puiffe, partir d'une autre Main que de celle qui a créé
toutes Chofes.   Les grandes Idées, que le Phificien fe forme de fon Créateur,

* Car. Lin. Amoen, Acad, Vol. 3. p. 313. & Magazin Univerfel Part. 9. Nro 19,
pag. 321.

teur, ne lui permettent jamais de ſuppoſer, bien moins encore de croire, qu'il ait voulu donner par une ſi glorieuſe Métamorphoſe à un Vil In-ſecle *p. e.* à une *Chenille*, une Prérogative ſi marquée au deſſus de l'Hom-me, le plus noble de ſes Ouvages & ſa propre Reſſemblance. Un Natu-raliſte chrêtien peut regarder intrépidement ſon Tombeau & les Vers qui l'y attendent. J'oſe mettre ici les Penſées que j'ai eu moi même dans la dernière Maladie, qui m'avoit mis à deux doigts de la Mort, en les recommandant à l'Indulgence du Cenſeur, en Qualité de Penſées d'un Moribond. *

> Oui de mon pauvre Corps la fragile Structure
> S'en va dans le Tombeau Vous ſervir de pâture
>   Infectes, Vermiſſeaux, que d'un Oeil attentif
>   J'ai mis en cent Lambeaux, j'ai diſſequés tout Vifs!
>
> Vous allés excercer contre moi Vôtre Rage;
> Vos Aiguillons, Vos Dens, tout eſt prêt au Carnage.
>   Mais je ne Vous crains point. Privé de Sentiment,
>   Ce Corps mort ne ſent point les Coups de Vôtre Dent.
>
> Percés, mangés, rongés, contentés Vôtre Haine;
> Elle me tourne à bien. Fort peu je ſuis en Peine
>   De ce que deviendra ce Reſte d'Elemens,
>   Fait pour perir un Jour, pour revivre en ſon Tems.
>
> Dans les Mains du Trèshaut, l'Eſſence de mon Etre
> Repoſe en Sureté, pour enfin reparoître,
>   Lorſque ce grand Pouvoir, auquel tout eſt ſoumis,
>   Par la même Vertu, que dans les Tems jadis,
>
> Il tira du Néant & le Ciel & la Terre,
> Et tous les Animaux de l'une & l'autre Sphère,

G

Et

---

* Le Traducteur, qui n'a jamais fait le Poëte, a bien plûtôt ſujet de demander cette Indulgence pour les Vers ſuivans, qui ſont la Traduction de ceux de l'Auteur.

Et de ce Firmament les Aſtres Radieux,
Et les Poiſſons des Eaux, & les Oiſeaux des Cieux ;

Par la même Vertu, qui ces Etres conſerve,
Et qui, dans ſa Sageſſe, à ſes Fins les reſerve ;
Réünira mon Ame aux Debris de mon Corps,
Qu'il ſaura bien trouver avec tous ſes Reſſorts.

Comment ignoreroit l'Auteur de toute Choſe,
Où de ma pauvre Chair chaque Morceau repoſe ?
Un pareil Doute affreux je laiſſe à l'Animal,
Qui ne ſait ſon Auteur, ni ſon Bien, ni ſon Mal.

Qu'étoit mon Emprion ? un Etre miſérable ;
Mille on en cacheroit deſſous un Grain de Sable !
Que dit le *Polypus*, dans tous ſes *Bouts* vivant ?
Le Papillon, qui va la Roſe careſſant,

Ceſſant d'être Chenille ? & le *Grain* de Semence ?
Le *Chimiſte* à ſon Feu, me montrant l'Exiſtence
D'Etres nouveaux, par l'Art, dans la *Cendre* groſſis ?
Que nous ne ſommes point, pour être anéantis ;

Que le Tombeau, les Vers avec la Pourriture,
Pour mon propre Bonheur, me font leur Nourriture.
De leurs *Coques* ſortans les *Papillons* aîlés,
Diſent àvec Saint *Paul*, * qu' en *Foibleſſe ſemés*,
Nous reſſuſſiterons pour la Gloire eternelle ;
Le Corps, Vainqueur de Vers, joignant l'Ame immortelle.

TABLE LXIX.

La Configuration & les Criſtaux du Mercure ſublimé.

Monſieur le Conſeiller & Profeſſeur *Delius* d'Erlang aïant eu la Bonté de m'envoïer pluſieurs ſortes de *Sel*, & en même Tems du

Mercu-

—————————
* 1. Corinth. Cap. 35. v. 44.

Mercure Sublimé & du *Doux*, tirés de son propre *Laboratoire*, pour en faire l'Objet d'Experimens microscopiques ; je me suis mis tout de suite après le *Sublimé*, que j'ai d'abord autant pulverisé, qu'il se pût, & puis bien broié avec de l'Eau chaude, & enfin mis sur le Verre, où je l'ai trouvé par le *Microscope Solaire* tel que je l'ai exactement dessiné & répréfenté dans cette 69ᵐᵉ *Estampe* ; dans laquelle a) montre toute la *Configuration*, mêlée de *Criftaux*, qui confifte en une Infinité de Pointes capilaires très fines, répréfentant des *Arbres*, des *Rameaux de Palmier*, des *Flèches décochés*, des *Piques* & des *Lames d'Epée*.

Les véritables Criftaux de diverfes Efpèces fe voient b). Ceux qui font marqués c) font étrangers, & nullement des Criftaux du Mercure ; & ils viennent d'une *Touche* de Laiton, avec laquelle & faute d'autre je mis à la Hâte la prémière goute de *Sublimé* diffous sur le *Porte-Objet*, & de laquelle fe font détachées par la Force corrofive du Mercure, ces Lofanges qui reffemblent parfaitement à des Criftaux de *Verd de gris*, & qui fe font melés avec les Véritables. Ce dont j'ai été convainu comme d'une Vérité inconteftable, par les Experimens réiterés que j'en ai faits.

TABLE LXX.

Differens Verres Oeconomiques & Microfcopes
manuels.

Sur les frequentes Mentions que j'ai faites *du Verre Oeconomique* dans mes Obfervations, j'ai été prié de le faire graver fur une *Eftampe* & de le faire connoître. Je le fais donc avec Plaifir, & préfente au Lecteur le Mien a) ; & un autre b) dont le Champ eft moins vafte. L'on peut faire bon Ufage de l'un & de l'autre pour Quantité d'Objets opaques. L'on peut mettre dans a) fur la petite *Table*, fous la *Cloche* des Medailles, des Glaces à Montre remplies d'Eau limoneufe, des Hannetons, des Papillons, des Punaifes &c. & confidérer plufieurs *Objets* à la Fois ; à quoi l'on peut fe fervir utilement d'un Verre d'un *Pouce* & demi

G 2

&

5₂ TAB. LXX. Differens Verres Oeconomiques & Microſcopes &c.

& même d'un *Pouce*. Celui qui eſt marqué b) eſt compoſé d'un *Cylindre de Verre blanc*, dans lequel eſt enchaſſée une *Lentille*, dont le Foïer eſt d'un demi Pouce ou de trois Quarts.

Il faut paſſer dans le *Cylindre* par le Deſſous un *Picot* couvert de Drap ou de Velour, lequel aît un Pié pour le poſer ; mais il faut qu'il joigne bien dans le *Cylindre*.

J'ai encore marqué un *Verre Oeconomique* & que Mr. *Meyen* célébre *Opticien* de la Cour de Dresde fait & débite, de même que bien d'autres *Verres* & *Teleſcopes*.

d) Eſt une *Loupe*, montée en Corne noire, par le Moïen de laquelle l'on peut tirer de l'Eau les Animalcules qui ſe tiennent dans le Limon, n'aïant beſoin pour cela, que de la tenir entre les Doigts contre le Verre où eſt l'Eau.

e) eſt enfin ce qu'on appelle le *Microſcope à Compas*, qui a été décrit tant par Mr. *Meyen* de Dresde que par d'autres Artiſtes. * A l'une des Branches duquel f) l'on met à ſa Fantaiſie les *Verres Microſcopes* dans ſeur Châſſe g). A l'autre Branche l'on peut attacher ou les petites *Pinces* h) ou le *Poilon* k) ou l'Aiguille l) pour préſenter des Inſectes vivans devant le Microſcope g) , ainſi que *p. e* l'on peut voir dans i)

Mais il s'en va ſans dire, que pour ſe ſervir du *Poilon* k), il faut tenir tout le *Microſcope à Compas* horizontalement, afin de ne rien verſer, & que l'Oeil puiſſe regarder perpendiculairement de haut en bas, & non pas devant ſoi comme il ſe fait avec l'Aiguille & les *Pinces*. J'eſpere d'en dire une autre Fois davantage,

TABLE

* Courte Inſtruction , ſur la Conſtitution & l'Uſage des Microſcopes par Mr. Joach. Fred. Mayen, à Dresde 1744. avec des Eſtampes.
   NB. *L'ouvrage eſt en Allemand.*

TABLE LXXI.
Les Polypes bruns à longs Bras.

De toutes les Espéces de *Polypes*, celle-ci étant la plus durable & la plus propre à foutenir l'Examen du Microfcope ; elle mérite l'a-vantage, que je commence par fa Defcription.

Quant à la Structure, elle n'eft pas la même ; car il y a deux fortes de *Polypes bruns ;* mais ils ont des Marques certaines qui les diftinguent clairement les uns des autres.

Une Efpèce qui eft répréfentée fur cette *Eftampe* a) pendant à un Rameau, & puis détachée c) d), a le Corps tout d'une Pièce depuis la Tète jusqu' au Derrière, quoi qu'il aille en diminuant.

Les autres ont à l'Extremité du Ventre une longue *Queue* fort min-ce & tranfparente comme un Tuïau vuide, fur laquelle ils marchent & peuvent fe dreffer ; de forte que, qui n'auroit jamais vû de *Polypes*, la prendroit aifément pour une Queue de Fleur ou de Plante.   Outre ce-la Ceux-ci fe diftinguent des Prémiers par la Quantité de *Petits*, qu'ils mettent bas.   Rarement l'on voit aux Prémiers plus de 3. à 4. *Petits ;* pendant que Ceux-ci ont jusqu' à dix Fils ou Petit-Fils, qui pendent après Eux ; ainfi que je le fais voir au Naturel dans les Fig. e) & f) de cette 71me *Eftampe*, & groffi dans les Fig. g) h) i) de la 67^{ne}.

J'ai à la vérité emprunté des Memoires de Mr. Tremblai le Rameau des *Polypes* de la prémière Efpèce, à caufe de fa Figure fingulière.   Mais je puis bien affûrer, que j'en ai trouvé dans certaine Plante aquatique 10. 20. & même 30. Tont cet Etalage de *Polypes*, quand ils étendent leurs *Bras* ne reffemble pas mal à une Chevelure éparfe ou à une Perruque. Pour la Couleur, elle eft brune dans les deux Efpèces.

Mais de Peur que les Amateurs ne fe méprenent en cherchant des Polypes, je dois les avertir, que leur Couleur brune fe change fouvent,

G 3

don-

donnant tantôt dans le brun *chatain*, tantôt dans celui de *Paille*, tantôt dans le *cend'é*, & même parfois devenant *blanc pâle* & transparent, à Proportion de la Nourriture qu'ils ont prife. Car le *Polype*, quand il a le Ventre bien plein, devient brun-noirâtre, & même l'Extremité du Corps ou la *Queue*, qui eft autrement transparente, prend cette Couleur. Que fi Vous le faites jûner trop longtems, il perd fa Couleur brune ; le Corps & la Queue deviennent tranfparens, comme le Verre ; & c'eft fouvent une Marque certaine, qu'il mourra bientôt.

Son Corps a peu de Parties. Une *Tête*, un *Ventre*, une *Queue*, des Piés font tout fon *Etre*. La Tête, qui eft tantôt ronde, tantôt fphérique, tantôt éliptique, tantôt conique & tantôt fufelée, a fur le Devant une *Encoche* demi ronde, qui eft la Bouche. Perfonne n'aïant jusqu'ici vû des Yeux aux *Polypes* ; je devrois apprechender d'être le prémier à leur en donner. Mais pourquoi n'écrirois-je pas ce qui eft vrai, & que plufieurs de mes Amis ont vû aufli-bien-que moi ? C'eft que j'ai découvert aux deux Côtés de la Tête deux *Taches* rondes d'un brun-noir, que je tiens pour les *Yeux du Polype*, & qui font ordinairement couverts par fes Bras, comme *l'Aiguillon* de la *Puce* l'eft par fes Piés. Mr. Tremblai a deja dit qu'il voit & même bien clair, & je le montrerai moi même en fon Lieu. Sa bouche, à Peine perceptible au Microfcope, devient une *Gueule* plus éffroïable que celle du Crocodile, du Minotaure, & du Dragon, que tua Cadmus, lorfqu' il s'agit d'avaler une Proïe, quelque fois de beaucoup plus grande qu'il n'eft lui même. Alors tout fon Corps, fans en excepter la Queue, n'eft qu'un *Gofier* femblable à un grand *Entonnoir* ; & quand il a la Panfe bien pleine, tout fon Corps reffemble à un Bout de Sac informe, rempli de Têtes de *Chou*, qui font des Boffes de toutes Parts.

Au tour de cette *Gueule* il a 4. 6. 8. Bras ou Piés, dont il fe fert non feulement pour fe tenir debout & pour marcher ; mais encore pour

faifir

faifir & égorger fa Proïe.   Il s'en fert vis à vis des Créatures plus petites que lui, en Guife de *Glueaux;* car tout ce qui en approche s'y prend
comme les Oifeaux fe prennent à la *Perche ;* mais vis à vis des plus groffes, il s'en fert comme de *Lacets* de *Filets,* de *Lignes à pêcher,* pour attirer
fa Proïe & la porter à la Bouche.   Ces Bras font compofés de Milliers
de *Globules* tranfparens femblables à des Perles, *Voi.* Fig. b. de même que
tout le Refte du Corps, avec cette feule Difference, que les *Globules* des
Piés font généralement plus gros, que Ceux qui compofent le Corps.
Ce qu'ils ont une fois pris dans leurs Cordeaux & dans leurs Lacets
ont bien de la Peine à s'en défaire ; de forte qu'on peut appliquer aux
petits Polypes, ce qu' *Ovide* a dit des grands.

> *Utque fub aequoribus deprehenfum polypus hoftem*
> *Continet ex omni dimiffis parte flagellis.* Metam. L. 4.

Le Corps en lui même n'eft qu' un Sac oblong , où il n'y- a point
d'*Entrailles.*   Il forme depuis la Tête, c'eft à dire depuis la Bouche, prefque jusqu' à la Queue un *Boïau* continu, lequel le *Polype,* furtout quand
il a jûné un Jour, remplit tellement d'Alimens de haut en bas, qu' il en
eft tout roide.   Il emploïe auffi comme des Piés l'Extremité du Corps,
qui eft plus mince que le Devant.   Il fe tient, il s'affied, il fe repofe
deffus, il en marche ; ce que je ferai voir dans une Continuation, où
j'ai encore à faire rémarquer fuccintement les Propriétés des *Polypes.*

Aiant, à ce qu'il me femble , fuffifamment montré la *Structure* extérieure des Polypes à Bras, il ne me refte plus qu'à donner quelque petite

Explication de la LXXI. Eftampe,

a) eft un Rameau garni de *Polypes* de la Groffeur que Mr. *Tremblai*
   l'a deffiné, lesquels attirent à Eux les petits Animaux aquatiques avec leurs Bras étendus.

b) eft

b) eſt une Particule d'un Bras ou d'un Pié de *Polype*, deſſiné d'après le plus haut point de Groſſiſſemeur & copié du *Deſſein* de Mr. *Tremblai*.

c) eſt un *Polype* de la prémière Eſpèce, un peu groſſi, ſans *Queue* avec 5. Petits.

d) un autre de Groſſeur naturelle, ſans Petits, pendant à des Lentilles de Marais.

e) un *Polype* de la ſeconde Eſpèce en Repos, qui s'eſt retiré, & qui ſe tient avec ſes Petits ſur l'Extremité de ſon Corps ou ſur ſa Queue.

f) encore un Polype brun de la ſeconde Eſpèce avec pluſieurs petits, ſe tenant pareillement ſur la Queue & aïant les Bras étendus, pour faire Capture.

Voici ce qu' Ecrit Mr. Tremblai dans ſes Memoires ſur les Polypes.

„ Quand j'allois chercher des *Polypes*, je prenois toûjours mes deux
„ jeunes Elèves ; & j'ai éprouvé avec eux , que vis à vis de ces
„ Créatures, l'on peut auſſi goûter les Charmes, que la Conſidération
„ de la Nature en général fournit ſi largement à ſes Amateurs. Cel-
„ le-ci eſt pour la Jeuneſſe un Spectacle, dont les Répréſentations ne
„ ſervent d'abord que d'Amuſement; mais qui pique infiniment la
„ Curioſité, guide la Raiſon, touche le Cœur, & accoutume l'Eſprit
„ à reſſentir ce, qui ſeul mérite d'être appellé le vrai Beau.

Pour moi, je ſerai bien ſatisfait , ſi la Continuation ſuivante a le Bonheur de convaincre quelques uns de mes Lecteurs de cette importante Vérité.

TABLE

TABLE LXXII.
Un peu de Mouffe de Limon.

Cette Production du Regne des Plantes aquatiques a bien du Rapport avec les *Polypes*. Car elle paroît s'étendre & fe multiplier de la même Façon que ces Animaux merveilleux.

Un *Rejetton* fort de l'autre prefqu'à l'Infini, & cette Production revêt en peu de Tems une Paroi d) de fes Jets, comme un Efpalier de Jardin. Et pour mettre mes Lecteurs mieux au Fait là deffus ; je n'ai qu'à leur dire, qu'on en trouve auffi contre les Parois du Dedans des *Abruvoirs* & des *Refervoirs* à Poiffon. C'eft un *Limon* verd qui a contume de s'y attacher & dont on ne fauroit reconnoître la véritable Forme l'Oeil non armé.

Sous le Microfcope compofé de Marfchal on en peut examiner une bonne Partion ; auffi ai je mis fur cette 72me *Eftampe* a) un peu de cette Mouffe de Limon au Naturel, telle qu'on la voit dans l'Eau ; & dans b) la Particule, que j'en ai confidérée par le Microfcope manuel de Wilfon Nro 5. en donnant dans c) le Groffiffement tel, que je l'ai trouvé. Par là j'ai découvert un Enlacement d'une Infinité de *Quarrés*, de *Pentagones* & *d'Hexagones* reguliers & irreguliers, compofés de *Rejettons*, qui fe reffemblent tous parfaitement, *Voi. Fig.* d) & dont chacun eft plein de Grains de Semence. Cela me fait conjecturer, que cette Efpèce de Mouffe s'engendre & fe multiplie par fa propre Semence comme le Champignon. Je ne fache aucune Production du *Regne des Plantes*, qui aît plus de Rapport avec cette Mouffe, pour la Formation de fes Rejettons, que l'*Opuntia*, les *Nopales* ou *Figues* des Indes.

Quelque peu d'Apparance, qu'aît ce Limon confidéré à la Legère ; il ne laiffe pas de divertir très agérablement la Vûe étant fous le Microfcope ; je fuis même perfuadé que les Amateurs en feront l'Epreuve avec Plaifir.

H

TABLE LXXIII.
Espèce singulière d'Animal aquatique à Coque,
ou le Puceron en Forme de Roignon.

Le prémier Coup d'Oeil qu'on jettera sur cette *Estampe*, fera augurer, que j'ai vû & mal dessiné ce, que Mr. *Schaefer* nomme Kiefenfus, * ou les *Puces d'Eau* à Cornes ou *Monocles* de Roessel ; tant ces *Pucerons* y ont du Rapport, n'aïant aussi qu'on Oeil sur le Devant de la Téte. Mais j'ai l'honneur d'assurer, que j'ai été long tems en Doute, si c'étoit une Espèce particulière de Puce d'Eau ou si c'étoit en Effet celle, que je viens de nommer ? Cela m'a obligé de l'examiner très soigneusement, de la soumettre aux Observations de mes Amis, & même, me défiant de mon propre Dessein, de la faire voir & *dessiner* par Mr. l'*Entrepreneur*, afin que la Nature fut copiée au plus juste.

Je dirai avant toutes choses, que ces Créatures n'ont point été prises dans une *Eau* dormante ; mais dans celle d'une *Fontaine à Canaux*; ce qui paroîtra surprenant. C'est dans la petite Fontaine d'en haut de nôtre *Neubau* ** vis à vis *du Listenhof* *** qu'on a trouvé ces Créatures. Ni la grande Fontaine du Milieu, ni la petite d'en bas, vis à vis de la Porte de Haller, n'en produisent point. Outre cela ce n'est pas dans le Bassin de Pierre de cette Fontaine, qu'elles se trouvent ; mais c'est du Tuïau qu'elles sortent avec l'Eau ; & l'on y en trouve beaucoup surtont aux Mois de Juin & de Juillet.

Il faut donc en chercher l'Origine & la Naissance ou dans la Source même ou dans les *Aqueducs*. Or je ne sais pas si les trois Fontaines, qui sont à cette place, viennent de la même Source. Si elles en viennent,

ces

---

* Le Traducteur n'a trouvé nulle Part ce Mot. Mais Tab. LXXV. Fig. 2. il se verra, que M. le Doct. Schaefer, l'appelle aussi *Puce d'Eau rameuse*.

** & *** sont les Noms propres d'une Place & d'une Maison de Nuremberg ; & ainsi ils ne se peuvent traduire.

ces Animalcules ne peuvent pas en venir, autrement il faudroit qu'il y en eût dans les autres deux Fontaines ; & alors il faudroit en chercher l'Origine ailleurs. Dans ce Cas-ci je préfume, que les Canaux pourris ou pleins de Limon, où ces petits Animaux aquatiques aiment autant à fe tenir, que les *Cirons* aux Tonneaux à Vin humides ou au Formage dans les Caves, pourroient bien être le Lieu de leur Naiffance. Que fi la Fontaine d'en haut a fa Source particulière, il eft fort poffible, qu'ils viennent de cette Source par les Canaux.

Mais je laiffe tout cela en fon Lieu, pour faire voir

L'Explication de la LXXIII. Eftampe.

a) Qui repréfente une *Glace* de Montre avec un peu d'Eau de la Fontaine en Queftion, dans laquelle on peut voir de ces *Animalcules* à *Coque* de Couleur rougeâtre dans leur Groffeur naturelle.

b) Un de ces Animaux aquatiques, un peu groffi, fa Marche tournoïante étant marquée, qui eft le Mouvement ordinaire de ces Créatures.

c) Montre un de ces *Pucérons* dans fa Coque tranfparente ; le Signe ♄ marquant l'Endroit d'où l'on peut voir *l'Oeil* de cette Créature.

d) Leur manière de s'apparier, ainfi qu'on les trouve en Quantité dans l'Eau, attachés les uns aux autres ; Dont la *Femelle* nage fur le dos, & eft trainée par le *Mâle*.

e) Fait voir un de ces *Pucerons* hors de la *Coque* ; dont le Corps tout informe, tire fur le rouge. L'on en voit les *Inteftins* avec leur Mouvement periftaltique. Il a à la Téte, fous le Ventre & aux Piés de devant & de derrière, je ne fai combien d'Antènes & de Pointes de Poil qui fe meuvent, & qui pourroient bien leur fervir de Nageoires.

H 2

f) En

f) En montre un autre, qui a entierement fermé fes deux *Coques*, apparamment à caufe des *Poux*, d'une Infinité defquels il eft environné & tourmenté ; & lefquels j'ai marqués par de petites Etoile.

g) Eft une *Coque* que le Puceron a quittée, & qu'on voit dans l'Eau par le Microfcope en plus grande Quantité que de Pucerons mêmes. Elles font auffi blanches que de l'Argent, auffi dures que de la Corne, & fi artiftement tiffues, qu'elles reffemblent à des *Côtes de Maille.*

TABLE LXXIV.

Petit Efcargot de Limon ; ou une Corne d'Ammon.

J'ai répréfenté dans la VIII. *Eftampe de la prémière Cinquantaine de ces Amufemens microfcopiques* plufieurs *Efcargots & Cornes d'Ammon*, qui fe trouvent dans le Sable de Mèr d'Arimini ; mais il ne s'y voïoit pas un feul *Efcargot* en Vie. Dernièrement je découvris parmi l'Herbage & les Lentilles de nôtre Rivière, de ces petits *Efcargots* qui ne cedoient en rien à Ceux d'Italie. O Seigneur, quelle Profufion de Beauté, d'Art & d'Ordre ta Toute puiffance & ta Sageffe n'ont-elles pas réüni dans ce feul Point ! Qui a Vû par la Voïe de la Diffection, la Structure des gros *Efcargot de Terre*, fait le mieux de combien de parties externes & internes cette Créature eft compofée. Et il n'y-a qu'à confulter la *Bible de la Nature* de Schwammerdam, & en parcourir les *Eftampes* IV. V. VI. VII. VIII. IX. & X. avec leurs Explications, pour fe faire une Idée de ce qu'il-y-a d'incomprehenfible dans ces petites *Cornes d'Ammon*. Car tout ce qui eft contenu dans un grand, toutes les Parties, qui fe trouvent dans un *Efcargot de Terre*, font réünies dans ce petit Point qui eft à Peine du Volume d'un Grain de *Millet*. Leurs Couleurs même font auffi fuperbes & auffi variées, que dans les grands ; peut-être même pourroit-on choifir & ramaffer un petit Cabinet microfcopique des *Cornes d'Ammon,*

des

des *Coquilles* & des *Efcargots*, qui fe trouvent dans les Herbes de nos *Marais, Raiffeaux, Etangs* & autres Eaux, avec leurs Couleurs les plus délicates.

Regardés dans l'Eau marécageufe, la plûpart de ces Efcargots paroiffent bruns ou Verd-jaunâtre ; mais étant bien purifiés, avec un Pinceau, du Limon & de la Mouffe qui y tient ; la Véritable Couleur de leurs Coquilles fe fait voir, & alors elles font auffi tranfparentes que du Verre. Pourquoi ne trouveroit-on pas celles-ci auffi dignes d'être dépeintes, que celles d'Arimini ? Ceroit- ce parceque ce font des Productions allemandes, de notre propre Païs & de nos Eaux ? Je fuis perfuadé, que quand on en aura vû les Beautés on leur accordera la même Attention, qu'aux Etrangères. C'eft dans cette Vûe, que je deffine ici un des *Efcargots*, que j'ai découverts dans la Mouffe , répréfentée dans la 72me Eftampe.

L' *Efcargot* lui-même étoit Couleur de Cendre, mais fa *Corne d'Ammon*, ou *fa Coquille* avoit le Fond Verd d'acier, mêlé de Violet & d'Argent. Quatre Cordons de Perles parcouroient dans une égale Diftance la *Coquille* des deux Cotés depuis l'Ouverture , jusqu'à l'Extremité du Centre, & l'on pouvoit reconnoître fort clairement ces 8. Cordons par dedans lorsqu' on y regardoit par l'Ouverture.

Je répréfente a) fa véritable Groffeur naturelle ; dans b) une Corne d'Ammon vuide dans laquelle *l'Efcargot* étoit deffêché ; & dans c) une autre, dont *l'Efcargot* s'étoit confervé 8. Jours en Vie dans une Glace à Montre avec de l'Eau marècageufe , de la Mouffe & d'autres petits Infectes, toûjours plus frais & plus agile, que les Efcargots de Terre.

Les Amateurs trouveront Quantité de ces *Cornes d'Ammon* dans toutes les Eaux dormantes ; mais furtout dans celles, que l'on prend dans les Etangs & dans les Ruiffeaux limoneux ; & ils conviendront Eux-
H 3
mêmes

mêmes, qu'il y en a de bien des Sortes & des Structures, qui méritent d'être peintes.

Remarque.

J'ai reçu ces Jours paffés une Lettre du Voifinage. Un docte Ami, qui n'en eft pas moins malicieux, s'y plaint de ce que ,, l'Ufage ,, de la Phifique eft à la Vérité palpable pour les Gens de nôtre Efpèce, ,, puis qu'il s'étend jufqu'aux Damoifeaux, que nous Appellons *Petit-* ,, *maîtres* & à leurs Bourfes à Cheveux ; mais qu'on n'en remarquoit ,, encore aucun Effet dans le Beau Sexce &c. ,,

Le voïant donc dans l'Erreur, j'ai tâché de l'en tirer par la Réponfe qui fuit :

Monfieur !

Il fe voit bien que Vous continués Vôtre Genre de Vie. Confiné dans Votre Cabinet, comme le Blaireau dans fon Terrier, toûjours le nés fur les Livres, ou la Plume à la Main ; Vous vous plaignés le Tems de regarder quelque fois par la Fénétre & de voir ce qui fe paffe vis-à-vis de chés Vous. N'avés, Vous pas Honte d'avoir fi peu de Monde. Fy ! Vous auriés dû manger la Plume à belles Dens plûtôt, que d'ecrire inconfiderément, que la Phifique ne produit encore aucun Effet dans le Beau-Sexe. Que n'avés Vous vû Mademoifelle Vôtre Voifine, comme je l'ai Vûe, il y-a-quinze Jours, c'eft à dire la dernière fois que j'ai eu le Plaifir de Vous aller voir ! Si Vous l'aviés, dis-je, confiderée, comme moi ; Vous n'auriés jamais tenu un Langage fi hazardé contre la Phifique, & contre des Sectatrices fi confidérables, qu'elle a.

Dés demain, Monfieur, je Vous le confeille en Ami, chaffés de bonne heure le Sommeil de Vos Yeux platoniques ; mettés Vous à la Fenétre, & de là Voïés d'un Regard Vif & Speculatif Mademoifelle Vôtre coufine, fortir de chés elle, pour aller à l'Eglife. Faites furtout Attention à fa Coiffe & à un certain . . . qui flote par deffus. Je ne veux pas pour le Coup Vous en faire le Détail, ni Vous dire le Nom qu'on lui donne à l'Ecole de la Toilette. Cependant, Monfieur, fi Vous veniés à ne

pouvoir

pouvoir deviner ce que c'eſt (ce qui décéleroit étrangement Vôtre propre ignorance dans la Phiſique) Vous n'avés qu'à demander à la petite Sophie, quelle Parure flotante avoit ſa Maîtreſſe ſur les Cheveux ? Je me divertis d'avance du Ris moqueur dont elle va regaler Vôtre Queſtion, au Lieu d'y répondre. Et quoi, dira Sophie, un Homme ſi beau, ſi grand, ſi docte, ne ſait pas que ma Maîtreſſe eſt coiffée en Papillon dans le Goût le plus nouveau ! . . . Graces à mon Etoile, j'ai appris par un hûreux Hazard le vrai Nom de cette Parure ſuivant toute l'Energie, que lui donne le Monde galant. Voici comment. J'étois il y-a quelques jours pour Affaires dans une bonne Maiſon. La Soubrette entra dans la Chambre, demandant à ſa jeune Maîtreſſe, comment elle vouloit être coiffée ce Jour là. Sotte que tues ès, lui repondit la Demoiſelle, comment me coifferois je qu'en Papillon ?

En Papillon ! diſois-je en moi même, c'eſt en Allemand un petit Oiſeau d'Eté ! En Papillon cela va être quelque choſe de drôle à voir ! Par Bonheur la Soubrette apporta le Papillon avant que je quittaſſe la Chambre. Elle n'eut pas plûtôt attaché ce Papillon au ſommet de la Tête de cette Demoiſelle, que je vis la Métamorphoſe la plus prompte, qui ſe puiſſe imaginer. Car déſque Mademoiſelle fut parée de ce Papillage, elle ſe mit à voltiger d'un bout de la Chambre à l'autre avec toute l'Agilité d'un Papillon.

Vous n'avés qu'à Vous mordre les Doigts, Monſieur, de ce que Vous laiſſés paſſer journellement tant de Belles devant Vos Fenêtres, ſans avoir fait encore Attention au Papillon, leur Parure favorite, & outre cela priſe de la Phiſique ; & de ce qu' en même tems Vous n'avés fait voir une Ignorance ſi marquée de la Pratique du bel Air.

L'Affection qu'on a chès nous pour les Papillons va ſi loin, que la Soeur cadette de ma Tante, qui eſt une Fillete de 72. Ans, manqua Dimanche dernier l'Egliſe, parce que ſa Sorcière de Coiffeuſe ne lui apporta pas ſon Papillon. Quel Zele !

Auſſi eſt on redevabe de cette belle Inclination à un jeune Savant, qui a prétendu prouver à ſa Maîtreſſe par les Langues originales, que ſa Coiffure, qui répreſentoit effectivement un Papillon, renfermoit ie ne ſais quoi de miſterieux, de beau & de gentil. Il ſe mit enſuite, à lui expliquer le Mot grec Pſyché, en lui diſant

qu'il

qu'il fignifoit également Papillon, *& Ame. Il lui prouva par Montfaucon, par les Recherches de l'Antiquité de Sandrat & de Spon, que les Anciens mettoient des Papillons fur les Tombeaux de leurs Morts, pour Marque de leur Incorruptibilité. Il lui démontra, que le Mot Compofé* Φιλόψυχοσ *fignifie moins Amateur des Papillons, qu'Amie des Ames, & tant d'autres belles Chofes. Sapient. II. v. 26.*

Voilà, Mon beau Monfieur, pour Vous Matière à Reflexions & à des Raifonnemens plus juftes. Car fi Pfyché fignifie en Grec auffi bien l'Ame, que le Papillon, & fi nos Belles aiment ces Pfyché, jusqu'à en faire l'Ornement de leurs Cheveux; l'on peut bien dire qu'elles font des Φιλόψυχοσ, *qui font connoître, par ces Marques, prifes du Regne de la Nature, les Bons Effets qu'a produit la Phifique dans l'Efprit du Beau Sexe. J'attends Vôtre Réponfe avec Impatience & fuis &c.*

TABLE LXXV.

Fig. 1.

L'Arlequin,* Infecte d'Eau marécageufe, ou le Moucheron dit le Coufin.

Parmi les Infectes d'Eau marécageufe, il-y-a une Créature, qui refemble à bien des Egards la Figure grotesque d'un *Arlequin.* Sa Tête noire, fon Corps de diverfes Couleurs, fes Sauts, fes Bonds, fes Elans, fes Tours ridicules, ont bien du Rapport avec ceux de ce Bouffon du Théatre Italien. Car tantôt il fe met fur la Tête, ou plûtôt fur cette Langue ou Soupape rouge, que l'on voit paroître au deffous; tantôt il fe dreffe parfaitement fur fa Queue garnie de deux larges *Nageoires;* tantôt il s'étend tranquillement tout de fon Long, puis fe ramaffant tout d'un Coup, il s'élance en avant par un *Saut de Serpent.* Quelque fois il fe met en Peloton, regardant malicieufement comme *Scapin* de deffous fon Manteau, & fait enfuite un Saut en l'Air; enfin il fe courbe comme un *Arc bandé,* & nage en cette Pofture fur l'Eau à pas de *Chenille;* fachant auffi bien conferver l'Equilibre qu'un Poiffon, tant

fur

---

* *Ainfi nommé à caufe de fa Tête noire, de fon Corps bigarré & des curieufes Cabrioles qu'il fait.*

fur la Surface de l'Eau que dans la Profondeur. Tout cela m'a engagé à le comparer à un Arlequin & à lui en donner le Nom.

Au refte a) dans cette Fig. 1. marque la Grandeur naturelle de l'Infecte ; & ce qui eft marqué par de petites Etoiles, marque fes diverfes Attitudes avec quelque Groffiffement, & fes differens Mouvemens. Parcontre b) eft un *Deffein*, qui a été tiré par la *Lentille* Nro 4. fous le Microfcope compofé de Marfchal ; fuivant lequel ce *Moucheron* a la Tête ovale, garnie de deux *Antènes* pointues comme des Aiguilles, d'une *Machoire à Pinces*, & de deux *Yeux* bruns. Il a outre cela le Corps long & délié avec Douze *Jointures*, & un *Conduit Verd*, qui paffe depuis la Tête, jusqu'ou Bout de la Queue. La dernière Jointure a aux deux Côtes deux *Nageoires* longues & quatre plus courtes, avec quelques Bouts de *Poil* ; ainfi qu'on peut voir dans d) groffi par Nro 3) avec la Tête c) au Deffous de laquelle fe voit une longue Soupape rouge, femblable à une Langue, qui lui fert de Piés, pour fe tenir en Equilibre dans tous fes Mouvemens. Sa Couleur qui eft de *Cinabre* hors du Microfcope, eft mêlée dans le Microfcope, donnant fur le Jaune, le Rouge & la Couleur de Rofe ; ce qui, avec le *Conduit Verd*, fait un très bel Effet pour la Vûe. Enfin il fe métamorphofe en Chryfalide, de laquelle naît une Efpèce de Moucheron ou *Coufin*.

La Figure 2.

répréfente le *Puceron*, que Mr. le Chevalier Linnaeus appelle *Monocle*, Mr. le Docteur Schaefer de Ratisbonne, de même que Schwammerdam, *Puce d'Eau rameufe*, Mr. Roefel *Puce d'Eau cornue*, & Hoedaert *Pou d'Eau*. a) En fait voir la Groffeur naturelle ; bien qu'il s'en trouve quelque fois de plus gros; b) eft le même groffi, dont la Figure eft ovale. Cet Animalcule paroît n'avoir qu'un Oeil, quoi qu'en Effet il en ait deux, comme les autres Infectes lesquels, felon Schwammerdam, font en forme de *Retine* & fi près l'un de l'autre, qu'ils femblent n'en faire qu'un ; en quoi & furtout par la Diffection en général, il eft contredit, par Mr. le Doct. Schaefer. Ces Yeux font au *Front* au Deffus du *Bec* ; & par deffus font

I

les

les deux *Cornes rameufes*. Chacune de ces deux *Cornes* ou *Bras* fort d'un *Tronc*, qui fe partage en deux *Branches*, chacune desquelles a cinq *Rameaux* particuliers. L'on verra dans e) une de ces *Branches* groffie par Nro 2. du Microfcope manuel. Avec cette Quantité de Bras ou de Nageoires, il fend les Eaux en tous fens avec la Rapidité d'une Flêche, & il eft auffi habile à faire le Moulinet, qu'à fauter & à nager. Son Corps eft enveloppé d'une *Coque* transparente d'un blanc qui luit comme Argent, & très artiftement treffée ; ainfi qu'on peut voir c) d). Mais la Conftruction de ces *Coques* n'eft pas uniforme ; car il-y en a qui paroiffent couvertes de *Mailles*, d'autres *d'Ecailles*, d'autres de *Lofanges* & enfin d'autres *d'Hexagones* & *d'Octogones*. Pour la Tête, elle eft comme envelopée dans une Cape, & la Bouche approche fort du Bec d'un Oifeau. La *Coque* du Corps eft ouverte deffous le Ventre & divifée en deux Parties égales, que l'Infecte peut dilater & comprimer. Son Extrémité fe termine en Pointe fur le Derrière ; mais fur le Devant. elle préfente fouvent une Queue garnie de Quantité de Rameaux & de Poils fort deliés, dont il fe fert encore pour ramer. Toute la *Coque* depuis l'Oeil jusqu'à l'Extrémité eft traverfée d'un *Conduit* ou *Boïau rouge*, qui fait tout le Corps de l'Animal. Sur le Devant de ce Corps font les Piés, qui font pareillement garnis de Pointes de Nageoire, & qui font dans un Mouvement continuél, qui femble trembler, attirer, ou ramer. Le Mouvement periftaltique de l'Inteftin fe diftingue fans Peine, de même que *l'Ovaire* où l'on compte 30. à 40. Oeufs. Cette *Puce d'Eau* vient fouvent en *Mue*, & l'on trouve autant de fes Dépouilles nager fur l'Eau, qu'on en trouve du *Puceron en forme de Roignon*.

Comme parmi les *Puces d'Eau*, il s'en trouve une Efpèce particulière dont le Corps eft rouge, qui reffemblent à celles de la 73ᵐᵉ Eftampe, & qui couvrent affés fouvent la Surface d'un Marais ou d'un Foffé ; ces innocentes Créatures peuvent fans Peine avoir caufé l'Erreur, où a été l'Antiquité, qu'il avoit plû du Sang en certains Endroits. C'eft une Réflexion qu'a fait Schwammerdam dans la 40. Page de fa Bible de la Nature. C'eft là que je renvoïe le Lecteur, de même qu'à Derham, à

Back,

Back, à Tremblai & au Traité de Mr. le Doct. Schaefer, des Polypes Verds, des Puces d'Eau &c.

La Continuation des Polypes ne tardera pas.

TABLE LXXVI.

Une Antène de Papillon de Ver à Soïe & les Animaux Spermatiques de ce Papillon.

Si ce petit *Papillon* blanc, qui a si peu d'Apparence, nous répréfente en entier tant de Beautés remarquables fous le Microfcope ; Sa *Barbe* feule & fes deux *Antènes* en particulier ne font pas moins dignes d'Admiration. Ce fuperbe Ornement de Tête confifte en deux magnifiques Panaches, dont les deux Côtés de la Face font ornés, & dont celui du Coté droit eft répréfenté a) d'après nature, & b) groffi par la Lentille Nro 5. tel que je l'ai obfervé & deffiné fous le Microfcope compofé de Marfchal. Les deux *Antènes* font tout contre les Yeux & confiftent en un Tuïau d'une Matière qui approche de la Corne, allant toûjours en Pointe & garni de Plumes. Des deux Côtés de ce Tuïau, il en fort 30. autres qui font bruns & creux, & lesquels font garnis de leur *Duvet* comme les Plumes d'une Aîle d'Oïe ; ce que le Lecteur verra clairement dans b). Mais les Obfervations que j'ai faites, fur mes *Papillons* & leurs Métamorphofes, m'aïant préfenté une Circonftance très fingulière, & que j'ai trouvé digne de toute mon Attention, je ne faurois m'empêcher de la communiquer de bonne Foi & de la foumettre au Jugement du Public.

Il-y-a environ fix Semaines, qu'il m'eft éclos de mes *Cocons* de Soïe, quoiqu'en differens Tems, deux *Papillons* Femelles & trois Mâles. Je n'exprimerai pas ici l'Ardeur qu'ont ces *Papillons* à fe multiplier, *Schwammerdam, Malpighi* & Leewenhoeck en aïant déja tant parlé.

Il me fuffira d'affûrer, que le Mâle, éclos le 4. Aout, étoit à peine hors de fa *Coque* depuis un Quart d'Heure, & s'étoit purgé de l'Humidité

I 2

rouge

rouge jaunâtre, avec laquelle il étoit né, qu'il courut avec la dernière Chaleur après la Femelle, qui n'étoit aussi éclose que depuis une Demi-heure, pour s'apparier avec elle.   Cela arriva à 10. Heures du Matin. Le Lendemain à 3. Heures après Midi naquit le second Mâle, pendant que le prémier étoit toûjours attaché à la Femelle.

Je fus tout étonné de voir, que ce nouveau Mari presque dans le même Instant, qu'il étoit sorti de la Coque, sentit certainement par l'Odorat la Présence d'une Femelle.   Il se mit à Voltiger sur le Papier avec Agilité & Empressement ; & se purgea aussi plus promtement, que le prémier.

Mais de Peur qu'il ne devînt trop Chaud, je le separai d'avec la prémière Paire ; & puis aïant arraché le Mâle de dessus la Femelle, je mis celle-ci à Part, & j'en fermai les deux Mâles dans une Boite.   C'est ici que je vis une nouvelle Merveille de la Nature.   A Peine le Mâle, separé de la Femelle, fut-il avec l'Autre sur le Papier, que celui-ci se mit à batre des Aîles & à courir après l'Odeur.   Il sauta effectivement sur son Camarade, & après avoir près de Demi-heure tâché d'émouvoir sa prétendue Femelle par toutes sortes de Caresses ; je vis enfin les deux Mâles se separer tout tristes & pendant les Ailes.   Mais à la Place qu'ils avoient quittée, je découvris une Liqueur blanche semblable à du Lait, & qui ne donnoit point dans la Couleur de Sable, qu'a celle que ce *Papillon* dépose apparemment en se purgeant lors qu'il eclot ; & ainsi je crus que c'étoit la *Sperme virile*.   Je ne me trompai point ; car saisissant mon Microscope manuel & examinant avec Attention un peu de cette Matière glutineuse, je vis très clairement une Armée *d'Animaux Spermatiques,* qui couroient d'une Marche promte, dégagé & variée d'un Endroit du Verre, qui se desséchoit, à un autre, où il y avoit encore quelque peu de cette *Sperme* fluide, pour y trouver leur Vie.   J'avoue, que je doutai d'abord de ce que je voïois.   Mais il mourut deux Jours

après

après une Femelle, fur laquelle, toute morte qu'elle étoit, un Mâle ne laiffa pas de Voltiger affés long-tems, & de perdre copieufement de *Semence* ; ce qui me donna occafion de reïtérer mon Obfervation & d'y appeller encore un Couple de Perfonnes. Sûr de mon Fait ; j'ai fidéle-ment deffiné Fig. c) ces Animaux Spermatiques des Papillons Mâles des Vers à Soïe de la même Groffeur, que me les a répréfentés Nro oo. dans le Microfcope manuel & avec des Queues très courtes, lesquelles j'ai trouvé immobiles.

Comme il-y-a affés d'Amateurs, qui élevent de *Vers à Soïe*, rien ne leur eft plus aifé que d'imiter journellement cette Obfervation & de ju-ger de fa Juftefſe.

TABLE LXXVII.

Les Etamines de la Rofe.

Avant que d'entrer dans l'Explication de cette 77me *Eftampe*, je dois avertir, que je m'étendrai davantage dans la 80me, dans laquelle je répréfenterai les Epines & toutes les autres Parties de cette Fleur. Pour le Coup a) répréfente une *Rofe* commune avec fes Etamines & fes Anthères b) ; desquels on en voit c) un par Deffus & d) par Deffous, comme il flotte, pour ainfi dire, au Bout du Filet délié de fa Queue. Les Grains de Semence, qui font fur la Surface e), & qui tiennent auffi à des Queues très minces, font déffinés dans f) par Nro 3. & dans h) par Nro o. L'on peut même voir par Nro o. très diftinctement les *Vef-fies* ou *Globules* pleins de Liqueur, que contient chaque *Grain* de *Pouffière fecondante* ou anthèrique.

Voulant faire l'Experiment, fi cette *Pouffière* créveroit comme celle des autres Fleurs ; je vis avec Surprife, qu'elle ne faifoit que changer de Figure, fans créver fi fubitement, & que désque j'eus mis un peu d'Eau dans le *Porte-Objet* les *Grains* qui avoient la Figure du Grain de

Froment, devenoient ronds comme des Grains de Poivre ; ainſi que je les ai deſſinés dans e) par Nro 3. & dans g) par Nro o. du Microſcope Anglois, dont les Particules de Liqueur du Dedans ſortoient lentement & petit à petit hors de leur Peau ou Enveloppe. Je remets le Reſte à la Feuille ſuivante.

TABLE LXXVIII.
L'Eau du Sang ou le Serum.

Un de mes Amis infiniment recommandable par bien des Endroits, m'a envoïé cette Obſervation dans la Lettre ſuivante.

Monſieur!

„ Je me fis ſaigner le Mois de Mai paſſé. Lorsque ſur le Soir je voulus
„ viſiter le Sang, que j'avois fait couler dans une Taſſe, j'en trouvai les
„ parties rouges & épaiſſes entiérement ſeparées d'avec les Aqueuſes.
„ Je mis bien ſubtilement dans un autre Vaſe bien propre le *Serum* ſans
„ aucun Mélange de Parties rouges, mais aïant cependant ſa Couleur
„ jaunâtre, quoique très claire. J'en mis d'abord une Goute dans le
„ *Porte-Objet*, que je mis ſous le Microſcope manuel avec le *Miroir de*
„ *Réflexion*. Je la regardai par le Nro 3 & je n'y aperçus pas la moin-
„ dre Marque de Corps étranger. La Goute demeura claire & trans-
„ parente, comme une autre Matière fluide, même ſous Nro 1. & o
„ Mais au Bout d'une Heure, que l'humeur fluide ſe fut diſſipée, je vis
„ une très belle Configuration du Sel qui étoit dans le *Serum* c'eſt la *Fig. 1.*
„ Là deſſus je laiſſai encore le *Serum* 4. Jours dans le Vaſe, jus-qu'à ce
„ qu'il commençât à ſentir mauvais. Alors une Goute que je mis de
„ nouveau ſur le *Porte-Objet*, préſenta, après que le Fluide ſe fut éva-
„ poré, les Criſtaux variés & Deſſinés dans la Fig. 2. En confrontant
„ les Criſtaux de l'*Ammoniac* de la XXIII. Table avec Ceux-ci, l'on y
„ trouve bien de la Reſſemblance, en ce que les Pointes qui partent en
„ biaiſant d'une *Longue Lance* font plus de *Rectangles* avec la *Ligne droite*
„ &

,, & qu'elles ont des *Dens*. Auffi eft-il conftant par l'Analogie des deux
,, Figures, que ce n'eft pas fans Raifon que l'on foutient que, furtout
,, après quelque Changement, les Sels qui font dans le Sang tiennent
,, du *Volatil*, de l'*Alkali*, de celui de l'*Urine* & de l'*Ammoniac*.

,, Il feroit donc Queftion de favoir, fi nous voudrions détermi-
,, ner l'Operation des *Sels* par leur Figure. Mais l'on n'en découvre la
,, Figure, que quand ils font fecs, ou que le Fluide dans lequel ils font, en
,, eft furchargé, & non pas dans le Fluide même. Et les *Sels* eux même,
,, fuivant les Principes de la Chimie, n'opèrent, que lorsqu'ils font
,, diffous. L'on découvre auffi ça & là dans cette Figure, furtout vers
,, les Bords de la Circonference, des Criftaux difperfés, lesquels dans
,, un haut Point de Groffiffement reffemblent fort à ceux du *Sel* à cuire.
,, L'Exiftence duquel nous y doit d'autant moins furpendre, que nous
,, en prenons tont tous les Jours. Le Refte du Fluide fe deffècha en-
,, fin dans le Vafe, comme auffi au Bord du Verre du *Porte-Objet*, il prit
,, des Fentes comme fait la Colle deffêchée, & répréfenta un véritable
,, *Gluten animale*. D'où il refulte clairement, que ce *Serum* eft encore en
,, grande Liaifon avec les *Parties lymphatiques*. Il y-a cependant toute
,, Apparénce, que les divers Mêlanges, qui fe trouvent dans le *Sang* &
,, fon *Serum* & qui procédent de la Diverfité de Temperemment, de Re-
,, gime & de Maladies, occafionent auffi de différentes Configurations.

Je fuis &c. D.

Quelques Semaines après que j'eus reçu cette Lettre, avec les Obfervations de ci deffus ; je me fis moi même Saignerau Bras & aïant fait
les mêmes Experimens fur le *Serum*, j'y vis les mêmes *Configurati ns* & les
mêmes Criftaux, qui m'avoient été envoîés. Mais étant bien aife d'evoir
les *Criftaux* de *Sel* bien groffis, & qu'il faifoit un très beau Jour, je paffai
le *Porte-Objet* dans mon Microfcope folaire, & j'eus Lieu d'être très fa-
tisfait. Voilà auffi pourquoi j'ai voulu les répréfenter dans la Fig. d)
tels

tels que je les ai deffinés contre la Muraille, à l'Aide de Nro 4. avec quelques Branches c) c) des deux Configurations. J'ai eu du depuis Occafion de réïtérer plufieurs fois les mêmes Emperimens fur le *Serum*, & je les ai trouvés prefque tous uniformes. Si quelcun de mes *Lecteurs* vouloit imiter cette Obfervation, je lui confeille de laiffer la Goute s'évaporer & fe deffécher d'elle même fur le Porte Objet, fans le Miniftère du *Feu* ou de quelque Chaleur étrangère ; les Configurations en feront & plus belles & plus régulières ; & alors elle pourra paffer par toutes les Claffes du Groffiffement. Dans cette 78me *Eftampe*, la Figure i) & b)b) a été tirée d'après Nro 3. du Microfcope manuel ; la Figure c) & d) d'après Nro 4. du Microfcope folaire, & a) ne fait que répréfenter la Goute defféchée.

T A B L E LXXIX.

Le Moucheron, le Coufin, Infecte d'Eau limonneufe.

Schwammerdam appelle cette petite Créature *Moucheron* ; il l'a très bien décrite *pag.* 144. & très finement tirée dans la 31me Eftampe. Il la met dans la troifième Claffe, *quoique,* dit-il, *on devroit croire, qu'elle appartient à la Seconde, parce que fa Chryfalide fe meut d'un Lieu à l'autre, qu'elle nage dans l'Eau & qu'elle ne demeure pas immobile dans une Place, comme font* celles de la Fourmi, de l'Abeille &c. *Car bienque cette Chryfalide* (que j'ai deffinée dans cette *Eftampe* c) au Naturel, & d) groffie) *nage dans l'Eau; elle meut cependant auffi peu fes Membres, que celles de la feconde Claffe.* Pour moi fans entrer dans la Validité de ces Raifons ; je me contenterai d'affûrer, que j'ai vû une Infinité de Fois toute la Partie de derrière de cette Chryfalide fe mouvoir très diftinctement dans l'Eau.

Ce *Moucheron* naît d'un Oeuf, que la Femelle pond dans l'Eau, duquel fort au Bout de quelques Jours un *Vermiffeau*, répréfenté Fig. a) dans cette 79me *Eftampe.* Dés qu'il fe peut mouvoir, il cherche la Surface

face de l'Eau, où il refte fort long-tems pendu par une Partie fingulière
de fa Queue, qui eft marquée d'une *Etoile*. L'on en Voit quelquefois
des Centaines ainfi enfemble ; mais ce n'eft pas leur feul Mouvement;
car ils font, comme les Poiffons, les Sauts & les Elans les plus curieux
dans l'Eau. Il a tout le Corps tranfparent comme du Verre jaune, &
dix Jointures, dont chacune a de chaque Côté quatre à fix *Soïes* ou Poils
fort durs. Sa Tête confifte en deux Yeux qui reffemblent à ceux du
Moucheron, deux Antènes fourchues ; le Mufeau eft garni de Poil,
auffi bien que l'Extremité de la Queue, laquelle a encore deux Efpèces
de *Soupapes*. Il a un *Boïau* long, qui traverfe tout le Milieu du Corps,
lequel a à chaque côté deux *Trachées* très menues ; & l'on y peut voir
très clairement le Mouvement de la Digéftion des Alimens, de même
que dans le Refte de *l'Inteftin*.

Cet Infecte parvenu à fon entière Groffeur, quitte fa Vieille Peau,
& fe change en la Chryfalide e) dans laquelle on peut déja voir toutes les
Parties du futur *Moucheron*. Cette Chryfalide eft répréfentée groffie
dans d). Elle a au Sommet de la Tête deux petites *Cornes* ou Trachées
pour tirer la Refpiration ; & au Lieu que le Ver avoit d'ordinaire la Queue
en haut la Chryfalide y a la Tête & la Queue en bas. A l'Extremité
de la Queue elle a une *Nageoire* pour ramer, avec laquelle elle avance,
mais d'une autre Façon & bien plus lentement, que ne faifoit le Ver.
Le Moucheron aïant pris les Forces néceffaires ; à quoi il ne lui faut que
quelques Jours, il Ouvre la Chryfalide entre les deux Petites *Cornes*, ou
Trachées, par lefquelles elle fe tient à la Surface de l'Eau ; après quoi la
Peau fe dépouille & le *Moucheron*, qui en fort, demeure par fa légéreté
fur l'Eau, jufqu'à ce que fes *Ailes* étant entièrement fêchées par l'Air,
il les puiffe déploïer & prendre l'Effor. L'on voit Fig. e) e) deux de ces
Créatures au Naturel, petites à la Verité ; mais redoutables pour leur
Aiguillon. Je donnerai dans la 85me *Eftampe* un Moucheron groffi avec

K

tout

tout ce qu'il a de remarquable. Pour l'Heure, je m'en vai inférer ici une Obfervation fingulière, tirée de la *Bible de la Nature*, par laquelle Schwammerdam prétend expliquer la Raifon pourquoi *ce Ver* fe peut auffi bien tenir par fa Queue fufpendu à la Surface de l'Eau, que l'on y voit pendre ces petits *Marmoufets de Verre* par l'Ampoule, qu'ils ont fous les Piés. „ C'eft, dit-il, que la Queue a au Bout une Ouverture, qui „ tire l'Air; ce qui fait qu'on voit quelques Veffies fur la Surface de „ l'Eau, où eft l'Extremité de la Queue. Cette Partie de la Queue „ étant toûjours fèche, désque le *Ver* la porte à *Fleur d'Eau*, l'Eau en „ découle de toutes parts, & l'on voit diftinctement qu'il fe fait un „ petit *Creux* dans l'Eau; puisque lorsque le *Ver* s'y enfonce, l'Eau ne „ pouvant trouver entrée dans la Queue fèche, elle demeure tout à „ l'Entour, & qu'ainfi le *Ver* nage très dégagément, par l'Extremité de „ fa Queue à Fleur d'Eau, comme un Vaiffeau vuide, le Fond en haut, „ ou comme une Aiguille d'Acier, qu'on paffe dans un Morceau de *Liè-* „ *ge*, laquelle fait auffi fur la Surface de l'Eau un *Creux* affés percep-
„ tible.

„ Je lui ai auffi vû quelque fois porter la Tête hors de l'Eau. Mais „ c'étoit que la Queue ne fe pouvant plus conferver fèche, ne pouvoit „ plus fe tenir fur l'Eau; ce qui arrive lors qu'on tourmente trop le „ Ver & qu'on fecoue trop le Verre où il eft. Auffi lui ai je vû pren-
„ dre fa Queue à la Bouche, & la réparer de même que fon Poil. Ce „ petit animal imite en cela les Oifeaux aquatiques, qui paffent leurs „ Plumes dans le Bec pour les frotter d'une Liqueur huileufe qu'ils por-
„ tent au Croupion, & cette Matière huileufe préferve le Fer de la „ Rouille &c.

Enfin j'ai encore à noter, que cet Infecte, examiné & deffiné d' après le Verre Anglois Nro 4. c'eft à dire par une *Lentille* de quatre Lig- nes répréfente:

a) la

a) la Groſſeur naturelle, b) la Figure groſſie de ce *Ver*, avec cette
Extremité de la Queue marquée d'une *Etoile*, par laquelle il ſe
pend à la ſurface de l'Eau.   c) Montre la Chryſalide au Naturel, d) Groſſie, d'où ſort le *Moucheron* e) deſſiné ici d'après
Nature.

TABLE LXXX.

Les Epines, Piquans, le Piſtile avec l'Ovaire &c.
de la Roſe.

Pour acquitter la Promeſſe, que j'ai faite dernièrement, je donne dans
cette 80me Table le Reſte des Curioſités de la *Roſe*, lesquelles m'a
fourni le Microſcope à ma plus grande Satisfaction. Car remarquant
que *le Noeud de Roſe* a) ne piquoit pas auſſi fort, que plus bas au Commencement de la Queue ; je tâchai d'en découvrir la Cauſe, & aïant
ſaiſi le Microſcope Nro 4. je ne fus pas peu ſurpris de voir ce Bouton
de Roſe, ou plûtôt cet *Ovaire*, garni d'une infinité de petits *Cônes*, qui
avoient à leurs Pointes des *Globules* transparens & Couleur de Rubis.
Spectacle certainement auſſi magnifique, qu'intereſſant ! J'ai examiné
un de ces *Cônes* par Nro 2. & je le donne deſſiné b). J'ai remarqué, que
plus les **Cônes** ſe terminoient en Pointe, & plus les *Globules* étoient petits, *Voi* c) & que lors même que les Globules ſe perdoient entiérement,
la Pointe du Cône demeuroit encore rouge.   Ce-la m'a fait conclure, qu'
il falloit que ces *Globules rouges* continſſent le Suc nourriſſier, qui for-
moit & qui faiſoit croître les Epines. Car tant qu'on apperçoit le *Glo-
bule* à la Pointe du *Cône*, l'on trouve qu'il ne pique point. Mais desqu'
il ſe termine abſolument en Pointe comme d) l'on commence à ſentir la
Piqûure. Cependant ce n'eſt pas là la ſeule Eſpèce d'Epines ou de Piquans, dont cette Reine des Fleurs ſoit armée. L'on en trouve une
autre plus fine dans l'Interieur du *Noeud*, laquelle j'ai marquée dans ſon

K 2

Aſſiétte

TABLE LXXX. de la Rofe.

Affiétte naturelle dans i) & n) & groffie dans e) & en Detail groffie par Nro 3. dans l) & par Nro oo. dans m) m. Ces *Piquans* femblent être deftinés à conferver les Grains de Semence o). Il eft même fondé en Experience, que quand on coupe, ou qu'on ouvre une *Gouffe* de Rofe k) pour en tirer la Graine, comme dans n) & i) les Doigts en fentent un Chatouillement affés fort ou une Efpèce de Picotement, caufé par les petits Poils ou Filets luifans, qui s'y trouvent. Or ces Poils font les *Piquans*, que je trouve valoir la Peine de Deffiner ici avec Soin. Ils font élaftiques & tranfparens ; ils brillent comme du Verre de Venife filé & reffemblent à des cheveux de Tête blancs. Je ne veux pas foutenir, qu'ils foient creux, quoique je le préfume, laiffant au Lecteur à l'examiner de plus près.

Explicatio de la LXXX. Table

a) eft un Noeud de Rofe frais, auquel on a ôté les Feuilles & la partie d'enhaut, pour pouvoir voir plus diftinctement les *Piquans* interieurs e). Ce Noeud ou *Ovaire* a des Epines, qui ne font pas encore mûres, marquées groffies b) c) & d) & dont la Structure intérieure confifte en une Infinité de Globules de Sève.

e) font les Poils ou les *Piquans* par lesquels la Graine ou le Fruit de la Rofe font environnés & gardés.

f) eft le *Conduit* ou le Style par lequel la Sève fécondante pénétre dans l'Ovaire & qui eft compofé d'un grand Nombre de *Tuïaux capilaires.* Au deffus de celui-ci l'on voit

g) les petites *Verrues* fur lesquelles eft la Pouffiere fécondante, qui y crève & fait paffer par f) la Sève qui en fort, dans

h) i) pour meurir ou féconder les Oeufs, les Embrions ou les Grains de Semence, qui font dans l'Ovaire,

k) eft

k) eſt un *Fruit de Roſe* mûr ou une *Gouſſe* de Groſſeur naturelle, lequel eſt dans l) coupé horiſontalement & dans n) perpendiculairement, pour en faire Voir les Grains de Semence, qui y
font environnés de leurs *Piquans capilaires.*

l) répréſente dix de ces Piquans capilaires groſſis par Nro 3, &
enfin

m) m) en répréſente deux dans le plus grand Groſiſſement par
Nro oo. Les parties antheriques ou fécondantes de la Roſe,
ont été données Tab. 77.

TABLE LXXXI.

Miroir d'une Aîle de Papillon.

Un Vénérable Eccleſiaſtique *d'Eychſtaedt*, qui m' honore de ſon Amitié,
m'aïant fait Préſent, il y a quel Tems de deux Papillons très rares,
dont les beaux *Miroirs des Ailes* font ſous le Microſcope un Effet à en-
chanter la Vûe ; j'ai cru ne pas déſobliger le *Lecteur* en lui en préſentant
ici *Un*, pour lui fournir une nouvelle Preuve, que peut-être Salomon
dans ſa plus grande Gloire, n' a pas été vêtu auſſi magnifiquement &
d'une beauté auſſi naturelle, que l'eſt un de ces Papillons. Je ne ferai
ici aucune Mention du Plumage & du Poil, ni de leur Forme & Figure,
ni même de la variété de Couleurs, qu' étale tout cet Inſecte. Un ſeul
de ſes *Miroirs* me ſuffira pour le Coup, pour montrer & faire admirer
l'Infinité de la Sageſſe du Créateur dans ſes Ouvrages. *

Je ne fais pas Difficulté de dire, que nul Peintre, quelque habile
qu'il ſoit, ne parviendra jamais à rendre avec ſon Pinceau, l'Eclat & le

K 3   Feu

---

* Ce Papillon, auſſi commun en Italie, que rare chés nous a été peint dans les *Amuſemens ſur les Inſectes* de Roeſſel, prémier Suplement Tab. XLV. où il eſt appellé: le Papillon blanc aux beaux Miroirs rouges, appartenant à la ſeconde
Claſſe des Oiſaux de Jour. *Il eſt cependant plûtôt Couleur de Paille que blanc.*

Feu du rouge, qu'étale ce Miroir. Quelle Nuance de Jaune, de Noir, de Rouge & de Blanc ! Quelle régularité dans leurs Couches ! La prémière *Figure* fait voir cette *Tache* avec bien d'autres fur toute l'Aîle du Papillon de Grosseur naturelle a), laquelle j'ai répréfentée dans b) groffie par le Microfcope de Marfchal Nro 4. Les *Plumes* Couleur de Paille du Bord font encore une Partie de l'Aîle ; puis vient un Cercle de Plumes Noires, enfuite un autre de rouges, qui renferment le Miroir qui luit dans le *Centre*.

La feconde *Figure* fait voir dans a) la Particule de la Peau de ce Miroir d'après Nature ; laquelle fe trouve groffie dans b) avec les Nerfs, qui la parcourent (Schwammerdam les appelle Trachées) & avec quelques Plumes qui y font reftées ; où l'on peut voir les Trous des Plumes, qu'on en a arrachées. Je ne faurois finir cette Obfervation, fans inférer ici les Penfées excellentes, dont m'a derniérement honoré dans une de fes Lettres, un Seigneur auffi Savant, qu'habile Miniftre Impe-rial, Roïal & Electoral.

„ Je trouve toûjours, *écrit ce Grand Politique & Philofophe chretien,*
„ que l'Homme ne tient pas à beaucoup près le Milieu entre les Etres
„ infiniment grands & les infiniment petits, & que parconféquent il ne
„ doit pas être plus glorieux, que d'autres Objets microfcopiques, qu̦
„ ont certainement leur Prix aux Yeux du Créateur, qui peut-être ne
„ regarde le Globe de la Terre, que comme une Goute d'Eau, qui di-
„ ftile d'un Seau, & dans laquelle nous autres Hommes fommes, fans
„ doute, des Créatures encore bien plus petites, que celles que Mr. le
„ Docteur Hill, a apperçues par Millions dans une Goute d'Eau &
„ dont les Grandes mangeoient les Petites.

TABLE

TABLE LXXXII.
Continuation des Polypes.

J'ai dit dans l'Explication de la 71me *Eſtampe*, que le *Polype* a des Yeux & qu'ainſi il peut voir. Pour en faire l'Expérience, il n'y-a qu'à ſuivre l'Avis de Mr. Tremblai; c'eſt qu'il n'y-a qu'à attacher du Papier tout au tour du Verre à Conſerve où l'on tient ces Créatures, en laiſſant un Trou rond d'un Côté, que l'on tourne enſuite vers la Lumière, ſoit de la Fenêtre pendant le Jour, ou de la Chandèle, ſi c'eſt de Nuit; & l'on verra tous les Polypes ſe tourner inſenſiblement vers le Trou, en laiſſant l'Obſcurité derrière eux. Mais cela ne va pas ſi vite, qu'on en puiſſe attendre la Fin ; parce qu'il faut quelques Heures aux Polypes pour faire un Demi-pié de Chemin. D'ailleurs l'on n'a qu'à leur jetter dans l'Eau des Pucerons ou des Serpenteaux à Pointes & on les verra tout auſſi-tôt, ſurtout s'ils ſont affamés, étendre leurs bras pour ſaiſir cette Proïe, dont ils ſont ſi Gourmans.

Mais ce dernier Experiment n'eſt pas auſſi ſûr, que le Prémier avec le Papier autour du Verre, cet Effet pouvant facilement s'attribuer à l'extrème Délicateſſe de leur Tact. Cependant j'ai vû à chaque Côté dé la Tête du *Polype* une Tache obſcure, que je ne me puis empêcher de prendre pour ſes *Yeux*, quoique je pourrois bien me tromper dans ma Conjecture.

Si les *Polypes* entendent, c'eſt ce que je ne ſaurois décider, puisque tous les Eſſais, qu'on pourroit faire là deſſus, ne ſeroient pas à Couvert de l'Objection de la Subtilité du Tact. Car ce ſens eſt ſi fort en eux, qu'ils apperçoivent & ſentent le moindre Mouvement. Par contre l'on ne ſauroit leur diſputer le Goût & l'Odorat ; du moins je me trouve autoriſé à le croire tant par leur grand Appetit, que par la Structure ſimple de leur Corps, dont les Globules leur tiennent Lieu de toutes les

autres

autres Parties organifées, qu'a le Refte des Animaux. Les *Polypes* ont encore une Propriété remarquable qui les diftingue de toutes les autres Créatures, c'eft leur *Génération* par eux même, leur *Multiplication* & leur *Divifion* volontaire.

Cette Multiplication, furtout des Polypes bruns , fe fait de trois Manières, c'eft à dire :

par des *Jets* qui fortent de leurs Corps, à la Façon des plantes ;

par la *Divifion*, lorfqu'un *Polype* fe partage de lui-même en Deux, & ainfi forme deux *Individus ;*

& enfin par une *Diffection* fubtile, par le Moïen de laquelle, s'il étoit poffible de couper en cent Morceaux un fi petit Corps , l'on en feroit tout autant de Polypes.

Voici comment arrive la première Façon : D'abod il fe forme une *petite* Verrue ou *Point* au Côté du *Polype.* Ce *Point* va de Jour en Jour en grandiffant, comme un Bourgeon ou un Rameau, jufqu' à ce qu'au Bout de 15. à 20. Jours, il devienne un Polype parfait, lequel enfuite fe fépare de fa Mère. Cela fe fait ainfi : Lorfque la Mère s'eft accrochée quelque part par fa Partie de derrière ; le jeune Polype s'accroche auffi à quelque Lentille de Marais ou à quelqu' autre Herbe, & puis la Mère venant à rétirer fon Corps ou fa Tète, le Jeune refte pendu en fon Lieu. *Voi Fig. X. & Z. de cette* 82me *Eftampe*, & alors il fe nourrit tout feul fans l'Affiftance de fa Mère.

Que bien des Pères & des Mères n'imitent-ils en cela les Polypes & d'autres Animaux plus grands, qui gardent auprès d'eux leurs Enfans, jufqu'à ce qu'ils puiffent gagner leur Vie, & puis les abandonnent à leur propre Soin pour chercher leur Entretien ! Il n'y-a qu'une Efpèce de Singes qu'on fait qu'ils aiment fi tendrement leur chère Race, que par Fois ils les étouffent contre leur Sein ; de là vient qu'on appelle

Amour

Amour de Singe une Affe)tion défordonnée des Parens pour leurs Enfans. Auffi voit-on tous les Jours que les Enfans, qui ont été trop
long-tems mignardés dáns la Maifon paternelle, ne fe diftinguent guères dans le Monde ; tandisque d'autres, qui ont été obligés de bonne
Heure à avoir foin d'Eux mêmes & de leur Fortune, parviennent avec
l'Affiftance du Ciel aux prémières Dignités.

Je reviens de cette Digreffion, pour faire encore remarquer, qu'il-
y-a de Jeunes Polypes, qui portent d'autres *Petits ;* tandis qu'ils pendent
eux-mêmes à leurs Mères. Je n'en ai vû dans l'Efpace de 6. Ans que 10
à 12. qui aïent eu Fils & Petit-fils pendant enfemble à leur Corps.

Au Refte les Petits grandiffent bien plus vite en Eté, qu'en Hiver,
où il leur faut 6. à 8. Semaines ; tandis qu'en Eté, ils fe perfectionnent
en 15. Jours, quelque fois même en 8. & en 4. Lorfque le jeune Polype a 6. Jours, l'on voit déja, qu'il eft en Etat d'en produire de Petits ;
& de là on peut calculer, à quel Point une Demi-douzaine de *Polypes*
fe peut multiplier dans l'Efpace de trois Mois.

J'ai vû pendre au Corps d'un feul *Polype* 6. à 8. Petits. Ceux-ci,
furtout en Eté, en mettent dans 15. Jours, eux même pour le moins
40. bas ; lesquels dans 3. Semaines, à bien pęu dire, en peuvent produire 120. & ainfi une Demi-douzaine de *Polypes* en produiroit dans 6.
Semaines 710. Mr. Tremblai a fait là deffus toute une Table dans fes
Memoires.

J'ai dit ci-deffus comment fe fait la feconde *Maltiplication.* Le *Polype* fe partage juftement par le Milieu ; mais rarement en eft on Temoin
oculaire. La partie poftérieure prend au Bout de quelques Jours une
Tête & des Bras, & devient un Polype complet ; de même que la Partie de devant s'allonge infenfiblement & prend une Queue.

La troifième Façon eft bien plus merveilleufe que les deux autres.
Car quelqu' inconcevable qu'il paroiffe, qu'un Polype fe puiffe diffequer,

L

cou-

couper, déchirer en tant de Lambeaux, fans perir entièrement ; le Fait ne laiffe pas d'être certain. Il n'eft pas même particulier au Polype; car l'on a découvert d'autres Créatures & principalement des Infectes aquatiques, *p. e.* le *Serpenteau* que Mr. de Reaumur appelle à *longue Piqre*, & Mrs. Tremblai & Roeffel, à *la longue Antène qui reffemble à une Langue;* plus le *Serpenteau* en forme *de Ruban,* ou *Mercurial, le Serpenteau reffemblant à un Ver & muni d'Antènes furchues le Ver de Pluïe* & tant d'autres, que Mrs. Bonnet, * Reaumur, Roeffel, Schaefer &c. ont fait connoître, lefquels fe multiplient auffi par la Diffection.

Des Amateurs qui voudront s'exercer à la Diffection des Polypes, peuvent prendre un Canif, une Lancette, ou des Cifeaux bien fins & bien affilés, & couper à leur Fantaifie des Morceaux de la Tête, du Corps, de la Queue, des Bras, pour-vû qu'ils le faffent avec Promtitude & avec la Précaution de jetter tout de Suite les Parties feparées dans l'Eau, où les *Polypes* ètoient auparavant & d'où on les avoit tirés. Il faut auffi avoir foin de leur donner d'autre Eau un Jour & l'autre non; autrement ils prennent des Pous & puis c'en eft fait. En-quoi il faut éviter de leur donner de l'Eau de Fontaine ou d'autre Eau coulante ou froide ; autrement ils meurent dans 24. Heures. Ils ne prennent pas non plus tout d'un Coup leur Crû & leurs nouveaux Membres, il faut pour cela du Tems & de la Patience. L'on trouve dans Tremblai & Roeffel la Methode très circonftanciée d'obferver d'un Jour à l'autre la Progreffion du Crû de ces Parties diffequées. Je ne ferai ici qu'ajouter quelques Conclufions que Mr. Tremblai a tirées de l'Examen des *Polypes;* c'eft à dire que

1) les Polypes ont leur *Principe de Fécondité,* lors même qu'ils pendent encore à leurs Mères, que de là

2) il n'en faut point d'autre à un jeune Polype pour produire fes femblables, après avoir quitté fa Mère ; mais que

3) il fe féconde lui même d'une Manière incomprehenfible;

4) que

* Traité d'infectologie &c. p. M. Charles Bonnet. 2. Part. Paris 1745.

4) que tous les Polypes font des Mères, qui fe fécondent d' elles mêmes ; ainfi qu'il s'eft trouvé dans les Pucerons, que j'ai ré-préfentés Tab. XXV.   De Sorte que

5) ces Créatures fortent de la Regle, qui dit, que nulle Féconda-tion ne peut fe faire fans la Cooperation & l'Appariement d'un Mâle.

Mais, quoiqu'il foit très vrai, que j'ai vû de mes propres Yeux des Parties difformes dans tout le Corps du *Polype*, s'en feparer volontaire-ment, lefquelles s'enlaçoient les unes dans les autres ; & que j'ai plus d'une fois admiré la même Merveille dans des Parties qui en avoient été coupées ; tant qu'il ne fera pas fuffifamment prouvé, que les *Poly-pes* ne peuvent pas être fécondés par quelque autre Efpèce de Créatures aquatiques ; les Remarques de ci-deffus ne pourront paffer pour Prin-cipes inconteftables, & l'Hiftoire des Polypes & la parfaite Connoiffance de leurs propriétés incomprehenfibles aura Befoin d'être mife dans un plus grand Jour.

Or quelques Amateurs m'aïant fait demander, n'a guères, que je marquaffe plus exactement, où l'on doit chercher & comment il faut examiner les *Polypes* ; j'ai l'honneur d'avertir, qu'il faut chercher la plû-part de ces Créatures dans les Eaux dormantes des Foffés, des Ruiffeaux & des Etangs.

On les trouve en Juin, Juillet, Aout & Septembre ; l'on en trouve même de Bruns en Hiver.   Lorfqu'on a une Fois un Verre blanc à Con-ferve, qui contienne du moins une ou deux Pintes, rempli de cette Eau dormante, il faut fe patienter pour le moins un Jour, jufqu' à ce que les Polypes montent du Fond & paroiffent contre les Parois du Verre. Enfuite on les cherche avec une bonne Loupe de deux à trois Pouces & on les arrache avec un Pinceau, ou un Bec de Plume de la Paroi in-térieure du Verre ou de l'Endroit où ils fe font pofés, fans craindre de les bleffer ; puis on les met dans un Verre en Forme de Plat, telque

L 2

ceux

ceux des Montres, & on les examine prémierement par le Microfcope Oeconomique, enfuite par le Compofé de Marfchal ou de Haertel, pour en diftinguer plus clairement toutes les Parties.

Pour tirer les *Polypes* hors des grands Verres à Conferve, je me fers utilement d'un *Cylindre* ou *Sarbatane* de Verre de la Grandeur d'un Pié ou d'un Pié & demi. Je tiens le Poûce bien ferré fur l'Ouverture d'enhaut, comme fur un *Siphon*, puis j'enfonce tout doucement le Cylindre dans l'Eau à l'Endroit où eft le *Polype* ; enfuite avec l'Ouverture d'enbas, au Bord aigu, je détâche peu à peu le *Polype*, enfin je dreffe toute l'Ouverture fur lui, j'ôte promtement le Poûce, de forte que le *Polype* entre tout de Suite dans le Tuïau, puis rebouchant l'Ouverture d'enhaut avec le Poûce, je fors mon Prifonnier hors du Verre avec l'Eau, qui étoit entrée avec lui dans le Cylindre, que je verfe dans la Glace à Montre, que j'ai toute prête. Voilà, fi je ne me trompe, un Moïen bien facile.

Aïant encore deftiné une Table à la Conclufion de cette Matière, pour y répréfenter les *Polypes* à *Bouquet*, ou à *Fleur* & les autres Sortes de *Polypes de Société* ; c'eft là que je me referve de donner le Refte des Manimens & des Sécrets qui y ont Rapport ; ne pouvant pas m'étendre ici davantage.

Explication de la LXXXII. Eftampe.

a) eft un *Polype* brun tenant entre fes Bras un *Serpenteau à Pointes*, d'après Nature; b) le même groffi fous le Microfcope de Marfchal par la Lentille Nro 3. dont la Bouche eft répréfentée c); les deux *Taches brun-foncé* aux deux Cotés de la Tête & que je prens pour les *Yeux* d) & les Bras au Nombre de Sept e). f) h) répréfentent dans le Groffiffement de ci-devant & g) de Grandeur naturel'e, le dit Serpenteau dont les *Polypes* font fi friands, i) k) l) m) font des *Puces d'Eau* vertes, rouges, cornues ou rameu-

rameufes & des *Porte-Grapes*, que les Polypes engloutiffent aufli en Quantité, de forte qu'on en voit fouvent 10. à 12. dans le Boïau d'un feul Polype.

n) eft un *Polype* qui ouvre extremément la Gueule pour engloutir une Proïe de beaucoup plus grande que lui, lequel dans cette Action reffemble à un *Gobelet* ou à un *Entonnoir*, dans o) & p) l'on voit des *Polypes* tout roides d'avoir trop mangé, reffemblant à des Sacs plein de Choux ou à des *Trognons* de *Raifort*. Ils ne font deffinés ici que d'après la *Loupe*.

q) r) s) t) & u) montrent la Marche de ces Créatures ; car lorsque Fig. t) ils font fur leur Partie de derrière, ils pofent leur Tête aufli loin qu'ils peuvent faifant la Figure d'un Arc *Voi* q) ; puis foulevant le Derrière, ils l'approchent autant qu'ils peuvent de la Tête *Voi* r. Enfuite, ils relèvent la Tête *Voi* s) & continuent ainfi leur Marche *Voi* t) jufqu'à ce qu'ils arrivent là où ils veulent aller. On les voit aufli quelque-fois faifant la Figure d'un *Cor de Pofte Voi* u) ; fans parler de tant d'autres Changemens, qu'il feroit trop long de rapporter. Ils pofent leurs Petits prefque de la même Maniére. Le vieux *Polype* s'attache par la Tête & par la Queue en Demi-Cercle, à quelque chofe qui lui convient, & lorfque le jeune *Polype*, qui lui pend vers le Milieu du Corps, s'eft pareillement accroché avec fes Bras au même Lieu ; la Mère lève ou la Queue, comme dans x), avec force, ou elle rétire promtement la Tête, comme dans z) & fe défait ainfi de fon Petit, qu'elle laiffe là feul, A) B) C) font trois Répréfentations de diverfes Têtes de *Polypes*, D) un petit Morceau de *Beau de Polype*, telle qu'elle fe préfente par dedans, ici fort groffie. Et E) felon Mr. Roeffel, eft une *Excrefcenfe* qui Vient au Ventre ou au Corps du *Polype*, laquelle

L 3

annonce fa Mort prochaine, étant une Maladie de cette Créature.

TABLE LXXXIII.
Trois Efpèces d'Animalcules d'Eau limonneufe.

Les Créatures gravées fur cette 83me Eftampe fe trouvent prefque dans toutes les Eaux dormantes & marêcageufes, a) eft la Figure naturelle d'une *Araignée d'Eau* brune, qui fe diftingue de toutes les autres par la Longueur de fes Jambes ; elle n'eft pas de la Groffeur d'un Grain de *Chenevi*.   La Figure b) la répréfente groffie par Nro 3. fous le Microfcope de Marfchal, avec fes fix Taches fur le Dos, qui ne font en Effet, que des Parties tranfparentes de fes Inteftins.   Elle a une Paire d'Yeux blancs, deux Antènes & huit Piés auffi tranfparens, que le Verre, & garnis de Poils très fins à chaque Jointure.   Elle eft très agile dans fes Mouvemens & elle peut ramer avec la Viteffe d'une Flêche auffi bien fur la Furface, que dans la Profondeur & au Fond de l'Eau.

C) Montre une autre petite *Araignée* d'un rouge parfaitement beau, & qui porte un Y fur le Dos.   Elle a pareillement deux Antènes, huit Piés garnis d'un Poil fin, & une Paire d'Yeux reluifans.   Elle paroît incomparablement plus belle dans l'Eau que dehors, & fa Marche ne diffère en rien de celle de la Brune de ci-deffus.   Elle fe voit dans fon Groffiffement d).   Mais e) eft *l'Animalcule à pétits Tüïaux*, que d'autres appellent auffi *Animalcule à Trompette*.   Il eft à certains Egards digne de Compaffion & d'Admiration.   De compaffion en ce qu'il faut qu'il traine fa Prifon, jufqu' à ce qu'il fe métamorphofe.   D'Admiration, à Caufe de la Structure fubtile qui forme l'Enveloppe de cette petite Créature.   Car comme j'ai vû moi-même diverfes Efpèces de ces Animalcules, j'ai auffi remarqué différentes Structures & Façons de leurs *pétits Tüïaux* ou *Loges.* Il y-a de ces Créatures qui ont des Piés ; d'autres qui n'en ont point &c.   Les *Gouffes* ou *Trompettes*, où elles fe tiennent font liffes ou rabotteufes, tantôt en Cylindre, tantôt en Cone, tantôt en Peloton,

tantôt

tantôt en Piramide, tantôt tachettées & tantôt d'une seule Couleur. Il y-en a qui sont faites, avec la dernière dextérité, de Mortier, d'Argile, de Sable, de Terre & de Limon ; il y en au d'autres, qui le font de fine Mousse de Limon, d'Herbe pourrie & de pétits Morceaux de Bois. Je tiens la Présente marquée f) dans son Grossissement, composée de *Mousse de Limon* & d'Herbe pourrie.

Il seroit assés difficile de décider, pourquoi la Nature a destiné cet Insecte à trainer ainsi sa Maison ou sa Prison dans l'Eau, jusqu'à ce que la Métamorphose lui donnant des Aîles, elle puisse s'en délivrer & s'envoler. Cependant il n'y-a point de Doute, que ce petit Insecte ne puisse donner à un Amateur de la Phisique Matière à des Reflexions édifiantes. Car qu'est ce dans le Fond que nôtre Corps, qu'une *Gousse*, où nôtre Ame languit comme dans une Prison, en attendant sa Délivrance?

TABLE LXXXIV.
Deux Espèces de Sangsues Microscopiques.

Les Gens de la Campagne, les Fermiers, les Bergers, les Pêcheurs, les Chasseurs & les autres Oeconomistes, peuvent dire des Nouvelles du Ravage que font les *Sangsues*, qui se tiennent dans les Eaux croupissantes des Marais, des Etang, des Viviers, & des Reservoirs. Monsieur le Docteur *Schaefer* de Ratisbonne, si célébre par ses Recherches naturelles, a décrit avec soin dans un Traité particulier publié en 1752, les *Sangsues* qui se trouvent dans le Foïe des *Brebis*, & la Maladie, que cette *Vermine* leur cause. Il a dépeint très exactement ces Créatures pernicieuses, & les a trouvé Hermaphrodites, qui ont les deux Sexes. *Si les Sangsues* font le Fléau des Brebis, elles ne le font pas moins des Etangs & des Viviers. Car dès qu'elles se mêlent parmi les Poissons, il n'y-a pas Moïen de s'en défaire, qu'en netoïant & en creusant même de nouveau l'Etang ou le Vivier ; encore faut-il quelque fois lui donner un nouveau Fonds. Elles s'établissent dans le Foïe des *Bêtes à quatre Piés*, & elles y parviennent par les Conduits du *Fiel*; leur Propriété à se rendre

aussi

auſſi effilées & minces qu'il en eſt beſoin, leur facilitant le Moïen de paſſer par les Vaiſſeaux les plus étroits. L'on en a trouvé dans des Boeufs, des Vaches, des Cochons & de gros & menu Gibier. Mais pour les Poiſſons, elles s'attachent derrière leurs *Ouïes*, autour de leur *Gueule*, comme auſſi dans leurs Parties intérieures. Elles ôtent aux Créatures dont elles ſe ſont emparées, toute leur Subſtance & les ſuccent tant qu'enfin elles meurent de Foibleſſe & d'Epuiſément. Ce qu'eſt cette Engeance entre la Vermine, les Ecornifleurs, les Flateurs & les Flagorneurs le ſont entre les Hommes. * Les uns font autant de Mal que les autres. Ce ſont des Ennemis ſecrets, qui trouvent de la Satisfaction à la Ruine des autres Créatures ; & un Homme faux ne ſauroit être mieux comparé, qu'à une *Sangſue*. Je m'en vai prouver ce que j'ai avancé par un fait qui m'eſt parfaitement connu.

Il-y-a quelques Années qu'une pauvre Fille gardoit un Troupeau de Cochons à quelques Lieues d'ici. Ces Animaux aïant été par Hazard chaſſés dans un Etang voiſin, par un Chien, qui les aſſaillit en aboïant; l'Enfant, qui pouvoit avoir 10. à 11. Ans, en Peine pour ſes Cochons, entra dans l'Etang, pleine d'Angoiſſe & en fit ſortir ſon Trupeau ; mais en même tems ſes deux Piés ſe trouvèrent tout couverts de Sangſues qui s'y étoient attachées. Sortie de l'Eau, elle reſſentit des Douleurs ſi violentes, qu'elle en perdit incontinent l'Eſprit. Pour comble de Malheur, il fallut qu'elle reſtât plus de trois Heures dans cet Etat, jusqu'à ce qu'il vînt un *Baigneur* qui la Saigna au Bras, & qui après lui avoir arraché les *Sangſues*, fit de ſon mieux, pour la ſoulager par des Remedes lenitifs & confortans. Elle fut cependant prés d'un An à revenir à ſon bon Sens, qu'elle reprit enfin peu à peu à Force de Soins, que lui donnèrent des Voiſins charitables.

Mais pour ne pas laſſer la Patience du *Lecteur* en lui faiſant trop attendre l'Explication de cette 84me *Eſtampe*, je lui dirai tont de Suite,

qu'un

---

* Scire volunt ſecreta domus, atque inde timeri. Juven-Sat. 3.

qu'un de mes Amis, que j'honore & conſidère infiniment a eu la Bonté,
il y-a quelques Semaines, de m'envoïer deux de ces *Vers* a) & de m'avertir, qu'en vuidant une petite Carpe, l'on y en avoit trouvé *Six* &c. J'ai
d'autant plus d'Obligation à mon illuſtre Ami de cet Envoi, que j'avoue,
que bienque je connoiſſe plus de 20. Eſpèces de *Sangſues*, je ne pûs d'a-
bord me reſoudre à mettre ces *Vers* dans cette Claſſe. L'Oeil nud ſuffit,
pour les voir comme des *Vers táchettés* ; mais cette *Peau glutineuſe*, à la Façon de celle du Limaçon, & qui caractériſe la *Sangſue*, ne peut ſe remarquer qu'à l'Aide du Microſcope. Aïant donc mis mes Hôtes dans une
Glace à Montre ſous le Microſcope de Marſchal, je remarquai bien-tôt,
que c'étoit une Eſpèce toute particulière de Sangſue, qui ſe diſtinguoît
de beaucoup des autres Genres. Car les 2. Plaques glutineuſes pleines
de Glandes, que l'on voit à leur Tête & à leur Queue, je ne les ai remarquées à aucune autre Eſpèce. a) Eſt donc une *Sangſue*, qui paroît en vouloir le plus aux Poiſſons, puisqu' elle a été trouvée dans la Carpe. b) c)
La montre dans deux autres *Attitudes*, les unes & les autres d'après Nature. d) En montre une autre extremement allongée, conſiderée par
Nro 5. & e) la même groſſie par Nro 3. Les 4. Taches noires qu'on
voit ſur la Tête ne peuvent paſſer pour des Yeux ; car j'en ai compté
16. ſur la *Plaque* pliſſée de la Queue. Mais j'ai vû une autre petite Tache à chaque Côté de la Plaque de la Tête, ſur le devant, lesquelles j'aimerois mieux prendre pour les Yeux de ce *Ver*. Je les ai marqués de
2. Etoiles. g) Eſt la Plaque de la Queue en Forme de Coquille ; ſur laquelle la *Sangſue* peut ſe tenir toute droite. Elle s'étire juſqu'à la Groſſeur d'un Bout de Fil, & ſe peut auſſi concentrer comme une Boule,
Qualité commune à toutes les *Sangſues*. h) Eſt le Deſſous de la Tête,
& i) la Plaque de la Queue, un peu retreſſie, parce qu'elle a été examinée, ſeparée du Corps. Elle eſt toute compoſée de *Glandules*, ainſi
que je le fais voir par un petit Morceau groſſi dans r) & qui au Naturel avoit la Groſſeur d'un Grain *de Chenevi*.

M

k) eſt

k) eſt encore une Eſpèce de *Sangfues* la plus petite de toutes & trés peu & même point du tout perceptible à *l'Oeil nud*. Quand elles ſont bien étirées, elles reſſemblent à des Fils d'Araignée bien Fins, l) m) n) ſes répréſentent examinées par le Verre Oeconomique, o) p) par le Microſcope compoſé, & q) par Nro o. de mon Microſcope manuel avec le Miroir de Réflexion. Tout leur Corps eſt blanc & transparent, & l'on remarque en dedans un Inteſtin particulier, qui eſt brun jaunâtre, au Milieu duquel l'on voit de longs Tuïaux s'étendre, en neuf Branches de chaque Côté, qui reſſemblent à des Bois de Cerf, ou a des Rameaux garnis de Feuilles. Elles ſe concentrent ſi bien, qu'elles ne font qu'un petit point, & qu'ainſi il n'y-a pas Moïen de les découper.

TABLE LXXXV.

Le Moucheron dit le Coufin.

Aïant promis dans une de mes demières Feuilles de donner groſſi le *Moucheron*, que j'ai répréſenté d'après Nature dans la 79ᵐᵉ Eſtampe Fig. *e*, je livre ici cet Inſecte, qui a tant de Parties qui méritent l'Attention des Amateurs du Microſcope. La Tête a) a chaque Côté un gros *Oeil verd* b) à Facettes Hexagones, comme ceux de la *Demoifelle*. Tout contre ſortent de deux petites Boſſes les *Antènes* c) dont chacune a ſix Jointures & qui ſont garnies d'un Poil très fin ſurtout vers la Pointe. Entre celles-ci il-y-a encore deux *Branches* plus groſſes, garnies de Plumes violettes d) qui ont l'Aiguillon entre deux, & qui n'ont que trois Jointures. L'*Aiguillon* e) qui eſt, comme je viens de dire, entre deux, eſt pareillement couvert de Plumes en Guiſe d Ecaille de Poiſſon ; mais je n'y ai point remarqué de Jointures. Auſſi n'eſt ce à proprement dire, que la *Gaine* du Veritable *Aiguillon* f) qui ſe fait ſi bien ſentir & à Gens & à Bêtes. Il eſt ſi rond, ſi uni & ſi pointé, qu'on n'y voit pas la moindre Inégalité même à l'Aide des meilleurs Verres.

Schwam·

Schwammerdam l'a anatomifé & fait graver à *Cinq Angles* *. J'en mets ici la Copie g) car je n'ai pas encore pû parvenir à en faire l'Experiment. Schwammerdam a cru, que ces cinq Angles fervoient, comme autant d'Antènes pointues, à élargir les Pores & par leur Mouvement répété à rendre le Sang, qui eft dans la plaïe, plus propre à monter dans le Tuïau. L'*Aiguillon* n'a pas la même Grandeur dans tous les *Moucherons*. Il y en a qui l'ont auffi court, que le *Pou*; & les Amateurs des Recherches naturelles, n'ignorent pas qu'il y-a une infinité de differentes Efpèces de ces Infectes. Au deffous de la Tête eft le *Cou* h) qui joint le *Dos* i) lequel eft garni de Poils les plus fins. Aux deux Côtés du Dos font les *Ailes* k) & au deffous les deux petits *Marteaux* l) avec lesquels ils forment leur Bourdonnement **. Ils font blanchâtres & femblent être gonflés & tendus. Le *Ventre* n) a huit *Anneaux* & n'eft pas couvert de Blumes, mais de Poil o). Les fix *Piés* m) font pareillement ornés de Poil brun, dont les Extremités font armées de deux Ongles crochus fort aigus. Quelque dangereux que l'Aiguillon rende cet Infecte, il ne laiffe pas d'être très divertiffant au Naturalifte, le Microfcope à la Main. Il n'en faut qu'une *Aile* pour l'attacher bien long-tems. Il n'y-a pas Plume qui foit capable de décrire toutes les Beautés que la Sageffe infinie répand ici. La Membrane de l'aîle entrelacée des Nerfs & des Pores les plus fins, l'Infinité de petites Verrues, dont elle eft parfemée & qui font ici marquées par des Points, les magnifiques Plumes qui décorent l'Aîle, Veulent être plûtôt Vûes, que lûes, lorfqu'on veut fe former une Idée de la Pompe qui y regne. La *Planche anatomique*, comme auffi le *Microfcope en Forme de Compas*, font ici d'un très grand Ufage, pour pouvoir y mettre tout le Moucheron, ou feulement la Tête & l'Aîle & les examiner à fon Aife.

M 2

TABLE

* Bible de la Nature Tab. XXXII. Fig. III.

** L'on en verra davantage dans la 3. Part. à l'Explication de la 41me Tab. Fig. A. B. C. D.

TABLE LXXXVI.

Singularité du Sable du Mèr au de Coquillage.

M'étant mis il-y-a quelque Tems à trier, pour un certain Usage, de ces *Globules*, qui se trouvent à Foison dans le Table de Mèr d'Arimini, & les aïant jettés dans une Glace à Montre, pour les netoïer de la Poussière avec de l'Eau, où je n'avois mêlé que trois Goutes d'Eau forte ; j'apperçus tout d'un Coup un certain Mouvement, qui fixa mon Attention. Je vis même, l'Oeil nud, qu'à Mesure que je versois de l'Eau-forte dans la fraîche, qui étoit dans la Glace, les petis Globules qui y étoient se mettoient en Mouvement. Mais ne pouvant rien distinguer à Cause de leur Petitesse, je le mis sur la petite Table sous mon *Verre Oeconomique*, ou, si l'on veut, ma *Loupe*, designée ici Fig. d) & dans la 70me *Table* Fig. a). C'est par-là que je découvris un véritable *Feu d'artifice* sur l'Eau ; c'est à dire que mes *Globules* firent sur l'Eau le même Effet qu'y font les *Grenades* allumées, avec la seule Difference, qu'au Lieu d'Etincelles de Feu, ce n'étoit que des Vapeurs & des Particules d'Eau qu'elles vomissoient. Si ce Spectacle me divertit, je ne fus pas moins surpris des violens Entrechocs de ces Globules & de la Motion, par laquelle l'Air du Dedans les portoit avec Impetuosité, à cause de leur Figure ronde & de leur Substance Alcalique, tantôt en haut & sur la Surface de l'Eau, tantôt dans le Fond de la Glace à Montre, tantôt du Long tantôt du Large &c. Comme l'On voit un *Ballon* ou une *Boule* de Fer, qui étant jettée de Force contre un Fond solide, rebondit en l'Air, c'est ainsi que faisoient mes *Globules ;* & cette Comédie dura près de Demi-heure, de sorte qu'enfin je pûs les dessiner à mon Aise sous le Microscope composé. Cette 86me Estampe répréfente dans a) & b) ces Globules d'après Nature ; mais c) en montre un, tel que le présente le Verre Oeconomique d). Sous celui de Marschal par contre un de ces Globules non lavé se présente comme dans e) & un autre purifié dans l'Eau avec les Particules d'Air & d'Eau qu'il vomit, comme dans f) grossis par la Lentille Nro 3. Pour la Glace de Montre grossie, je l'ai répréfentée

par

par g), avec tous les Globules ou *Echinites*, autant que la place l'a pû permettre.

Mais avant que de passer à l'Explication de la 87me Estampe, je m'en vai communiquer au Lecteur une Lettre que m'a fait l'Honneur de m'ecrire Monsieur Wagner Conseiller intime & Prémier Medecin du Sereniffime Marggrave de Bayreuth & laquelle fervira beaucoup à l'Eclaircissement de la préfente *Eftampe*.

„ Je ne faurois prendre pour des Heriffons (*Echinus*) les Globules
„ de la Mèr Adriatique d'Arimini dont Mr. *Janus Plancus*, mon intime
„ Ami, fait Mention dans fon Traité *de Conchis minus notis*, dont j'ai l'hon-
„ neur de Vous envoïer un Exemplaire pour Vos Etrennes. Et bienque
„ cette Opinion paroiffe très vrai femblable à cet illuftre Savant, je ne
„ puis y entrer, 1) parcequ'ils font ronds & unis, & qu'ils n'ont point
„ de Piquans (caractère diftinctif des Heriffons (*Echinus*) d'avec les au-
„ tres *Oftra-codermates*) ni de *Soïes* ; même avec les meilleurs Microfco-
„ pes, l'on ne peut découvrir les *Stigmes* ou *Boffes* fur lesquelles ils au-
„ roient repofé. 2) Parceque plufieurs n'ont point du tout d'Ouvertu-
„ re, & que la plûpârt n'en ont qu'une, au Lieu que les Heriffons en
„ ont deux, dont l'une répréfente la Bouche & l'autre l'Endroit de l'
„ Evacuation. Je ne trouve donc à quoi mieux les comparer qu'aux
„ *Oeufs* d'Efcargot. Car non feulement nos gros Efcargots manduca-
„ bles, mais encore ceux de la plus petite forte, ont de petits *Oeufs* ronds,
„ unis & quelque peu oblongs, dont les uns font de la Groffeur d'un
„ petit Pois, d'un Grain de Moutarde & même de Pavot blanc ; ainfi
„ que j'en ai ramaffé de differentes fortes dans la Terre & deffus la
„ Mouffe ; parmi lefquels j'en ai trouvé qui avoient de petits Trous.

„ En 1738. J'en écrivis mon Sentiment à Mr. Jan. Planc. Mais
„ il croit toûjours, qu'il n'y a que la Volaille, qui ait des *Oeufs* à *Coque*, &
„ que le Poiffon, l'Ecréviffe, la Moule, l'Efargot & qu'en un Mot tous

M 3

„ les

„ les Reptiles n'ont que des *Oeufs mols* ou tout au plus *cartilagineux*.
„ L'on pourroit cependant lui prouver le contraire par ceux du *Croco-*
„ *dile*, du *Lézard*, de la *Tortue* & de nos *Efcargots*. Il eft vrai, que les
„ Oeufs de l'Efcargot & du *Lézard*, dés qu'ils font pondus, paroiffent
„ n'avoir qu'une *Pellicule* à Demi tranfparente. Mais auffitôt qu'ils font
„ fecs, ils prénent une *Coque* opaque & fragile, qui eft d'une épaiffeur
„ affés confidérable dans les *Oeufs* du Crocodile. Or puifqu'on trouve
„ dans le Sable du Rivage d'Arimini Quantité de trés petits *Efcargots*, &
„ qu'en plufieurs autres Endroits fur les Bords de la Mèr Adriatique,
„ entre autres aux *Lacunes* de *Venife* & à *Comachio* il s'en trouve des
„ Quantités exhorbitantes, je n'ai pas de Peine à concevoir, d'où vient
„ cette Multitude innombrable de Corpufcules ronds. Je fuis &c.

Il me femble, qu'il n'y-a gueres rien de raifonnable à oppofer à des
Penfées fi juftes & fi naturelles.

TABLE LXXXVII.

Deux Sortes de Polypes à Bouquet.

Mon Deffein n'aïant pas été de m'étendre fur une Matière, qui a été
fi amplement traitée par tant d'autres Naturaliftes ; je ne puis
cependant refufer à quelques Amateurs, qui fouhaitent que je touche
tout ce que j'ai vû & remarqué fur les *Polypes*, de conclure mes Obfervations par une Defcription & une Répréfentation des prétendus *Poly-*
pes à Bouquet & à Colonies, ce qui va faire l'Objet de cette *Eftampe* & de
la fuivante.

L'on voit donc dans cette 87me Table deux Sortes de ce qu'on appelle *Polypes à Bouquet*, Mr. Backer les nomme les *Bêtes à Campanelle*, d'autres les *Polypes à Manchettes* & encore d'autres les *Polypes à Fleurs*. Or
pour montrer la Manière la plus facile de tirer ces Créatures de l'Eau ;
j'ai mis a) un *Urinal*, dont j'aime mieux me fervir que de tout autre,

parce

parce que lorfqu'il eft plein d'Eau, fa Figure en Boule accafione un Efpèce de Groffiffement, qui aide à reconnoître les Animalcules qui s'y trouvent. L'on y enfonce le petit *Tuïau* de Verre blanc c) & l'on Procède comme il a été dit dans l'Explication de la LXXXIIme *Eftampe*, & comme on a contume de faire avec chaque *Siphon*. Car dés qu'en levant le *Pouce* b) l'on attire l'Eau, le Polype d) qui fe tient au Fond du Verre ou à l'Herbage f) entre auffi dans le *Tuïau*; après quoi on le peut verfer dans un Verre plus petit mais propre.

Dans cet *Urinal* a) j'ai répréfenté d) l'Efpèce la plus commune de *Polypes* à Bouquet. Pour la feconde Efpèce, qui eft plus rare, & qui fe diftingue principalement de la prémière, par fa *Demeure* ou par fon *Corps*, elle eft definée e) & f).

Les prémiers confiftent en deux Parties principales, 1) le *Corps* & 2) les *Créatures* vivantes, qui y font. Je ne prétends pas décider, fi l'on peut leur donner à jufte Titre le Nom de *Polypes*? Si l'on prend l'Etui h) g) pour les Polypes & les Animalcules l) n) x) w) pour leurs *Bras* ou leurs *Piés*; cela peut s'entendre. Mais comme je fuis perfuadé que chacune de ces Créatures, ainfi qu'il fe voit dans n) & w) peut vivre, marcher & nager en fon particulier, fans qu'on y remarque la moindre Trace de *Bras* ou de *Pié*; il refte à favoir, fi ces Etres vivans font des Créatures indépendantes, ou fi elles ne font que des Parties d'un autre Tout? & fi ces *Tuïaux* bruns g) h) H) font en Effet des Corps vivans, ou feulement des *Etuis* ou des *Celules*, que ces Créatures n) x) à l'Imitation de tant d'autres Animaux fociables, ont ramaffées & conftruites pour leur Demeure? Pour moi, je crois le dernier, bienque Mr. Tremblai * & d'autres foutiennent avoir vû dans ces *Celules* des Inteftins, qui montroient un Mouvement périftaltique.

Il eft vrai qu'on y voit certaines Parties, que peuvent fe prendre

pour

* Tremblai Memoire III. Pl. 10. fig. 9. pag. 212.

pour des Inteſtins.   Mais feu Mr. Roeſſel & moi avons trés ſouvent ex-aminé ces Parties, ſans y avoir jamais pû trouver les Qualités, qui de-ſignent p. e. un *Eſtomac* ou un *Boïau.*   Car non obſtant la Voracité des *Polypes à Fleurs*, je n'ai dans toutes mes Obſervations, pû appercevoir le moindre Aliment dans ces ſortes de Parties.   J'ai donc marqué q) & r) les prétendus Inteſtins & par p) les Alimens bruns & verds, qui deſcen-dent ordinairement dans le *Tuïau* principal de l'Etui, h) H) lequel pour-roit bien être le Magazin, où les Polypes ramaſſent leurs Proviſions.

C'étoit auſſi le ſentiment de feu Mr. de Roeſſel, que ce *Tronc* en For-me de Rameau de Corail, n'étoit que la Demeure ou l'Etui des Animal-cules à Fleurs, diviſé en pluſieurs Celules.   Suivant cette Opinion, que je ne veux obliger perſonne d'admettre, ma Diviſion de ci-deſſus pourra avoir Lieu.

Quant aux Animalcules mêmes, ils ſont diſtribués en differentes Colonies dans ce Tronc, comme on peut voir dans i) & ils ont la Fa-culté, de pouvoir ſe défaire & ſe ſeparer du Tronc principal, pour for-mer leur Bouquet ou leur Colonie particulière.

Par Exemple g) marque un Tronc de trois Colonies, pris d'après Nature ; aucontraire h) en a neuf, examiné par Nro 5. ſous le Micro-ſcope compoſé.

La Matière dont le Tronc lui même eſt compoſé, eſt très limon-neuſe, gluante ou aqueuſe & ſe fond bientôt, ſi on la met dans un Verre ſec.   Il paroît n'être fait que de Limon, de Racines pourries & d'autres ſemblables Matières, comme l'Etui de l'Animalcule à Tuïaux, ou à Trompette.   Cependant il eſt tranſparent, & l'on y peut voir fort diſtinctement deſcendre les Alimens & s'y poſer, tout ſon Canal étant ſouvent rempli de Matière brune & Verte, qui n'eſt que la Graine des Lentilles de Marais, qu'on trouve ſous la Feuille , & qui eſt brune, ou la Fleur des mêmes Lentilles, qui eſt verte, & qui pend au Bout des

Queues.

Queues. Avec le Secours d'un bon Microfcope, l'on peut voir clairement, que ce Canal en renferme un autre ; que celui de dehors eft plus
délié & plus tranfparent, & celui de dedans d'un brun-clair.

Il confifte encore en plufieurs *Rameaux* particuliers, dont chacun
a fon Effaim de Polypes. J'ai deffiné H) un pareil Tronc à quatre *Rameaux* autant groffi, qu'on le peut obferver par Nro 2. Ces quatre *Rameaux* fe préfentent avec leurs Colonies en autant de Variations. Chaque *Rameau* termine fon Extremité par un *Anneau* ou *Collier* Voi A) A)
A) A), qui eft bordé par en haut & par en bas d'un *Orle* qui reffemble
à un *Poignet* de *Manchette*. L'on voit d'abord au-deffus de ce *Collier* les
Parties q) r) qu'on prétend être les Inteftins. Mr. Roeffel a crû que c'
étoit le Refervoir aux Excremens. C'eft dans cette Efpèce Collier, que
demeure toute la Colonie enfemble ; & il y-a telle Celule, où j'ai compté 40. 50. jufqu' à 60. de ces Créatures. Quand toute une Celule
fort à la Fois, & fait une Efpèce de *Roue* de Paon, elle reffemble à la
Figure I) mais quand elle s'eft retirée comme dans k) l'on voit, comme il
eft montré dans L) en haut l'Ouverture du *Collier* & au-deffous ces
Créatures, qui s'y font enfoncées, & qui prifes feules, reffemblent affés
à des *Anguilles de Colle* ou à des S. S. fe préfentant toute fois auffi fous
d'autres Poftures tortues & ferpentines. Quand elles fe pavânent comme dans I) elles font fouvent un fort Tourbillon dans l'Eau ; & c'eft
ainfi qu'elles attirent, comme par un Entonnoir, les Particules les plus
déliées des Plantes & des Grains de Semence.

Pour les chercher il faut fe tenir extremement coi & tranquille &
ne fe pas impatienter ; car au moindre Mouvement, ils fe rétirent dans
leurs Celules, & puis il faut affés long-tems attendre, juiqu' à ce qu'ils
reparoiffent.

Il eft auffi bon de pofer le Verre à Conferve ou la Glace de Montre,
dans une certaine Elévation, que l'on puiffe examiner par deffous les

N

Lentil·

Lentilles de Marais avec la Loupe. Car ceux-ci comme les autres Animalcules de Marais, se pendent pour la plûpart au Fonds ou au dessous des Lentilles, parceque c'est là qu'est la Graine, dont ils se nourrissent; mais sourtout il faut prendre garde de ne pas mettre le Verre sur une Table ou autre Lieu qui branle; car ils ont tant de Sentiment, qu'ils s'apperçoivent de tous les Pas que l'on fait dans la Chambre.

Le Tems le plus sûr d'en trouver, c'est Juin, Juillet & Août. Quelque fois ils se posent contre les Parois du Verre, quand il commence à devenir crasseux. Ils ne souffrent pas la Dissection, mais ils se partagent bien eux mêmes, & ils mettent aussi de Jeunes Troncs bas.

Leur Couleur est Blanche, comme du Fil fin blanchi. Ils nagent dans l'Eau tant seul à seul, que par Colonies; mais au moindre Mouvement, ils se rétirent ensemble dans leurs Celules, par le Tuïau qui est dans l'Anneau ou Collier, & s'y cachent avec toute la Promtitude qu'ils peuvent.

La seconde forte est bien plus difficile à trouver, que la Prémière; car le Tronc brun ou le Rameau de Corail, qui fait connoître les Prémiers, ne se voit pas dans ceux-ci; mais à sa Place l'on ne voit qu'un petis Monceau de Limon presque rond, d'un brun très pâle et même souvent d'un blanc jaunâtre. Voilà ce qui constitue le Corps ou la Structure de l'Habitation des Polypes à Fleur de la Seconde Espèce. L'on n'y voit ni Bras, ni Bracelets, mais seulement de petits Boutons saillans, hors desquels ils montrent leurs Bouquets, ou Pannaches. Il n'y-a que Mr. Roesel, que je Sache, qui ait décrit cette Espèce; c'est aussi chés lui que je la vis pour la prémière Fois & que j'appris à la connoître; j'en ai depuis trouvé tous les Ans dans le *Nonnen Garten* (Jardin des Religieuses) dans l'Etang du Couvent de *Ste Catherine*. Leur Grosseur est marquée dans cette 87me *Estampe* Fig. S) S) quoi qu'un peu au de là du Naturel. Ils se tiennent la plûpart du Tems ou Fonds du
Verre

Verre dans le Limon, & fi l'on n'a pas bien de la Patience pour attendre qu'ils fe montrent, on rifque de les manquer. Leur Corps eft plus opaque au Milieu, que dans la Circonference, & il a diverfes Taches comme on Voit dans V) mais ce n'eft pas dans tous. J'ai pris ces Taches pour des Ecoffes fuccées de leurs Alimens. Leurs *Pannaches* ont auffi tout autre Façon, que ceux de la prémière Efpèce, & forment d'ordinaire une *Paire d'Aîles*, parfois auffi un Paquet de *Rubans* ou de *Feuilles* blanches, des Fois même une *Manchette* ou un *Plumet*. J'en ai deffiné diverfes Figures, telles que je les ai exactement obfervées ; comme l'on verra t) tt) U) & V).

J'ai marqué feparément d'un W) leur Combinaifon en Forme d'Aîles & d'un X, leur Mouvement & leur Figure individuelle. Une Aîle a une double Rangée de Tuîaux, où l'on trouve 30 à 40. de ces Créatures.

Il-y-a de ces *Boules* qui ont 10. à 12. *Boutons* ou *Celules*, j'en ai quelquefois trouvé, qui n'avoient que trois à quatre de ces Habitations. Ils fouffrent auffi peu la Diffection que les Prémiers. Quand les *Aîles* ou les *Bouquets* font rétirés en dedans, la *Boule* elle-même paroit brun-obfcur ; mais quand ils font étendus, celle-ci eft très claire & tranfparente, & alors on peut diftinguer, que ce n'eft qu'un Compofé de petits *Grains*, que j'ai marqués ici par des Points.

Ils ne mangent point d'Infectes ; mais ils vivent uniquement des plus fines Semences, qui font cachées dans le Limon. Il eft fort difficile de les foumettre à de longues Obfervations & Recherches ; car fi on les met dans l'Eau claire ; ils y meurent bientôt, & s'y fondent pour ainfi dire tellement, qu'on n'en trouve plus rien. Que fi Vous les laiffés plus de huit jours dans l'Eau de Limon, ils font détruits par les plus petits *Poux d'Eau.*

                    TABLE

TABLE LXXXVIII.

Encore quelques autres Animalcules de Limon,
connus fous le Nom de Polypes Sociables.

C'eft, à mon Avois, avec auffi peu de Raifon qu'on appelle *Polypes* les Créatures, que contient cette 88me Eftampe, que l'on a donné ce Nom aux *Animalcules à Bouquet.* Ce font tous des *Animalcules de Limon,* dont pas un n'a un feul *Pié,* bien loin d'en avoir plufieurs. Il y en a fort peu qui aïent des *Queues,* les autres fe tiennent pour la plûpart, fur les Queues déliées de Rofeaux, dont ils peuvent fe féparer & s'y rejoindre, ainfi que je m'en vai le montrer clairement.

Ces *Animalcules fociables* ou *Colouiftes* de Limon fe voïent ordinaire-ment comme de petites Maffes de *Limon* ou de Moifi, qui pendent aux Lentilles de Marais, à l'Herbage & à la Mouffe d'Eau, comme l'on peut voir dans a) & b) de Figure & de Groffeur naturelle. Il fe pendent auffi à des Créatures vivantes ; aux plus petits *Limaçons* d'Eau c. 1) aux *Puces* d'Eau c. 2.) aux *Hannetons* d'Eau c. 3.) & il les exterminent à force de les fuccer.

Je m'en vai commencer par *l'Animalcule à Trompette* ou à *Chalumau,* qui a coutume de fe tenir entre les Lentilles de Marais ; d) le montre au Natu-rel, & e) groffi par la Loupe. Il me faudroit faire tout un Volume, fi je voulois décrire les Propriétés d'un chacun en Détail. Il me fuffira donc de les deffiner au plus jufte, pour les faire difcerner au Lecteur. f) & g) Répréfentent les Animalcules de Limon en Forme de *Maffue;* c'eft à dire qu' f) en montre les jeunes, & g) les Vieux, & la Manière dont ils tirent leurs Alimens par le Tourbillon. Ils habitent auffi enfem-b'e par Colonies, & l'on en voit fouvent des centaines en un Monceau. h) En répréfente un dans fon plus haut Point de Groffiffement, avec quelques *Graines* de Lentille de Marais, qu'il a avalées & trois *Points rou-ge*, dont je n'ofe déterminer l'Ufage. L'on prend fouvent les Jeunes f)

pour

pour les *Animalcules à Chalumeau*, que j'ai deffinés ici bien groffis i) & k) & dont l'Ouverture de la bouche eft tout au Tour garnie de *Pointes de Poil.* Ces *Animalcules* à *Chalumeau*, ont auffi la Faculté de fe concentrer & de prendre tout une autre Forme ; de forte qu'il faut bien faire Attention de ne s'y pas méprendre ; parceque

l'Animalcule l.) qui reffemble à une *Cloche* ou à un *Gobelet*, qui a auffi des *Pointes* de *Poil*, reffemble beaucoup à *Celui* à *Chalumeau*, avec cette Difference, qu'il tient à une *Queue* particulière, de laquelle, de même que *l'Animalcule à Cornet*, ou *à Pié de Biche* m) il fe peut détacher & continuer fans cette *Queue* fa *Marche Spirale* V. n).

Tous ces Animaux Coloniftes & les autres habitent par troupes enfemble, comme font deffinés o) les Animalcules de la Figure *des Baïes de Neprun*, & dont j'en ai marqué un Couple p) p) avec leur Façon de nager.

Ceux que Mr. de Roeffer nomme de la Figure d'*Epinevinette* q) ceux qui reffemblent à des *Neffles* t) & les Animalcules à *Couvercle* vv) habitent enfemble d'une autre Manière dans des Demeures compofées de petits Tuïaux, dont ils fe peuvent feparer r) & abandonner les *Queues,* f) f) lefquelles ils peuvent auffi trainer après eux l) m) & v).

Celui qui reffemble à la *Neffle* change fouvent, comme on peut voir t) u) v) & il a auffi des Pointes de *Poil* au Tour de la Bouche, de même que Celui à Couvercle, lequel a la Figure d'un Citron, tant qu'il eft fermé y). Mais quand il eft ouvert, il en fort une Efpèce de *Piftille*, lequel eft couronné d'une petite *Affiette*, ou d'une *Plaque* ovale ; laquelle eft pareillement garnie tout au Tour de Pointes de *Poil* w). Lorfque *l'Animalcule* rétire un peu cette *Affiette* en dedans, l'on n'en voit que les Pointes de *Poil* & *l'Embouchure ronde* reffemble alors, à une *Couronne campanée* x). Mais quand il la rétire entiérement, l'on peut regarder dedans, comme dans un Gobelet z).

N 3

II

Il peut de même que les autres Animalcules-Coloniftes, s'ôter de fa *Queue* en Forme de Tuïau & s'y remettre, & même la trainer après lui, de forte qu'on la prendroit pour une Partie de cet Animal. Pour les Pointes de Poil, qu'il a au Tour de la Bouche, il les remuë avec tant d'Agilité & de Vibration, que les Yeux en font éblouïs.

Les Amateurs qui veulent facilement trouver de ces Créatures, n'ont d'abord qu' à tirer hors du Verre à Conferve des Infectes plus gros, tels que de petits *Efcargots*, des *Pucerons*, des *Porte-Grapes* &c. & à vifiter ceux qui ont ou fur le *Dos*, ou fous le *Ventre*, ou aux *Côtés*, quelque peu de Limon ou de Moifi gris attaché ; ainfi que le montrent les Fig. a) b) & c 1) 2) 3). de cette 88me *Eftampe*. S'ils prenent donc de femblables Infectes aquatiques, ils peuvent tenir pour certain, que ce *Point gris*, auffi bien qu'aux Lentilles de Marais, n'eft autre Chofe qu'une Colonie de ces Animalcules fociables. Mais il faut de la Patience, furtout avec les Polypes à *Bouquet*, ou à *Fleurs*. Vous avès beau rire, Moqueurs ! de cette Inftruction. Je fuis toûjours perfuadé, que qui fait connoître une Créature inconnue, pour donner Occafion à l'Homme de glorifier le Créateur, dans cette Structure auffi merveilleufe que la fienne, & d'admirer cette Toute puiffance infinie, emploïe mieux fon Tems, que celui qui s'eft tué à décider l'incomparable Queftion : *Dequelle Etoffe étoit fait le Bonnet de Nuit de Mathufalem*.

TABLE LXXXIX.
Les Parties Microfcopiques les plus remarquables du Chardon.

Quelque trifte Figure que faffe le *Chardon* dans les Terres incultes, les Tertres, les Chemins & les Haïes &c. il n'en mérite pas moins l'Examen & les Obfervations des Amateurs de la Phifique. Il a Nombre de Parties très dignes d'Attention, & il eft du moins d'auffi belle Apparance,

rance, furtout fous le Microfcope, qu'il eft en lui même utile à l'Homme. Cette 89me *Eftampe* préfénte la Copie d'un *Chardon* commun, qui fe trouve deffiné & décrit dans Tournefort. *Inft. rei verb. Tom. 1. Claf. XII. Sect. 2. Gen. 1. & Tom. 3. Tab. 253.* & dont Mr. le Chevalier Linneus a fait Mention dans fon *Hort. Clif.* Sous le Nom Specifique : *Carduus foliis finuatis decurrentibus margine fpinofis floribus folitariis nutantibus.*

Il confifte dans le *Bouton de Fleur,* a) les *Piquans* qui l'environnent b), la *Queue* & la *Laine,* d) qui fe trouve tant fur les Feuilles qu'au Tour de la Queue, & les *Feuilles* avec leurs *Piquans* b). Je donnerai encore une ou deux Tables fur cette Matière. Ici je me contente de dire, que c) répréfente un *Piquant* ou une *Epine* de l'Extremité d'une Feuille, groffi par Nro. 1. dont la Groffeur naturelle fe trouve marquée par b) à la Feuille. Par contre l'on voit dans e) quelques *Brins* groffis de la Laine, qui tient aux Feuilles & à la Queue & qui eft marquée au Naturel par d). L'on trouve auffi ici une Particule de la *Queue* coupée en *Rond,* dont la Moille eft fort Spongieufe, comme celle du *Sureau* & du *Jonc* fort groffie & à laquelle la *Laine* tient. Cette *Laine,* quand elle eft fraîche, paroît toute gonfle dans le Microfcope ; Mais quand on la confidére deffêchée, fes *Brins* reffemblent à la Moille des Tuïaux de Plume d'Oïe, & ne préfentent jufqu' à la Pointe, que des Divifions, qui reffemblent à des *Veffies.*

<h2 style="text-align:center">TABLE XC.</h2>

<h1 style="text-align:center">Continuation des Particules du Chardon.</h1>

Voici une feule *Plume* de ce qu'on nomme le *Pappus* ou *Pappo,* qui orne l'*Emprion* comme un Pannache, & qui fert d'Aïles à la *Graine* pour la tranfporter partout. Le plus habile Pinceau ne fauroit exprimer la Beauté des Nuances d'Arc-en-Ciel, qui y brillent, outre le magnifique Changement en Or & en Argent. Chaque Grain de Semence eft décoré d'un Pannache, compofé de pareilles *Plumes* & qui forment enfemble une

Queue

Queue de *Paon*. Mais chaque *Plume* prife individuellement, paroît être formée d'une Quantité de Filets, Filamens, ou Tuïaux creux, fembla-bles aux Tuïaux Capilaires de Verre, & reffemble à un *Bouquet* de Plumes de Verre de Venife.

La Figure a defigne de Groffeur naturelle, & c) dans le plus haut point de Groffiffement par Nro o. une feule *Plume* de tout le *Pappus* du *Grain de Semence* b). Cette Obfervation fe fait avec le plus d'Agrément le Soir à la Lueur d'un Couple de Chandeles.

T A B L E XCI.

La Moille de la Tige & de la Queue du Chardon.

Le Phificien & furtout le Botanifle ne trouvera pas ce petit *Rondeau* de *Moille* de *Chardon*, dont la Groffeur naturelle fe voit a) un Objet indigne de fon Examen. Cette Moille à beaucoup de Rapport avec celle du Sureau & du Jonc, & elle reffemble à une Grille, Rezeau, ou Tiffu artiffement enlacé, compofé d'*Hexagones*, dont les Parties approchent de Petites *Veffies*. Il y-a au Milieu du *Rondeau* le *Trou*, b) parceque la Tige eft toute creufe. La Bordure eft garnie de Conduits à *Seve* & à *Air*, marqués par des Figures en *Forme de Globules*. Mais au dehors l'on voit au Tour de l'Ecorfe pendre une *Laine blanche* très fine, dont j'ai marqué dans la 89me *Eflampe* un feul *Poil* ou *Brin* e) bien groffi.

Or comme ces *Poils* de Laine, quand ils font frais fur la Tige, font un autre Effet dans le Microfcope, que quand ils ont perdu leur *Suc*, j'en tépréfenté Fig. c) quelques uns dans le prémier Cas, c'eft à dire frais, où leur *Suc* interne les gonfle & les arrondit comme des *Boïaux*, fans qu'on y apperçoive ni Jointures ni Divifions. Mais dés que le *Suc* commence à s'évaporer & à fe deffêcher, l'on apperçoit dans le Micro-fcope, qu'ils prennent des *Jointures* ou des *Noeuds* d) , lefquels fe préfen-tent

tent très diftinctement à l'Oeil, quand *ils* font tout à fait Secs. Alors
ils reffemblent, ainfi qu'il a été dit ailleurs, à la *Moille* fèche d'un Tuïau
de Plume ; ce que la Figure e) de la préfente Eftampe montre le plus
diftinctement.

TABLE XCII.

Les Etamines & autres Parties anthériques du
Chardon.

Quoi *encore des Chardons ! quel Degôut !* Oui, Lecteurs, vous avés Raifon d'y trouver à dire. Mais pouvés vous me répondre, qu'il
n'y aît point de Cas dans le Monde, où il faille faire quelque chofe malgré foi, pour ne pas paffer pour groffier ou impoli ? Voilà juftement le
Cas où je me trouve. Je fuis cependant pleinement convaincu, que
cette dernière Répréfentation, que je donne du Chardon, ne fera pas
abfolument fuperflue. Outre que ce font les Parties effencielles de
cette Fleur, il me femble, qu'il fera affés indifférent à un Amateur du
Microfcope, d'y confidérer telle ou telle Curiofité de la Nature : D'ailleurs il y a toûjours plus d'avantage à examiner autant de Parties d'une
feule Fleur, qu'on en peut découvrir, qu'à fe faire un Amufement d'Enfant à les paffer fimplement en Revûe dans le Microfcope.

C'eft dans cette Vûe que la Figure a) préfente encore une Fois la
Tête du Chardon, qu'on voit entière dans la 89me Eftampe, mais ce n'en eft
ici que la Moitié coupée par le Milieu de haut en bas, pour répréfenter
comment les *Parties anthériques* fe joignent à *l'Ovaire* ou aux *Embrions*.

Je crois inutile d'avertir, que la Fleur du Chardon appartient à la
Claffe de celles qu'on nomme *Flores Flofculi*, c'eft à dire compofées de
plufieurs petites *Fleurs* particulières, ou qu'on defigne auffi par *Fleurs*
portant Fleurs. Ainfi la *Tété du Chardon* porte Quantité de petites *Fleurs*,
répréfentées par f) g) h) i).

O   Chacune

Chacune de ces dernières eft encore compofée de plufieurs Parties, tout comme les grandes Fleurs ; c'eft à dire d'un *Calice,* d'*Anthères*, d'un *Piftille*, de *Filamens*, de *Poufficre* anthérique ou *fecondante* & de *Fruit*.

Il-y-a fur *l'Embrion* ou le *Fruit* Quantité de Poils fins & luifans, qui environnent le *Piftille* & forment le *Pappus,* dont la Tab. XC. répréfente un feul *filet*. Je m'en vai donc rendre tout cela plus clair par l'Explication de cette 92me *Eftimpe*.

a) eft une leur flofculeufe *de Chardon* coupée en long par le Milieu, pour montrer les Flofcules qui tiennent enfemble a), fe joignent à l'Ovaire b).

c) & d) font deux des *Epines* qui environent *l'Ovaire* par dehors, deffinées un peu au de là du Naturel, dont l'une c) fe préfente par dehors & l'autre d) par dedans ; tandifque e) la fait voir un peu plus groffie par Nro 6. La vûe de ces *Epines* me fit dire en moi même : Il faut bien que ces pauvres *Chardons* foient les Favoris de la Nature, puifqu'elle en préferve & garantit le Fruit avec tant de Soin & par des Paliffades fi piquantes. J'ai répréfenté dans f) g) h) i) quelques unes des petites *Fleurs* qui compofent la Tête du Chardon, telles que la *Loupe* ou le Verre oeconomique les font voir par dedans & par dehors & felon toutes leurs Parties. Le Calice eft entrecoupé cinq fois en forme de Couronne, dont les coupures defcendent, jufques vers le *Tiers*. C'eft là qu'eft le *Piftille*, lequel eft encore environné de 4. Anthères jointes enfemble h). Il pénètre jufqu' au *Fruit* l) & eft entouré du *Pappus* k). Tout cela fe préfente encore plus diftinctement dans le haut Point de Groffiffement par le Nro 1. du Verre Anglois contenu dans cette Eftampe. *Voiés* m) n) o).

Dans ce Calice découpé en forme de Couronne m) l'on voit des Millions de *Globes* à *Seve*, qui reffemblent aux *Globules de Sang*. Les An-
tl.ères

thères n) font pareillement pleines de ces *Globules* à *Séve*, & l'on y voit fort diftinctement les Grains de Pouffière anthérique, de même qu'au *Piftille* o) ainfi que je les ai très clairement copiés d'après le plus haut Point de Groffiffement p) & que j'ai trouvé être des *Boules* rondes garnies en tout & par tout d'une infinité d'autres *Globules* plus petits & armés de Pointes très fines. Je n'ai jamais pû voir *Pouffière* anthérique ou fecondante auffi bien & auffi clairement que celle-ci. Et je fuis perfuadé que ces *Globes* p) contiennent des fubftances huileufes & d'autres fluides, lefquelles crévant lorfque les *Globes* p) fe font joints au *Piftille* o) qui eft *l'Organe* de la Fecondation, la *Séve* pénètre par les Pores du Piftille o) & k) pour procurer à *l'Embrion* l) fon entière Groffeur, fa Maturité & fa Perfection.

TABLE XCIII.
Ecaille d'Anguille.

Quelle Bénédiction pour nous autres Chrétiens! que le Juifs ne mangent point d'Anguilles comme nous en mangeons! L'on devroit fe faire Confcience d'apprendre à ce Peuple reprouvé, que *l'Anguille* a des *Ecailles* & qu'elle ne fauroit être mife au Nombre des *Poiffons* dont Moïfe a deffendu l'Ufage aux Enfans d'Ifraël dans le Chap. 11. v. 10. du Levitique & dans le Chap. 14. v. 10. du Deuteronome.

Car fi les Hebreux fe mettoient à manger des Anguilles, ils les feroient certainement encherir de la Moitié.

Mais *eft-il bien fûr que l'Anguille ait des Ecailles?* me demanda, il - y - a quelques Années, un de mes Amis; à qui je répondis qu' Oui, fondé fur les Ecrits de Lewenhoeck *. Mais un Jour qu'il m'invita à manger un Pâté d'Anguilles, il me prouva le contraire. Je demeurai du depuis dans une Incertitude lethargique là deffus, n'aïant ni le Tems ni

O 2

l'Occa-

---

* Ontledingen en Ontdekkingen van de onfigtbare verborgenthende &c. tot Leyden 1685. pag. 49.

l'Occaſion d'en faire des Recherches exactes. En un Mot je n'y penſai plus.

Mais le Hazard m'aïant mis il - y - a quelques ſemaines, entre les Mains une Vieille Peau d'une Anguille de deux Livres ; ce Rencontre m'a rappellé la Diſpute que j'avois eüe avec mon Ami en mangeant ſon Pâté.

J'entrepris donc d'examiner curieuſement cette *Peau*, pour voir ſi elle avoit des Ecailles ou non. D'abord en l'Examinant en Bloc, je ne pus rien appercevoir, qui cût du Rapport avec *l'Ecaille*.

Il me vint dans la Penſée, que *l'Anguille* pourroit bien n'avoir pas été aſſés groſſe ; puis je pris la *Loupe* ; mais avec auſſi peu de Succès ; juſqu'à ce qu'enfin j en mis un Morceau de la Largeur d'un Pouce ſous le Microſcope compoſé de Muſchenbrock, quoique ce ne fût que par le Nro 6. qui eſt bien le moindre Groſſiſſement, pour examiner tout à la Fois une ſi groſſe Pièce. J'y vis cependant pluſieurs Raïes, qui alloient de Tort & de Travers, Fig. b) & ce là me fit conjecturer, qu'il pourroit y avoir une *Peau* qui couvrît toute la Couche d'Ecailles *.

Mon Idée ne me trompa point. Car aïant laiſſé un peu de *Peau* une Heure dans l'Eau, l'aïant enſuite raclée avec un Canif, & puis aïant expoſé ce peu de *Peau* avec la Loupe à la Lumière, je le vis couvert de *Taches* brunes & de petits *Points* c). Pour la Couleur, elle êtoit *Paille*. Quelque peu que je fuſſe ſatisfait de ce Spectale, je ne laiſſai pas de pouſſer ma Pointe. Je le retrempai dans l'Eau, & l'en aïant reſorti au Bout d'une Heure, & l'aïant purgé du nouveau Limon, qu'on y voïoit ; je découvris enfin les petites Ecailles, qui faiſoient reſſembler ce peu de Peau à un Morceau *d'Yvoire blanche* d). Que ſi on laiſſe un peu ſêcher

cette

* Lewenhoeck a pris ces Raïes qui vont à Tort & à Travers, pour des Vaiſſeaux très fins, qui font tout le Volume de la Peau visqueuſe exterieure. C'en font auſſi, & tout Amateur peut le découvrir par le Groſſiſſement.

cette *Peau*, les *Ecailles* s'en levent d'elles-mémes en l'Air, ſans que pourtant on les en puiſſe tout à fait détâcher, ſans les rompre on déchirer ; il faut plûtôt les mettre encore humides ou mouillées entre les 2. Verres du *Porte-Objet*, afin de les y pouvoir étendre ; car autrement elles ſe recourbent comme de la Corne. Le Lecteur verra a) une de ces Ecailles d'Anguille de Groſſeur naturelle, & e) telle que mon Nro 2. me l'a fait connoître, couverte d'une Infinité de gros & petits Ecuſſons de Figure ovale. Voilà donc Lewenhoek juſtifié, mon Ami vaincu & avec lui tous les autres Adverſaires, & Preuve ſuffiſſante, que l'Anguille n'eſt pas du Nombre des Poiſſons deſſendus dans le 3. & 5. Livres de Moïſe. Si l'Anguille eſt un Manger ſain, ou non ? C'eſt ce que je laiſſe à diſcuter à ceux, qui ſont obligés par Etat à decider de pareilles Queſtions.

Pour moi à qui elle n'a jamais fait mal, ſi l'on venoit aujourd'hui à me faire Préſent d'une, je m'embarraſſerois fort peu de la Superſtition judaïque, & encore moins renverrois-je un Morceau auſſi chèr & auſſi friand.

TABLE XCIV.

Obſervations microſcopiques, faites ſur des Langues
de Veau & de Boeuf.

Malpighius ** m'a fourni l'Occaſion d'examiner par le Microſcope la *Langue* cet Organe du *Goût*, & j'y ai trouvé tant de Parties remarquables, que je ne ſaurois les placer toutes dans cette Partie de mes Amuſemens, mais que je reſerverai pour un Temps plus commode & pour une autre Occaſion **.

Je ſerois charmé de pouvoir ſuivre l'Avis amical, qui m'a été donné dans la 3. Partie des *geſellſchafftlichen Erzaehlungen* Contes familiers) lequel je reçois avec bien des Remercimens, & ne faire aucune Mention des

 Ecrits

---

* Marcel Malpig. Exercit. Epiſtolica de Ling. 1664. in Oper. Malpighii.
** Voiés Tab. VIII. de la 3. Partie.

Ecrits des Sçavans, pour me renfermer uniquement dans les Operations microſcopiques.

Mais me voïant à la Fin de ma 2ᵐᵉ Partie ; je ne ſuis pas bien aiſe de changer de Methode ; & dans la Suite je ne donnerai plus à quelques Lecteurs dequoi ſe plaindre de moi. Car j'ai Quantité d'Amateurs de Conſidération, qui étant ſans Etudes, ne ſont pas fachés de trouver dans ces Feuilles quelque choſe du Regne de l'Erudition, qui fût à leur Por-tée & leur fît connoître les Cauſes de certains Effets, pour en avoir d'autant plus de Sujet d'en louer & admirer la Sageſſe & la Toute-puiſ-ſance de Dieu. Cependant pour faire voir efficacement le Cas, que je fais de ce bon Avis, j'ai déja commencé dans cette Pièce, d'examiner autant qu'il m'a été poſſible les Obſervations de Lewenhoeck, & de Mal-pighius, en laiſſant au Public impartial à juger, qui des Anciens ou des Modernes, meritent la Préférance, & à prendre la Peine, de confronter & de comparer les *Ecailles d'Anguille* de Lewenhoeck, & les *Deſſeins des Lan-gues* de Malpighius avec mes *Eſtampes* 93. 94. & la ſuivante.

Ainſi pour tâcher de ſatisfaire tout le Monde, je m'en vai dire deux Mots des Cauſes du *Goût* avant que d'entrer dans l'Explication de la 94ᵐᵉ Eſtampe.

La Langue conſiſte en differentes *Pièces*, & il-y-a deux manières de l'examiner ; 1ⁿᵒ par ſes *Parties externes* ; 2ᵈᵒ par les *internes* ; l'une & l'autre ſont d'excellens & dignes Objets pour le Microſcope, & donnent aſſés d'Occupation aux Amateurs de la Phiſique.

Suivant la prémière Obſervation, l'on voit ſur la Surface de la *Langue* (je parle de Langues de Veau & de Boeuf) trois ſortes de petites *Eminences*, reſſemblant à des Crochets, à des Verrues, & à des Champi-gnons. On les appelle *Papilles.*

Celles à *Crochets* couvrent pour la plûpart le Bout & la plus grande Partie de la *Langue*, & l'on en ſent *l'Elaſticité* & le *Gratignement*, en paſſant ſeulement la Main depuis la *Racine de la Langue*, jusqu'

qu'au *Bout.* J'en donnerai la Caufe avec plus de Détail, quand j'en dé-crirai la Figure.

Les *Papilles ronds* ont leur Siége, au Milieu, aux Côtés & même à la Peau du deffous du *Bout de la Langue ;* de forte que par le Microfcope, ils reffemblent à des Champignons ; & il ont toute la Surface couverte de petits *Pores.* Sur le Derrière, vers la *Racine de la Langue,* eft la troifiè-me Efpèce, affés differénte des deux prémières, & enfoncée dans un Anneau, qui forme comme une Taffe tout au Tour. Elles femblent être formées de Cinq Feuilles ou Parties, comme une Rofe fermée, & elles ont une petite Enfonçure au Milieu.

Voilà ce que reffemble la Peau fuperiéure ou le *Seran* de la Langue. Dés que l'on ôte celle-là, on trouve la *Peau gluante* dans laquelle l'on peut voir les Conduits vers les *Pointes* en Forme de Cornes. Au deffous de celle ci, il y en a encore une autre, en Forme de Réfeau & tranfpa-rente, aïant beaucoup de Rapport à la Subftance pelliqueufe du Citron & de l'Orange. Après celle ci vient une *Pellicule* mince & délicate entre-lacée de très petites *Vénes ;* & enfin vient la *Chair* compofée de Fibres, de Nerfs & de Mufcles ; laquelle eft autre au Bout, autre au Milieu, & autre au Derrière de la *Langue.*

Tous ces *Organes* fervent pour la plûpart à procurer le *Goût,* quoi-qu'il y en ait qui caufent les differens Mouvemens, Plis & Tournemens de la Langue. Car que nous goûtons, & éprouvons tant de Diverfité dans les *Goûts,* cela vient des *Papilles* & du Suc, qui eft caché en elles & qui délie les Corps, que nous portons fur la Langue.

Or comme le *Goût* ne vient que du Tact ; de même que tous nos autres Sens, qui femblent fe reduire tous à un, qui eft le *Sentiment,* auffi eft ce par le *Tact,* que les Sels opérent le Goût fur la *Langue.*

Tout Corps, qui n'a point de Sel, lorfqu'il eft diffous, ne fait pas plus d'Effet fur la *Langue,* qu'il en fait fur la Main & fur les autres Parties

de

112 TAB. XCIV. Obſervations microſcopiques, faites ſur des Langues

de la Peau. Nous diſcernons à la Verité le Poids, la Preſſion, la Douleur, la Fineſſe, la Dureté & la Rudeſſe, le Froid, le Chaud &c· Mais
déſque les Corps ſaleux touchent nôtre Langue, il en naît ce Sentiment, que nous nommons Goût & qui eſt different de tous les autres
Tacts.

Mais celà ne vient pas du Sel ſeul; car l'Humidité qui eſt dans les
Papilles de nôtre Langue, & que nous appellons *Salive* y a auſſi Part.

Car qu'on mette ſur la *Langue* un Morceau ſec de Sel, d'Alun, de
Salpètre &c. l'on n'en ſentira le Goût, que lorſqu' il ſera ſorti de la *Lan-*
gue autant de *Salive*, qu'il en faut pour le diſſoudre, & pour pénétrer
enſuite les Pores de la *Papille*.

Que les Sels aïent des Particules ſi extraordinairement petites, qu'
elles puiſſent s'inſinuer dans les moindres Ouvertures, c'eſt ce que nous
ont appris les Obſervations microſcopiques, que nous avons faites juſqu' ici ſur la Diſſolution de differens *Sels*.

Plus il s'en diſſout de tout le Corps, plus il en peut entrer dans les
Papilles, & plus le *Goût* eſt fort.

Il y en a qui croïent, que ce ſont les differentes Formes & Figures
des Sels, qui cauſent les Changemens & la Diverſié des *Goûts*; mais les
Sels n'operant, que quand ils ſont diſſous, & dans la Diſſolution ne conſervant d'autre Figure, que des Particules entièrement Ovales, tant que
la Diſſolution eſt fluide; d'ailleurs le *Sel* mort & inſipide conſervant ſa
Figure; il y·a Lieu de douter de la Vérité de cette *Opinion* *.

Les *Sels* opèrent differemment ſur la *Langue* & dans les *Papilles*, c'eſt
à dire, ou ſur une ſeule Partie, ou ils prennent toute la *Papille*; & ainſi
ou ils pénétrent outre en outre juſqu' aux *Nerfs*, ou ils ne font que rétirer la Surface. S'ils pénétrent juſqu' à la *Racine* des *Nerfs*, l'on ſent

une

* Prin. lin. Phyſiolog. Cap. XV. de Mr. de Haller.

une Douleur jointe au Goût.   En Revange le Goût eſt beaucoup plus doux, quand il n'y-a que la Surface de la *Papille* de pénétrée.

Or il eſt palpable que tout *Goût* ne pénétre point jusqu'aux *Nerfs*, en ce que ſouvent il paſſe bien-tôt ; mais & s'il alloit jusqu' à la Peau des Nerfs ; il ſeroit bien de plus longue Durée.

„ Ou, pour m'exprimer d'après d'excellent *Hamberger*, l'Operation
„ s'en fait ou extérieurement, ou intérieurement.* Extérieurement
„ par *Adhéſion*, lorsque les Particules de Sel ne s'attachent qu'à la *Peau*
„ de la *Langue*, & intérieurement, lorsque s'étant mêlées avec la Salive,
„ elles retirent les Foſſettes en Forme d'Anneau des *Papilles nerveu-*
„ *ſes*. Car alors la *Papille* devient plus courte & plus petite & le Nerf
„ ſe rétire & ſe bande, ce qui doit naturellement cauſer plus de Senti-
„ ment.

Mais les *Goûts* ne ſont pas les mêmes dans tous les Hommes ; car il eſt autre dans les Enfans & autre dans les Adultes & les Gens avancés en Age.   C'eſt ainſi que les Prenneurs de Tabac, les Bûveurs de Vin, de Bierre & d'*Eau*, ne reſſentent pas non plus le même Effet de ce Sens.

L'on dit en Proverbe : *De guſtibus non eſt diſputandum*.   A l'un on peut facilement tout trop ſaler , & à l'autre jamais aſſés.   Ainſi ce qui ragoûte l'un, dégoute ſouvent l'autre.

Il eſt encore Queſtion de ſavoir, quelle Partie de la *Langue* eſt la plus affectée par le Goût.   Je n'ai Garde de rapporter ici toutes les differentes Opinions, qu'on a là deſſus.   Je me contente de dire en peu de Mots, qu'après bien des Experimens il s'eſt trouvé, que l'Affection eſt plus forte au Bout de la *Langue* & de plus de Durée au Milieu ; c' eſt ce que *Hamberger* a ſouvent exprimenté avec des *Tuïaux Capilaires* ſur diverſes Perſonnes, auxquelles il mettoit une petite *Goute d'Eſſence de Pinpinelle* ou d'*Arcanum Tartari*, ſur la Racine, le Milieu & le Bout de la

P

Langue,

* D. Geo. Erh. Hamberg. Phyſiol. medic. Jen. 1751. C. XI. Sect. II.

Langue, lesquelles ſont toutes demeurées d'Accord, que le Goût avoit été plus fort au Bout & de plus longue Durée au Milieu. Difference, qui ne peut s'attribuer, qu' à la differente Structure des *Papilles*.

Enfin il eſt certain que le *Goût* varie extremément ; je ne ferai Mention que des plus ordinaires, qui ſont

1) l'aigre, 2) l'alkalique, 3) le ſalé, 4) le doux, 5) l'amèr, 6) l'urineux, 7) l'Epicé, 8) l'âpre, 9) le rude, 10) le corrompu, 11) le mort, 12) le ſpiritueux & tant d'autres.

La charitable Nature en a fait une ſage Diſtribution, principalement afinque le *Bétail* eût le Moïen de diſcerner les Alimens, qui lui ſont propres d'avec ceux, qui lui ſont nuiſibles. Et voilà auſſi pourquoi, il a des Papilles beaucoup plus groſſes & plus fortes, que nous autres Hommes. D'où il reſulte que le Goût des Animaux eſt beaucoup plus fort que le nôtre. Et de là vient, qu'ils ont des Langues ſi dignes d'Admiration, puis qu'ils mangent des Herbes, & des Racines, dont les Particules de Sel ſont les plus mordantes. Quelle Toute-puiſſance ! quelle Profondeur de la Sageſſe divine, ne nous eclaire-t-elle pas dans cette ſeule Conſidération !

Quel miſterieux Laboratoire de Chimie, quelle ſurprenante Fabrique d'Elemens, s'ouvre-t-elle ici à nos Yeux ! Helas ! nous n'en pouvons voir que l'Hombre ; car du Reſte comment il eſt poſſible, que la Salive ou l'Humidité qui ſort des Papilles, délie ſi promtement & en moins de rien les Parties ſaleuſes, pour les faire opérer ſur toute la *Langue* ? c'eſt ce qui ſera toûjours un Miſtère caché à nos Yeux, & qui nous fait écrier.

O quantum eſt quod neſcimus!

Aveu, qui ne doit faire Honte à aucun Mortèl.

Expli-

Explication de la XCIV. Table

Fig. A) répréfente une petite *Langue de Veau bouillie*, fur laquelle on voit a) les *Papilles* qui font à la Racine de la *Langue*, vers les deux Côtés du *Foramen coecum*, & qui font comme entourées d'un Foffé ; Elles ont 5. Parties en *Forme de Feuilles* comme une Rofe fermée & au Milieu une *Enfonçure* marquée, telle qu'on montrera groffie dans la 98me Eftampe, qui fuit Fig. I. Elles s'étendent fur la plus grande Partie de la *Langue* jufqu' à. e); puis fuivent les *Papilles à Crochets*, ou reffemblant à un *Seran* b) que fig. a) répréfente au Naturel & B) groffies. c) Répréfente la feconde Peau avec les Trous, où tenoient les *Crochets*. Pour d) c'eft la troifième ou la *Subftance réticulée*, dont on voit Fig. C) un petit Bout fort groffi. Et e) fait connoître la quatrième Peau & la plus fine ; mais qui eft très difficile à feparer de la *Chair*. Elle eft entrelacée des *Vénes* les plus delicates & les plus déliées ; & c'eft fur le Bout de la Langue, qu' on apperçoit la troifième Efpèce de Papilles en Forme de Champignon.

Je la répréfenterai auffi dans l'Eftampe prochaine dans fon Groffiffement.

Fig. B) eft le Groffiffement d'un petit Morceau a) du *Seran* d'une *Langue* de *Boeuf* fraîche, lequel on a coupé perpendiculairement avec un bon Rafoir, auffi mince qu'on a pû, en prenant cependant un peu de *Chair*; b) marque les prémières *Papilles* à Crochet, qui grattent quand on paffe la Main deffus Elles reffemblent à des Dens de Cochon, & elles font fort élaftiques, de là vient qu'elles ne fe caffent point, quand même on les frotte à Rebours avec la Main ; mais qu'elles fe redreffent tout auffitôt que la Main a paffé.

C) Defigne le Milieu de ces *Papilles à Crochet* ou leurs Tuïaux, qui enfoncent plus de trois fois autant dans la *Peau*, qu'elles fortent fur la Surface. Ces Tuïaux font très tranfparens & clairs ; mais en bas vers leurs Racines, l'on voit de petites *Vénes* d) y monter de dedans la Chair. Peut-être eft-ce ces petites *Vénes* qui font que l'Extremité de *ces Papilles*

P 2

à Cro-

à *Chrochet* paroît fouvent rouge comme du Sang, & peut-être font elles les Organes qui préparent, & qui conduifent jufqu' aux dernières Pointes des Papilles cette Seve, qui opére le Goût & produit la Diffolution des *Particules de Sel.* Enfin elles tiennent en bas à la Racine par Nombre de Filamens, de Nerfs & de Fibres trés deliées e) & f) que l'on peut fort bien voir & diftinguer ça & là dans la Chair & à de petits Mufcles, en Partie par des Enlacemens & des Arcs ferpentens, qui fe furmontent les uns les autres, en Partie s'entortillant à Tort & à Travers trés confufément les unes dans les autres.

Fig. C) fait voir un petit Morceau fort groffi de la *Peau en Forme de Rézeau*, dont la Groffeur naturelle eft e) & que j'ai examiné par Nro z. du Verre Anglois. C'eft la *Peau* à laquelle tiennent les Racines des *Papilles* c) de la Fig. B. J'y ai vû deux fortes *d'Enforçures*, grandes & petites, les *Grandes* a) font les *Cavités* qu'y ont laiffé les *Papilles*, quand on les en a arrachées; les Petits b) je les tiens pour les Pores. J'ai encore remarqué très diftinctement quelques *Papilles à Chrochet*, dont l'Ecorce brillante de dehors, s'étoit levée avec la prémière *Peau de Langue.* c) Elles reffembloient à des Cornes de Boeuf, dont on auroit auffi ôté la prémière Ecaille. L'on pourra me demander encore, *fi les Papilles en Champignon n'ont point laiffé de Trous après elles?* J'avoue, que je n'oferois affirmer pofitivement cette Queftion. Puifque, au Lieu de *Trous*, j'ai vû plûtôt des *Eminences*, caufées par la Peau de leurs Têtes, qu'elles y avoient laiffée. Cela me fait conjecturer, que les *Papilles en Champignon* tiennent par leurs *Verrues* ou *Têtes* charnues ferme aux Nerfs, auxquels elles font attachées, & qu'elles n'en abandonnent que la prémière *Peau,* comme l'on peut clairement apperçevoir par les deux *Peaux de Papille* d) d). Si le Lecteur vent fe donner la Peine d'examiner de plus près ces Morceaux par le Microfcope folaire, je lui en promets d'avance des Fruits très agréables. Les *Papilles à Crochet* fe préfentent tout autres à la Paroi blanche & l'on reconnoît beaucoup mieux leur Structure, qui paroît compofée de Millions de *Globules.* Je les ai moi même le mieux

&

& le plus diftinctement examinés par Nro 5. du Verre Anglois, dans un Eloignement de 5. à 6. Pas, de la longueur de 4. Piès & d'un de Largeur. C'eft là qu'on peut découvrir bien des chofes, qu'on ne fauroit rendre ni par la Plume ni par le Burin.

TABLE XCV.

Continuation des Obfervations, faites fur la Langue de Boeuf.

Pour pouvoir mieux montrer le Siége des *Papilles en Champignon*, voici un Bout de *Langue* fraîche préfenté par deffus & par deffous. La Figure D) fera connoître comme ces *Papilles* ou *Verrues* font plantées en trois Files prèfque tout au Tour de la Langue, tant par deffus, que, fuivant Fig. E) par deffous. J'ai bien auffi marqué les Taches noires parfemées ça & là; mais je ne puis déterminer d'où elles proviennent. Pour reconnoître tout cela plus clairement, l'on voit Fig. D) dans a) les *Papilles à Nerfs*, dans b) les Taches noires, dont je ne fais ni l'Origine ni le But, c) font les *Fibres & les Nerfs*, qui font d'abord au deffous de la prémière Peau, & qui forment comme un large Ligament de Nerfs, au deffus de la *Chair de la Langue* d). Fig. E) préfente la Partie toute unie du Deffous du Bout de la *Langue* e) avec les *Verrues* ou les Papilles en Champignons f) tout à l'entour.

Fig. F) répréfente le Ligament de Nerfs groffi par la Lentille de *Streicher* Nro 6. avec les Fibres de Chair & les petits Mufcles, qui font entre deux; comme auffi les *Papilles en Champignon* g) & les *Nerfs* h); le tout examiné par le Microfcope compofé.

Nro. I.) eft une Papille de la Partie du Derrière & de celle du Milieu de la Langue, pareillement examinée fous le Microfcope de Marfchal, dont la Groffeur & Figure naturelle fe voit a) & fon Groffiffement par Nro 3. b). J'ai deja remarqué, que cette prémière Efpèce de Papil-

le

les reſſemble aux cinq *Feuilles* qui renferment le Bouton d'une Roſe, leſ-quelles font au Milieu une petite Ouverture & qui ont une petite Foſſe tout au tout, dans laquelle, les Papilles s'enfoncent. Voila ce qui doit faire, que le *Sentiment* des Particules de Sel diſſoutes, qu'elles attirent par leur Mouvement attractif, ou le *Goût*, dure plus long tems que dans les autres Verrues, qui font au Bout de la Langue, tant deſſus que deſ-ſous.

Nro II.) font au contraire les *Verrues en Champignons* ou les *Papilles à Nerfs*, qui ſe trouvent mêlées au Boût de la Langue parmi les *Papilles à Crochets*. Dans b) elles ſe préſentent de Groſſeur naturelle, avec leurs Nerfs c) leſquels d) & e) font voir Groſſis. Chacune a ſa Tête de Verrue f) f) f) laquelle eſt comme criblée de Pores, & elle a ſon Nerf particulier. Toutes les trois & même quelque fois 4. & ſ. fortent de la même Tige principale, qui ſe perd dans la Clair de la Langue, & qui a, comme l'on vient de dire, les *Têtes de Verrue* ſur ſes Rameaux. Ces Ver-rues & leurs *Nerfs* cachés ſous la *Peau* ne s'obſervent, qu'avec bien de la Peine & de la Patience. C'eſt ici qu'il faut uſer d'Induſtrie. Souvent tous les Microſcopes n'aboutiſſent à rien. Le Microſcope en *Forme de Compas* et le *Compoſé* rendent de bons Services, dès qu'on a eu le Bon-heur de ſéparer de la Chair ces *Verrues* avec leurs *Nerfs*. Mais pour les voir dans la Chair au travers de la Peau, il ne faut que la Main & un Verre Mediocre, tel que Nro 4. Avec cela l'on ſe tourne en plein Jour vers la Fenêtre ou de Nuit vers la Lumière; l'on coupe un bon Mor-ceau de Chair de la Langue, de la Peſanteur de quelques *Onces*, & après en avoir tiré la Peau, on l'examine d'auſſi près qu'on y peut parvenir par la Lentille & par la Main. Je donnerai d'autres Eclairciſſemens dans quelque autre Endroit. *

TABLE

* Dans la 3. Part. Tab. VIII. & XX.

TABLE XCVI.

Conclufion des Obfervations fur la Langue.

Après avoir fait voir par dehors la *Peau aux Papilles* de la Langue, au-tant que l'Efpace l'a pû permettre ; qu'il me foit permis de la montrer par dedans, en quoi elle ne donnera pas un Spectale moins agréable à voir. Il faut pareillement de l'Addreffe, pour y trouver les Couleurs, que j'y ai répréfentées. La Peau une Fois feparée de la Chair, ce qui eft bientôt fait dans une *Langue* de Boeuf cuite , l'on peut exa-miner un peu la *Langue* écorchée. Et combien d'Objets dignes d'Atten-tion n'y trouvera pas un Phificien diligent ? Il y verra des Centaines de *Tuïaux* ou de *Verrues* Couleur d'Argent, plantées à la Ligne ; cela fait, il pourra paffer plus avant dans la Chair & confidérer cette admirable Structure de Fibres, de Nerfs & de Mufcles. Cependant la *Peau aux Papilles*, fe deffêchera un peu & deviendra propre aux Obfervations. Quand elle paroît brun-noirâtre, on la met pareillement contre le Jour ; d'abord on regarde le Dedans de cette Peau avec une bonne *Loupe* Nro 5. & 4. laquelle on tient un peu élévée afin qu'on puiffe, par le Moïen du Verre, confidérer les Trous par deffous. Voilà pourquoi j'ai deffiné & répréfenté ici cette Peau tournée par en haut & par en bas, ainfi qu'elle préfente fon Dedans des deux Façons à travers le Micro-fcope.

Fig. G) la montrera donc la *Pointe* en bas, de la Façon qu'elle fe préfente à l'Oeil nud avec fes Papilles, fes Pores, & fes Taches noires, avec une *Rangée* de Papilles à Crochets a) la Pointe en l'Air.

H) en eft un *petit Morceau,* qui fe préfente I. groffi par Nro. 4. avec quelques *Papilles* à Crochets a). Aïant apperçu ces Verrues à Crochets en Partie caffées, j'ai crû, qu'il ne feroit pas hors de Propos, d'en répré-fenter les Bouts & de les faire connoître fous tout une autre Figure, qu'elles ne paroiffent dans l'Eftampe 94. Fig. B. J'en vis donc ici com-

me

me une *Haie* ou *Bande* blanche & large, dont la Peau n'étoit point tranſparente, parce qu'elle étoit bouillie, voi b). Les unes étoient entières, c) d'autres n'avoient perdu que la Pointe d) le Reſte étoit tout mutilé, & il y manquoit plus de la Moitié e). C'eſt en celles-ci que je remarquai, qu'elles étoient creuſes, à moins que l'Ombre ne m'eût trompé, & qu'il ne s'y fût mêlé quelque *Fallace Optique*. Car dans le Milieu je ne vis point de Tuïau qui allât d'outre en outre ; mais je vis ſeulement en haut une Tache noire ronde, qui s'enfonçoit dans l'Ombre & qui reſſembloit parfaitement à un Trou. Dans f) la *Peau* eſt deſſinée par dedans avec ſes Pores ; ſur laquelle ſont g) les gros *Trous* des Racines des *Papilles en Champignons* ; dont les Prémières m'ont paru ſous le Microſcope de Figure *Ovale*, & de Couleur moitié *Or*, moitié *Orange*, & les ſecondes rondes & brun-jaunâtre. Que l'on tourne cette *Peau* de ſorte qu'on en tienne la Pointe en haut, ainſi que montre Fig. L. Les Trous des Papilles ſe préſentent auſſi à rebours & la Couleur *d'Orange* & de *Feu*, qui ſe voïoit en bas ſe voit ici en haut, tandisque la Jaune ſe préſente à la Moitié inférieure de ces *Trous* I). Les *Trous* des Verrues rondes en Champignon K) demeurent brun-jaunâtre. Ces Couleurs peuvent s'attribuer avec certitude aux *Raïons* de la Lumière, & de là on peut inférer, que ſi les *Papilles à Crochets* ne ſont pas *creuſes*, elles ſont du moins bien tranſparentes, puisque le Jour les peut tellement pénétrer. Si le Bout de la *Langue* K) a été répréſenté par dehors, ce n'a été que pour le faire voir auſſi de ce Côlé là ; mais ſi l'on en veut voir les *Trous*, comme ceux de la Fig. L. il eſt naturel, qu'il faut auſſi le faire par le Dedans, & en tenir la Pointe élévée, ainſi qu'il a été dit.

T A B L E XCXVII. & XCVIII.
Parties microſcopiques du Caffée.

Le Lecteur pourroit-il trouver mauvais, qu'avant que de finir entièrement cette ſeconde Partie, j'aïe l'Honneur de lui ſervir le *Caffée* ?

Et

Et n'obligerai-je abfolument qui que ce foit, en lui faifant voir comment
eft conditionné le *Fruit*, dont on lui prépare une Boiffon fi agréable ? Je
ne veux pas cependant croire, que ceci donne à Perfonne Sujet de méprifer ce Nectar ; ainfi que vouloit faire dernièrement une jolie Dévote,
lorsque je lui racontai où le Caffée croiffoit. Helas, *cher Coufin*, me di-
foit elle toute effraiée, *chés des Gens noirs ; eh ce font des Turcs qui mangent
les Blancs ! Dieu me préferve de boire á l'avenir du Caffée ! Je brûlerai de l'Orge
& des Amandes enfemble, & ainfi je faurai que je prends du Caffée chrétien.* Mais,
entre nous, elle fit comme cette Femme, qui étant pour la prémière
Fois en Travail, vouloit abfolument, que l'on fortît de la Chambre les
Chauffes de fon Mari ; mais qui, heureufement délivrée d'un joli petit
Garçon, changea à l'Inftant de Sentiment, & fe mit à crier à fa Servante,
qui etoit occupée à executer fes Ordres : *Pour le Coup vous les pouvés laiffer là.* Quant à nôtre *Caffée*, nous lui faifons une Efpèce d'injure de le
qualifier de *Fève.* Il n'en a que quelque petite reffemblance ; car
même faConftitution intrinféque eft fort differente de celle de la *Fève*, ainfi
que je ferai voir plus bas.

Il-y-a dans plufieurs Jardins confidérables de l'Allemagne Quantité
d'Arbres ou plûtôt d'Arbriffeaux de *Caffée.* Dans le magnifique Jardin
de Monfeigneur la Marggrave de Bayreuth feul, il y en a je fai combien
de très belle Apparence ; c'eft auffi de là que j'ai eu le *Rameau*, que j'ai
deffiné ici d'après Nature ; mais il étoit fans Fleur. Ce Deffein montre
tout diftinctement la *Fleur*, le *Fruit* & les *Feuilles* comme autant de Propriétés particulières au *Caffée.* L'Arbriffeau eft verd non feulement tout
l'Eté ; & tout l'Hiver (chés nous dans des Serres ; mais en Arabie, en Perfe
& dans les Indes en pleine Campagne) mais il porte auffi fur fes Rameaux toûjours Fleurs & Fruit enfemble. Autre fois cet Arbre n'étoit
connu que dans le Roïaume d'*Yeme* dans l'Arabie hûreufe, & furtout aux
Environs de la *Méque* ; mais aujourd'hui l'on nous en apporte de Bata-
via, de la Martinique, de S. Domingue, de Bourbon & d'autrres Iles, où

Q

il

il croît en pleine Campagne, & dont l'Arbre y pouffe fa *Tige* jufqu' à 40.
Piés de haut, tandis que parmi nous elle parvient à peine à 6. Sa Groffeur peut avoir dans ces Païs là 5. Poûces de Diamètre ; mais dans nos
Jardins, elle n'en a que deux. Cette *Tige* eft garnie jufqu' à la Cime de
Rameaux, qui croiffent vis à vis les uns des autres en Forme de Croix,
Les Feuilles ont auffi beaucoup de Rapport avec celles du Laurier, &
elles croiffent auffi feule à feule. C'eft entre ces Feuilles que fe préfente la *Fleur* ; qui eft blanche & reffemble au *Jafmin*. Elle a cinq Etamines
avec leur piftille & donne une Odeur très agréable. Le Fruit qui en
provient, reffemble à un Bigarreau & la Chair en eft d'un Goût délicieux. Quand on ouvre une telle *Cerife de Caffée*, l'on y trouve deux
Noïaux, que nous appellons *Féves de Caffée*. En Arabie & dans tous les
païs etrangers, le Fruit pend à l'Arbre jufqu' à ce qu'il s'ouvre de lui
même. Les Arabes de la Campagne ramaffent enfuite ces *Noïaux* ou fe-
mences de *Caffée* & les livrent fur des Chameaux dans les Villes. On le
nomme diverfement, les Arabes l'appellent *Bon* ou *Ban*, *Bunna* & *Bunchos*;
les Egiptiens *Caova* ; les Anglois *Coffetrée* ; ailleurs & chés nous on l'appelle *Coffea*, *Coffy*, *Coffée*. Je laiffe au Lecteur à fupputer combien ce
Fruit fait fortir d'Argent comptant d'Allemagne ; le Caffée y étant de
nos Jours fi commun, que le moindre Mendiant en fait cuire des Potées
en Place de Scupe, & que nos Païfannes du Marché aux Herbes le boi-
vent auffi bien que les Bourgeois les plus notables. Encore paffe, fi
l'on n'alloit pas ju qu' à vendre Lit & Nipes pour en avoir ! Etrange Effet, & cependant encore hier une pauvre Fileufe de Laine engagea à une
de mes Voifines une feule bonne chemife qu'elle avoit, pour avoir dequoi s'en faire. Envie d'Enragé, terrible Paffion ! Mais les Suites en
font trop connues, pour m'arrêter plus long-tems à en parler. Je paffe
donc à l'Explication de cette

XCVII. Eftampe,

dans laquelle a) eft le *Bois dur du Rameau* ; b) *le Jet tendre* ; c) *les Feuilles*
avec

avec leurs *Côtes ;* D) *un nouveau Rameau* qui ſort d'entre les deux Feuilles ;
d) la *Fleur* & ſes *Boutons ;* e) la *Fleur* deſſinée un peu au delà du Naturel ;
f) la même ouverte, pour faire voir les ç. *Filamens* avec leurs *Etamines*
tenant aux ç. Feuilles ; ff une des ç. *Feuilles,* qui montre comment &
en quel Endroit eſt attaché le Filament, c'eſt à dire tout au Tour du
Giron de la Fleur ; g) le *Piſtille* ou le *Style,* aïant à ſa *Cime* deux *Stygmes*
ou *Verrues* faiſant une Eſpèce de Fourche aux Becs recourbés, & au pié
l'*Ovaire* h). Le *Piſtille* g) & l'*Ovaire* h) ſont envelopés par le long *Tuïau*
cylindrique de la Corolle ♀ & celui-ci eſt au bas dans un petit *Calice* à
quatre Pointes en forme de Couronne ♄. Les *Filamens* en Forme *d'Alêne*
♂ ſont plus courts que les *Etamines* qui flottent par deſſus ☿, qui ſont
d'abord d'un Jaune pâle & puis gris. Les ç. *Feuilles* ſont coupées juſqu'
au Tuïau, elles ſe plient par en bas, elles ſont blanches comme Nége, &
donnent une Odeur auſſi douce & auſſi agréable, que le *Jaſmin.* Le
Germe ou l'Ovaire h) va toûjours en groſſiſſant avec ſes deux & même
quelque fois, quoique trés rarement, ſe trois *Embrions,* qui deviennent
dans la Suite les *Fèves de Caffée.* D'abord la Couleur de ce Fruit eſt verte,
& il eſt applati par deſſus & par deſſous comme *l'Orange ;* mais à meſure
qu'il meurit, ſa Couleur devient *rouge-clair* i) puis *rouge-foncé* k) & enfin
rouge preſque *noir* l). Quand il eſt trop mûr, il s'ouvre de lui même &
laiſſe tomber ſa *Graine* qui eſt le Caffée. Plus ces Ceriſes mûriſſent, plus
elles prennent de Rides, & l'on voit aux deux Côtés une Eſpéce de *Sillon*
enfoncé, allant perpendiculairement depuis la Queue juſqu' à la Fleur,
lequel vient de l'Interſtice, qui eſt entre les deux Grains, qui ſont dedans. La Peau en eſt trés fine ; mais la chair du Dedans qui eſt jaune,
molle & mince, eſt d'une Douceur dégoûtante & entrelardée de beaucoup de Fibres. En ouvrant une de ces Ceriſes, l'on y trouve les deux
Grains de Semence, enveloppés dans une *Pellicule* jaune très fine. Mr.
le Conſeiller *Trew* a lui même trouvé trois *Fèves* dans une *Ceriſe.* Leur
Poſition dans la Ceriſe ſe montre ici de deux Façons dans ☉ & ☽. Quand

Q 2

on

on les fort, l'on voit ces précieux Grains, que nous appellons *Féves de Caffée*, dont la Figure eft *eliptique-hemifpherique*, ainfi qu'on voit l) & m). Quoi qu'il y en ait deux dans chaque Cerife, chacun ne laiffe pas d'avoir fon Germe, qui eft au Bas du Dos, d'abord à la Fente n) ainfi que le marque la petite *Etoile*. Si l'on met une *Fève* quelques Heures dans de l'Eau tiéde ou même froide, le *Germe* fe produit de lui même o) & fi l'on coupe un peu du Bas du Dos, on le voit diftinctement dans fon Affiette p). La même Chofe fe peut obferver en coupant en travers la Féve q) où l'on trouvera tant à la Partie de deffus qu'à celle de deffous le *Germe* coupé en deux. Par r) f) t) & v) il fe voit, que les *Fèves de Caffée* n'ont pas deux *Noïaux* entermés l'un dans l'autre, ainfi que Leeuwenhoek l'a prétendu, mais qu'il n'y a au Milieu qu'une Efpèce de *Moile* dure, laquelle eft à la Vérité enveloppée dans une Peau brune, mais qui enfin s'unit au Noïau exterieur par une Marche *Spirale* ou à *Vis*. Enfin x) eft le Germe d'un Noïau de Caffée, pris au Naturel, lequel fe trouve dans

la XCVIII. Eftampe

Fig. b) deffiné dans fon Groffiffement par Nro 1. du Verre Anglois, & dans a) d'après Nature. *Leeuwenhoek* du Tems duquel le *Caffé* étoit une Production très inconnue, puisqu'il ne favoit pas même fi c'étoit une *Production de la Terre*, m'a donné Matière à cette Obfervation. J'en avois trouvé une Défcription & un Deffein dans fes Lettres. Mais mes Experimens ne rencontroient pas avec fes *Deffeins* pour ce qui regarde le *Germe*. Il le peignoit avec 3. *Feuilles*; mais moi je n'en voïois jamais que *deux* & un Lien qui bordoit ces deux Feuilles. Leeuwenhoek a auffi trouvé à la Pointe des Feuilles les Figures des *Fleurs*, marquées ici par des *Etoiles*, dont je n'ai non plus rien apperçu. Quoiqu'il ait remarqué, qu'il avoit vû quelquefois les mêmes Figures dans d'au-

tres

---

* Continuatio epiftolarum datarum ad longe celeberrimam Regiam Societatem Londinenfem ab Ant. Leeuwenhoek. Lugd. Bat. 1689. in Epift. de 9. Maji 1687. de fabis dictis Coffi.

tres *Objets.* Peut être falloit il les attribuer à la Pouffière ou à de l'Eau corrompue, puis qu'il infinue, qu'il avoit laiffé long-tems la *Caffée* dans l'Eau. Leewenhoeck n'a fait auffi aucune Mention des *Globules de Séve,* qui rempliffent par Millions tout le *Germe,* & que j'ai marqués ici autant que j'ai pû, avec quelques *Côtes,* qui traverfent les *Feuilles* du *Germe.* Je m'etonne qu'il n'ait pas non plus examiné & répréfenté la *Pellicule* brune, qui enveloppe la Partie interne du *Germe.* J'ai dit plus haut, que le *Caffé* fe diftingue particulièrement de la *Féve* par fa Subftance interne. Voilà ce que Leewenhoeck a recherché, & qui m'a excité à imiter fes Recherches. Elles ont été, autant que j'en puis juger, faites avec clarté et Jufteffe, & je m'en vai laiffer au Lecteur à décider, fi j'en ai approché. J'ai auffi découpé un *Noïau* de Caffée & j'en ai ôté avec une Lancette bien aiguifée, la Particule c) prife en Travers. Au Lieu que la *Féve* eft composée de Corpuscules *farineux* & *glabuleux;* la Structure du *Noïau* de Caffée eft en Forme de Rézeau d) & approche de l' Eponge de Mèr, dont les Interftices font remplis, pour la plûpart, de Particules huileufes, Voi. Fig. ꝺ). Leeuwenhoek affure, qu'il n'a trouvé cette fubftance, que dans l'*Os de Palme.* J'ai auffi aperçu plufieurs *Tuiaux* qui traverfoient, marqués e) e) e) e) mais je n'oferois dire, qu'ils foient *creux,* n'aïant pû parvenir à cette Certitude. Pour l'*Huile,* on voit & l'on fent très diftinctement, qu'il y en a dans les Interftices de ce Rézeau, & de là vient auffi, qu'on n'en peut faire de la Farine, qu'on ne lui ôte prémiérement ces Parties huileufes par le Feu, qu'en féchant & rotiffant ces *Parties rameufes* on ne le rende propre à être broïé.

Mais comme les *Noïaux* de *Caffée* ont encore par dedans une *Pellicule* brune f) qui garantit la Moïlle de la Fève (fi je puis la nommer ainfi) & que Leevvenhoeck n'a pas daigné en faire Mention, je l'ai trouvé d'autant plus digne d'Attention, qu'elle a été jusqu'ici moins dépeinte fuivant le Microfcope. Elle embraffe tout le Milieu du *Noïau*, & on la voit même fe produire, en *Filets bruns* par la longue Fente ou la Coupure perpendiculaire, qui prend toute la Longueur du *Noïau*, ou de la *Fève* de Caffée. Que fi l'on coupe un *Rondeau* bien mince d'un Noïau de Caffée détrempé, l'on coupera toûjours auffi une Particule de cette *Peau*, laquelle paroît dans le Microfcope comme la Bandelette brune f). J'en ai donc pris un petit Brin, dont la Groffeur eft répréfentée g, & l'aïant examiné par Nr. 1. du Verre Anglois, je l'ai trouvé couvert d' une Infinité d'Ecailles h) lesquelles fe terminoient en Pointe par les deux Bouts. Voiés en une feule i). Les petits *Points* qui s'y trouvent font ou des *Globules à Séve* ou *des Pores à Evaporation*, dont je conjecture plûtôt le dernier; la *Pellicule* étant trop défféchée pour pouvoir examiner cela par le Microfcope.

Je viens encore à une Obfervation de Leevvenhoeck, qui a auffi Befoin d'Eclairciffement. Il prétend, que le *Noïau* de Caffée confifte en deux parties bien diftinctes, comme p. e. les Amandes, les Noifettes & autres femblables Fruits. * Mais c'eft une Erreur, s'il entend parler d' un *Noïau de Caffée* proprement dit, & non point de tout le Fruit renfermé dans fon Enveloppe charnue; dans laquelle, ainfi qu'on a dit, il s' eft trouvé jufqu'à trois *Noïaux*. L'on n'a qu'à ouvrir tout doucement un tel Noïau au Milieu, où eft la *Fente* ou la Coupûre, ce qui fe fait le plus facilement, quand le Noïau a trempé quelques Heures dans l' Eau; l'on trouvera, il eft vrai, au Milieu une *Partie* plus ferme, envelopée d'une *Peau* brune, mais qui a une continuité *Spirale* & en *Vis*, qui l'attache abfolument à la *Coquille* extérieure du *Noïau;* & que par conféquent, elle n'en eft point du tout feparée, & qu'elle ne fait point un Noïau à Part, comme la *Noix* ou l'*Amande*.

Mais

* l. c. pa. 15. eft nux fiue cortex in quo ordinario duæ Coffi fabæ, fepimento quodam feparatae, jacent, fed eam fabam nos fimplicem effe fabam putamus ex duabus diftinctis confiftere fabis, optime comperi &c. prout in Amigdalo, nuce Avellana. pomo armenico &c.

Mais pour avoir bien facilement le *Germe*, il n'ya qu'à mettre trem-per dans une Taſſe à Thée avec de l'Eau fraîche, quelques *Noïaux* des plus gros & des plus beaux (J'ai trouvé le Caffée de Bourbon le plus propre à cet Uſage) juſqu' à ce qu'au Bas du Dos de la *Féve* il ſe montre un petit Point blanc, ou, comme il arrive ſouvent, que le *Germe* ſorte de lui même & qu'il nage dans la Taſſe. Que ſi on veut le voir dans ſon Gite, l'on peut ſe ſervir avec Succès d'un bon Canif, avec lequel on va toûjours on découpant le Dos de la *Féve*, juſqu'à ce que le *Germe* ſe montre.

L'on trouve un Memoire plus étendu & plus détaillé du *Fruit du Caffée* dans le dernier Tome *du Commerce Litteraire* de 1754. Tab. III. & IV. pag. 417. écrit par Mr. le Conſeiller *Trevv. Boerhave, Juſſieu* dans le Livre de Botanique de Blackvvel, & d'autres en parlent auſſi c'eſt là que, pour abreger, je renvoie le Lecteur, qui voudra en ſavoir da-vantage. *

T A B L E XCIX.

Fig. 1.

Configuration & Criſtaux de la Solution de l'Argent.

Une Perſonne de Qualité avoit envoié dernièrément à Monſieur le Conſeilïer *Delius* d'Erlang, un très beau Deſſein *d'Argent diſſous,* dont les Chimiſtes préparent la *Pierre infernale;* & cet illuſtre Ami a eu la Borté non ſeulement de me communiquer ce *Deſſein,* mais auſſi de m'envoïer deux Sortes de *Solution d'Argent,* dont la prémière étoit du plus fin, & l'autre avoit quelque peu d'Alliage de Cuivre; afin que j' examinaſſe ces deux *ſolutions* auſſi exactement que je pourrois par le Microſcope. Celle de l'Argent bien fin m'a fait voir les plus belles Répréſentations; parmi leſquelles, j'ai trouvé la préſente Configura-tion,

---

* L'on en verra encore quelque choſe Part. 3. Tab. IX. & X.

tion, la meilleure & la plus digne d'être deſſinée & communiquée à mes Lecteurs. Les *Solutions d'l'Argent* allié avec du *Cuivre*, donnent dans le *Verd* & font plus de *Criſtaux* que celles d'Argent fin. J'ai éprouvé dans cette Occaſion qu'il faut uſer de Tours & d'une Induſtrie particulière, lorsqu'on veut tirer de beaux Criſtaux de cette *Solution*. Rarement la prémière Goute qu'on mettra dans le Verre en produira, mais les *Configurations* n'en font que plus belles & plus délicates. Si l'on met par eontre encore une *Goute* fraîche par deſſus celle de la Configuration déja deſſéchée, c'eſt alors que ſe produiront les plus beaux *Criſtaux* tels, qu'on peut les voir ici f) g) & h) lesquels répréſentent par Fois des Rameaux de *Romarin*, comme f) ou auſſi de magnifiques *Sapins* & d'autres Arbres de Forêts g) h) J'ai tiré les *Criſtaux*, dont je viens de parler du *Deſſein* qui m'a été communiqué; Mais pour ceux que j'ai vûs moi même, ils font répandus ça & là dans le Corps de la Configuration; & l'on voit ici a) la *Goute* dans le Verre de Groſſeur naturelle.

b) Préſente les differens *Criſtaux* ſur les Bords, c) & e) quelques belles *Configurations* en particulier, formées d'une Ligne perpendiculaire, dont le Bout ſe termine par une Eſpèce de *Flèche*, par différentes autres lignes horiſontales, qu'elle jette, au deſſus & au deſſous desquelles montent & descendent encore d'autres *Figues* en Ligne perpendiculaire, de ſorte que le meilleur Géomettre, ne les ſauroit mieux deſſiner à l'Aide du *Campas* & de la *Régle*.

Fig. 2.

Obſervation particulière faite ſur des Pois où l'on
a trouve une Eſpèce d'Eſcarbot à Croix

Il-y a environ un Mois, qu'un de mes Amis m'a envoié de Nuremberg un Couple de *Pois*, en me marquant, „qu'il en avoit reçu toute „ une pleine Boite de Boheme; que ce qu'il-y-avoit de ſingulier à „ remarquer, étoit, que chaque *Pois* renfermoit un petit *Eſcarbot* en „ Vie; que tout le Champ en étoit empétré, & que la Manducation

„ de

„ de ces *Pois* avoit été nuiſible & même mortelle à Quantité de
„ Gens &c. „

Je ne les eus pas plûtôt reçus que je les examinai par dehors.
Je remarquai d'abord en chacun une petite Tache ronde de Couleur
griſe, qui relévoit un peu comme un *Couvercle*. J'ouvris ſubtilement
cette Tache avec un Canif; & je n'avois pas encore ſeparé ce petit Couvercle du *Pois*, que l'Hôte qui étoit caché deſſous, paſſa dehors ſa Tête
brune & ſes longues Antènes ; & enfin au Boût d'une Demi-minute,
il eut entierement quitté ſa Priſon, & tout de ſuite déploïant ſes Aîles
ſur ma Main, il ſe diſpoſa à prendre l'Eſſor. Mais comme cet Etran-
ger m'étoit trop agréable pour le laiſſer ſitôt partir, je l'enfermai dans
un petit Verre à Conſerve, pour l'examiner à Loiſir.

J'envoïai l'autre *Pois* à mon Ami Mr. le Profeſſeur Arnold avec un
Billet, où je le priois de l'ouvrir, & il y trouva le même Hôte noirâtre.

Quelque conſtant qu'il fût, qu'il y-avoit des *Eſcarbots* dans ces
deux *Pois*, je ne laiſſois pas de douter ſi je devois compter ſur cet Eve-
nement. Je ſavois bien que les *Chenilles* deviennent des *Eſcarbots*, & que
l'on trouve par Fois de petites Chenilles dans les Gouſſes de *Pois verds*.
Mais je n'avois jamais vû ni lû leur Métamorphoſe. Outre cela,
dans ces deux *Pois* il manquoit la *Dépouille de la Chryſalide* ou l'*Ecaille de
l'Eſcarbot*, qui auroit dû ſe trouver dans la Cavité de ces *Pois*. J'ecri
vis donc mes Idées au recommandable Ami, qui m'avoit envoié le
Pois, & lui découvris mes Doutes, en le priant de m'en envoïer encor
un ſeul. Et voici ce qu'il me répondit:

„ L'Hiſtoire des Pois, que je Vous ai communiquée, porte ſur la
„ pure Verité. De plus de Cent, je n'en ai trouvé que deux qui
„ fuſſent Exemts de pareils Hôtes. Pour ce qui regarde les *Exu-*
„ *viae*, dont Vous êtes en peine, il eſt conſtant, que cette *Claſſis*

R

„ *Inſe-*

„ *Insectorum* se métamorphose *ex ovulo in vermem plerumque monstruo-*
„ *sum, pertenui putamine cinctum &c.* dont la Peau de la Chrysalide est
„ de beaucoup plus molle et plus délicate que celle du Papillon,
„ & par conséquent *ad quemvis leue attritum,* elle se change en Pous-
„ sière, telle qu'il-y-en avoit dans le Creux des Pois que j'ai trou-
„ vé vuides. Aureste, je Vous envoïe encore un Pois, & j'y en
„ joindrois davantage, si je ne les avois déja tous distribués ici.
„ Je suis &c.

Cette Pensée me parût fort plausible, & dés que j'eus lû la Lettre, j'envoiai le troisième *Pois,* à un autre de mes Amis pour qu'il l'
ouvrit, lequel le trouva vuide & sans *Escarbot.* Cela occasionna de nouveaux doutes, et comme le Savant qui avoit eu la Bonté de m'envoïer
les *Pois* vouloit qn'on tût son Nom, j'avois pris la Resolution de mettre toute cette Recherche de Côté; lorsque je m'avisai de consulter
encore là dessus mon incomparable Ami Mr. le Conseiller *Trevv.* Et j'
eus le Bonheur d'en recevoir le Reponse suivante, aussi satisfaisante
que détaillée.

„ Il m'est tombé entre les Mains quelques uns de ces Pois de
„ Boheme, que j'étois sur le Point de Vous envoier, quand Mr.
„ Vôtre Entrepreneur m'a apprls, que Vous en aviés reçu de
„ Mr. le Conseiller de Cour D. B. Des trois que j'en ai, il y en a
„ un, dont l'Insecte s'est déja fait fait Jour, & un autre, où l'on
„ apperçoit distinctement la Tache bluâtre par laquelle il va per-
„ cer. Si Vous pouvés en faire Usage, je Vous les enverrai.
„ Aïant trouvé dans le Voïage de l'Amerique Septentrionale de
„ Mr. Pierre Kalm une Relation circonstantiée de cet Insecte des
„ Pois, je suppose, qu'elle Vous fera Plaisir; c'est pourquoi je l'
„ ai fait copier Mot à Mot, en y joignant quelques Passages des
„ Ecrits du Chevalier Linnéus, par où Vous pourrés voir que
„ Vous ne devés pas faire Difficulté de mettre au Jour Vos Ob-
                                                        „ ser-

„ fervations, qui ne pourront qu' être bien reçues du Public. Je
„ n'ai pas pû encore regarder dans les Ecrits de Mrs. Roeffel & de
„ Reaumur , s'ils ont eu Connoiffance de cet Infecte. Il fe fait à
„ Leipzig une nouvelle Traduction du Voïage de Kalm   J'en ai la
„ prémière Partie ; mais je ne puis dire fi la Seconde paroîtra à
„ cette Foire &c.

Nuremberg ce 5. Avril 1761.   Chr. Jac. Trew Dr.

Je crois que cet Extrait va faire autant de Plaifir ou Lecteur, qu' il
m'en fait à moi- même, & dans cette Confiance, je vai le mettre ici tout
du long.

Extrait de la Defcription du Voiage que Mr. Pierre Palm, Profeffeur en Oeconomie à Aabo & Membre de l'Academie Roïale
des Sciences de Stockholm a fait dans l'Amerique feptentrio-
nale, par Ordre de la dite Academie & aux Dépens du Public.
Seconde Partie. Traduction. A Goettingue aux Dépens de la
Veuve d'Abram de Sore 1758. 8vo.

Note:

C'eft le Titre entier de la 10me *Partie du Recueil des Voiages nouveaux & re-
marquables de Mèr & de Terre, qui a été publié à Goettingue. L'Original eft en
Langue Suedoiffe, & il a été imprimé à Stockholm en* 1758. *en 8vo ; mais Mr.
Kalm a fait fes Memoires en* 1748.

„ A prefent l'on féme peu de *Pois* en Penfilvanie. Autrefois cha-
„ que Païfan en avoit un petit Champ. C'eft ce que temoignent de
„ Vieux Suedois. Il en eft de même de la Nouvelle- Jerfey & de la
„ Nouvelle-Jork dans fa Partie meridionale ; la Semaille des *Pois* y aïant
„ été aütrefois de beaucoup plus forte, qu'elle ne l'eft aujourd'hui.
„ Mais au Septentrion de cette dernière, aux Environs d'Albany &
„ dans tout le Canada poffedé par les François, l'on s'y appliquoit ex-

R 2   „ tremé-

„ tremément, & la Recolte en reüssissoit très bien. Mais un petit vil
„ *Insecte* a contraint ces Colonies d'abandonner une Culture si profitable.
„ Il étoit anciennement presqu' inconu ; mais dans ces dernières Années,
„ il s'est énormément multiplié & engrainé. Il s'apparie en Eté, vers le
„ Tems que les *Pois* fleurissent & qu'ils commencent à *gousser*, alors il fait
„ un petit Oeuf presque dans chaque tendre *Pois verd*. Quand on les
„ a battus, l'on n'y peut rien remarquer par dehors ; mais si on les cou-
„ pe par le Milieu, on y trouve ordinairement un très petit *Vermisseau* ;
„ lequel, s'il n'est pas inquiété, y demeure tout l'Hiver & une Partie
„ du Printems, vivant de la Moile de son *Pois* ; de Sorte qu'au Mois d'
„ Avril, il n'en reste que la Peau. Enfin ce *Ver* se change en un Insecte
„ écaillé, qui sort par le Trou qu'il fait dans cette Peau & s'en vole,
„ pour aller chercher quelque autre Poisière, où il puisse s'apparier &
„ pourvoir sa Race d'une Nourriture convenable.

„ Ce pernicieux Insecte, en quittant la Pensilvanie, a toûjours plus
„ tiré vers le Nord. Car il·y·a douze à quinze Ans, que les Environs
„ de la Nouvelle·Jork n'en avoient encore point ; & qu'on y semoit
„ annuellement Quantité de *Pois*, qui y réüssissoient fort bien. Mais in-
„ sensiblement, cette Engeance y a tellement pris le dessus, qu'enfin les
„ Habitans se sont vû contraints d'abandonner cette Culture. Le Cam-
„ pagnard des Environs d'Albani a encore à présent la Consolation de ne
„ pas voir ses Poisières mangées de cette Vermine ; mais il est dans des
„ Craintes continuelles ; voïant que le Mal approche tous les Ans de
„ plus en plus de leurs Quartiers.

„ Je ne sais, comment cet Insecte pourroit subsister en Europe ;
„ du moins crois-je que les Hivers de Suede feroient mourir ce Ver,
„ quelqu' enseveli, qu'il fût dans la Terre. Mais dans la Nouvelle-Jork,
„ où il se tient de nos Jours, il fait bien aussi froid que chés nous, &
„ cela ne l'empêche pas de s'y multiplier & même de tirer toûjours plus
„ vers le Nord. J'ai failli moi-même porter ce Fléau en Europe, sans
„ le

„ le favoir. Car à mon Départ d'Amerique, j'avois pris un petit Cor-
„ net de Papier plein de *Pois gourmans.* Ils paroissoient bien verds &
„ bien frais ; cependant à mon Arrivée à Stockholm en 1750. le 1. Août,
„ aïant ouvert mon Cornet, je trouvai tous mes *Pois* creusés ; de cha-
„ cun desquels un Insecte sortoit la Tête ; il-y en avoit même, qui en
„ fortirent tout à fait, pour éprouver le nouveau Climat. Je me hâtai
„ donc de refermer mon Cornet, pour empêcher la Fuite de cette En-
„ geance pernicieuse. J'avoue, que la Vûe de cet Insecte me fit plus
„ frémir, que si j'avois vû fortir une *Vipère* de mon Papier ; sachant
„ tout le Mal, qu'en auroit eu ma chère Patrie, pour peu qu'une Paire
„ de ces Insectes se fût envolée. La Postérité en plusieurs Générations
„ & en diverses Provinces auroient eu tout Lieu de me maudire, comme
„ l'Auteur de ce Désastre. J'envoïai ensuite quelques uns de ces Infe-
„ ctes, bien gardés, à Monsieur le *Comte de Dessin* & au Chevalier *Linnéus*,
„ avec un Memoire sur le Mal qu'ils font. Monsieur Linnéus en a déja
„ donné une Description dans une Dissertation Academique, *du Mal*
„ *que font les Insectes*, à laquelle il a présidé. Il y nomme le mien le *Bru-*
„ *chus de l'Amerique Septentrionale.* * Ce qu'il y-a de particulier, c'est que

R 3

„ dans

---

* Pag. 15. Cette Dissertation *de Insectorum noxa* se trouve dans le Recueil intitulé:
*Carol. Lin. &c. Amoenit. Academicae seu Dissertationes variae phisicae, medicae,
botanicae antehac seorsim editae &c. Vol. III. Holmiae 1756.* en grand 8vo, Nro
XLV. p. 335. Suiv. Je n'ai pas trouvé le Mot de *Bruchus* dans cette Dissertation ; mais j'y ai trouvé p. 147. celui *de Curculio helvulus,* lequel Mr. se Chevalier
décrit ainsi :

*Curculio piforum gerit corpus fuscum, magnitudine cimicis maioris, adspersam punctis
albis vagis ; Elytra obtusissima apice nigra abdomine longe breviora ; Torax
transversim ovalis ; caput parvum acuminatum ; Antennae clavatae, fuscae ; Ab-
domen a tergo ubi apice nudum, macula alba triloba notatum ; Pedes cinerei.*

Il y a une autre Description du *Curculio* dans la *Fauna Suecia. Lugd. Bat. 1746.* In
8vo pag. 158. n. 462. & comme elle diffère assés grandement de celle, que je
viens de rapporter, il me semble que le Chevalier Linnéus ne tienne l'Insecte
Americain, que pour une Variété de celui-ci ; puisqu'il les cite l'un avec l'autre.

Dans

„ dans tout le Cornèt, il ne s'eft pas trouvé un feul *Pois* qui n'ait été
„ creufé.

Remarque :

Pendant que cette dernière Feuille étoit fous la preffe, je reçus de
Mr. *Wagner* Confeiller intime & Medecin ordinaire du Margrave de Bayreuth la Lettre fuivante, dont la Communication fera d'autant plus agréable au Lecteur, qu'elle donne plus de Jour à *l'Infecte de Pois.*

Monfieur !

„ Lorfque j'eus dernièrement le Plaifir de Vous voir à Erlang & de
„ parcourir Vos Occupations microfcopiques, Vous eutes la
„ bonté de me montrer, entre autres Nouveautés, une Efpèce particu-
„ lière de *Pois* de Bohème, dans chacun defquels étoit caché un petit
„ *Efcarbot*, qui en fortoit par une petite Ouverture ronde, munie d'un
„ petit Couvercle, & qui avoit aux deux Aîles de deffus quelques *petits*
„ *Points blancs*, & fur le Derrière du Corps une petite *Croix blanche.* Je
„ Vous dis d'abord qu'il étoit affés ordinaire de trouver dans la plûpart
„ des *Plantes legumineufes* des Vers, qui s'engendroient dans leurs *Gouffes,*
„ qui en mangeoient le Fruit & qui enfin fe métamorphofoient pour la
„ plûpart en *Efcarbots* à Trompe, ainfi que je l'avois remarqué dans *l'Oro-*
„ *be,* *l'Epurge* des Près, la *Veffe* & autres Legumes. Aïant donc eu Oc-
„ cafion d'en trouver auffi dans le *Genre de Pois,* je n'ai pas voulu man-
„ quer

Dans la *Fauna Suevica,* il compte 33. Efpèces de Curculio, depuis Nro 445. jus-
qu'à 447. & dans les *Amœnitates* 1 c il en compte encore 6. Le mot de *Bruchus*
ne fe trouve ni dans l'une ni dans l'autre. S'il fe trouve dans *l'Original* cité par
Mr. Kalm, c'eft ce que j'ignore, ne l'aïant pas en mon Pouvoir ; car malgré tous les
Soins que je me fuis donnés, je n'ai pû parvenir jufqu'ici qu'à très peu de Dif-
fertations Suedoifes. Cependant il n'eft pas douteux, que *l'Infecte Americain* de
Mr. Kalm & celui de Mr. Linnéus ne foient le même, quoi qu'ils different de
Nom. Car l'on fait que Mr. Linnéus change fouvent les *Noms Generiques & les*
Specifiques. Le Rapport que peut avoir l'Infecte de la Boheme avec la Defcrip-
tion de celui de l'Amerique, fe verra le plus au jufte par un Examen exact.

„ quer de Vous en faire Part, & de Vous envoïer dans une Boëte bien
„ conditionnée quelques *Pois* & quelques *Ecarbots*, qui ressemblent par-
„ faitement aux Vôtres.   Ils viennent d'un Païs bien éloigné de la Bo-
„ heme, c'est à dire de *Provence.*   Je reçus la Semaine passée de quelques
„ Connoissances que j'ai à Avignon un petit Paquet de *Graines*, dans le-
„ quel étoit aussi un Papier plein de *Pois*, sur lequel étoit écrit : *Pois*
„ *gourmans.*   Quand je l'ouvris, tout y fourmilloit de ces *Escarbots*, qui
„ marchoient fort vite, & dont quelques uns s'envolèrent.   J'en ramas-
„ sai une bonne Quantité dans un Verre, où j'eus bien de la Peine à les
„ contenir, à cause de leur Agilité à courir & à voler, & je m'apperçus
„ en même Tems que tous les *Pois* étoient ou creusés ou dumoins en-
„ core remplis de *l'Insecte*, qui y étoit caché & qui sortoit peu à peu en
„ levant le Convercle rond.   Or comme la Lettre portoit, que ces
„ *Pois*, quoique creusés, ne laissoient pas d'être bons à semer, j'en exa-
„ minai la Cause & trouvai, que le Ver epargnoit toûjours le *Germe du*
„ *Pois* & ne mangeoit & ne perçoit que jusqu'au Milieu du Côté opposé,
„ les deux *Lobes* de la Graine ; ce qui n'empêche pas les *Pois* de germer
„ & de sortir.   C'est encore ici que le Créateur a très sagement pour-
„ vû à la Conservation de ses Créatures, en mettant dans un *Ver* si mé-
„ prisable & dépourvû de Sens, l'Instinct, d'entamer le Fruit qui doit
„ lui servir de Nourriture, par l'Endroit, qui n'entraine pas après lui
„ son entière Destruction.   Vous verrés aussi, Monsieur, que tous ces
„ Escarbots n'ont pas la *Croix blanche.*   Peut-être est ce la Marque spe-
„ cifique de leur *Sexe*, ce que je n'ai pas eu le Tems d'examiner.   Je
„ suis avec une véritablé Consideration. &c.

Bayreuth ce 26. Avril 1761.   Dr. P. C. Wagner.

Explication de la II. *Figure de la* 99ᵐᵉ *Estampe.*

   a) b) font des *Pois* avec leurs *Tâches bluâtres* D D,) telles qu'on les
peut voir l'Oeil nud.   A) B) en est le Grossissement.   c) Un autre, le
Convercle levé, d'où l'*Escarbot* est déja sorti.   d) Encore un d'où sort le petit *Escarbot* de Grosseur naturelle.   e) L'*Insecte* pris d'après Nature du
Côté

Côté du Dos & f) du Côté du Ventre. g) Un *Efcarbot* fortant, avec fon *Pois*, deffiné fur une bonne *Loupe*. h) Le *Pois vuide* groffi, où l'on voit un *Tiffu* blanc & au Fond un peu de *Pauffière* noire, qui étoit aparamment les *Reftes* de la Chryfalide, & que j'ai ici marquée d'une Etoile. Aïant fouvent trouvé dans les *Pois Verds* i) la petite *Chenille* k) qui pénétroit dans le *Pois* encore tendre l), je n'ai pas voulu manquer d'en faire Mention ; pour mettre le Lecteur à même de découvrir la Métamorphofe de la Chenille en Efcarbot, & de garder pour cet Effet de ces fortes de Gouffes de *Pois*.

TABLE C.

L'Efcarbot à Croix des Pois groffi, avec fes Parties.

Cet Infecte dont la Groffeur naturelle revient à celle de la *Punaife*, a plufieurs Parties dont la fingularité mérite d'être examinée par le Microfcope. Mais avant que de les indiquer, je veux décrire fa Figure en général. C'eft un *Efcarbot* de la Claffe des *Efcaborts à Croix* de Couleur brun-foncé, aïant à chaque Aîle trois *Points* blancs, & là où elles finiffent, c'eft à dire à l'Extremité du Dos, une *Croix blanche* très aifée à diftinguer. Sous le *Ventre* il eft brun-noirâtre ; il a 6. *Piés* la vers Poitrine, qui eft d'un Noir luifant. Le *Ventre* eft partagé en 5. *Anneaux* ou *Jointures*. Sous les deux *Aîles* de deffus, il en a deux de deffous, qui font plus longues & tranfparentes. Il a la *Tête* pointue, petite & d'un brun foncé avec deux gros *Yeux jaunes* qui en fortent, deux longues *Antènes* & deux courtes, & une *Mâchoire* en Pinces bien aigues. Sur le Cou, il a un large *Ecuffon* ou une *Fraife* tirant vers le Dos, lequel a un *Point conique blanc* au Milieu, joignant les Aîles. Chaque *Pié* a 6. *Jointures*, & deux fortes *Serres* au Bout. Il eft fort agile à courir. Que fi on le confidère fous le Microfcope, tout le Corps eft couvert de *Poil long* & les *Taches* blanches paroiffent alors d'un Brun-clair, & elles ne font en Effet qu'un *Poil* beaucoup plus *clair* que l'autre. Le *Ventre*, la *Poitrine* & les *Piés* paroiffent

roiffent à la Vérité plus unis ; mais ils font cependant parfemés ça & là de *Poil* ; pour la *Tête* & *l'Ecuffon* ils en font tout heriffés.

Fig. A. marque le Côté du *Dos* & Fig. B. celui du *Ventre* & la *Poitrine* avec *l'Aîle de deffous*, dans les deux Figures, a) marque la *Tête* en général, b) les deux longues Antènes à 12. Jointures.   c) Les 2. *courtes*, qui n'ont que 4. Divifions, & que je prends pour des *Crochets* pour s'attacher, d) la *Machoire* ou *Pinces*,   e) les gros *Yeux perlés*, f) les 5. *Piés*, g) la *Croix blanche* fur le Dos à l'Extrémité des Aîles, h) comme les 5. Piés tiennent à la Poitrine, i) le *Ventre* de l'Efcarbot, k) les *Aîles* membraneufes de deffous , l) les Aîles de deffus velues & comme de Corne, fur chacune defquelles font les 4. *Points* blancs de Figure ovale , m) une *Antène* ou *Noeud de Barbe* groffi dont les 4. *Jointures vers la Racine* font unies & tranfparentes & reffemblent à des *Creufets*, *le Cul en Pointe*, & les 8. d'enhaut font opaques, velues de Couleur brun foncé & formées comme des Feuilles de *Figue d'Inde*, n) un *Pié* avec fes 6. Jointures, & fes Griffes o), qui joignent enfemble comme les *Serres d'une Ecreviffe*.

Fig. C. eft la *Machoire en Pinces* encore plus groffie, où l'on voit p) les *Yeux* bruns jaunâtres, compofés d'une Infinité d'autres, comme le font ceux du Moucheron ; q) les deux prémières Jointures des longues *Antènes* ; r) les deux courtes *Antènes* , comme quand l'Efcarbot accroche quelque chofe ; f) f) la *Machoire* ou fes deux Parties reffemblant à des *Forces* ; t) la *Langue* ou *l'Aiguillon*, qu'il tire quelque fois, laquelle defcend dans le *Gofier* comme un *Tuïau*, jufqu' à u) & qui a au Milieu du *Cou* un *Crochet* recourbé de chaque Côté xx); y) eft la *Fraife* ou *l'Ecuffon* de l'Efcarbot, entre le Coû & les Aîles avec fon *Point conique* ; & enfin z) font les 4. prémières *Jointures* des Antènes, qui fe diftinguent des 8. autres Divifions, par leur Tranfparence & leur Figure, ainfi qu'il a été dit.

Je finis en repondant à la Queftion, *fi le Méfentère de la Souris eft tranfparent, comme celui de la Grenouille, duquel nous avons traité dans la prémière*

S

Table

Table de la prémière Partie de ces Amufemens ? J'en ai fait l'Experiment fur une *Souris* qui avoit 5. Embrions dans le Corps, & j'ai trouvé le Méfentère fort tranfparent, & qu'on y peut voir très diftinctement la Circulation des Humeurs dans tous les Vaiffeaux ; mais qu'il n'y-a que la Figure des Globules, qu'on ne peut diftinguer, les Vaiffeaux étant eux mêmes trop épais & trop forts, pour qu'on puiffe rien diftinguer au travers de la Peau exterieure.

Je brife ici faute de Place & rends mes juftes Actions de Graces au Lecteur de l'Accueil favorable, qu'il a bien voulu faire à ces Bagatelles.   Encore plus en rends-je au Toutpuiffant, mon Créateur & Confervateur, comme celui de toutes les Créatures grandes & petites, vifibles & invifibles, de ce que non obftant me grande Maladie, il m'a fait la grace de pouvoir achever cette *Cinquantaine.*

Oui c'eft Toi feul, Seigneur, qui és digne de recevoir la Louange, la Gloire & la Force ; car c'eft Toi qui as créé toutes chofes, & c'eft par ta Volonté, qu'elles ont l'Etre & qu'elles ont été créées ! Amen.

Avis au Public.

On aura foin de publier la troifieme & dernière Partie de cet Ouvrage, avec un appendix, en quatre mois, c'eft à dire dans la foire de pàques de Leipfic l'An 1767.

Table des Matières.

Table

TABLE

TAB. LI.

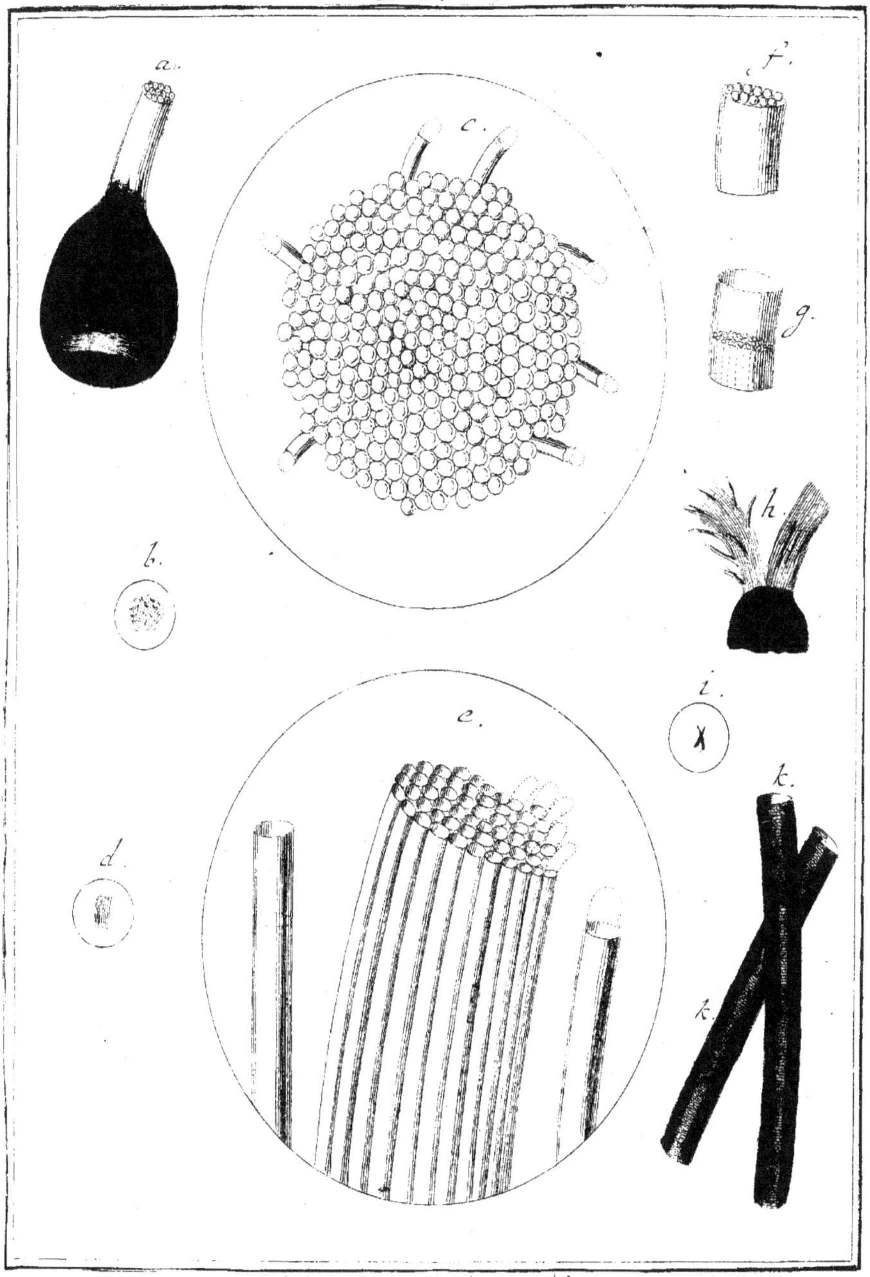

A. M. Winterschmid exc. Norib.

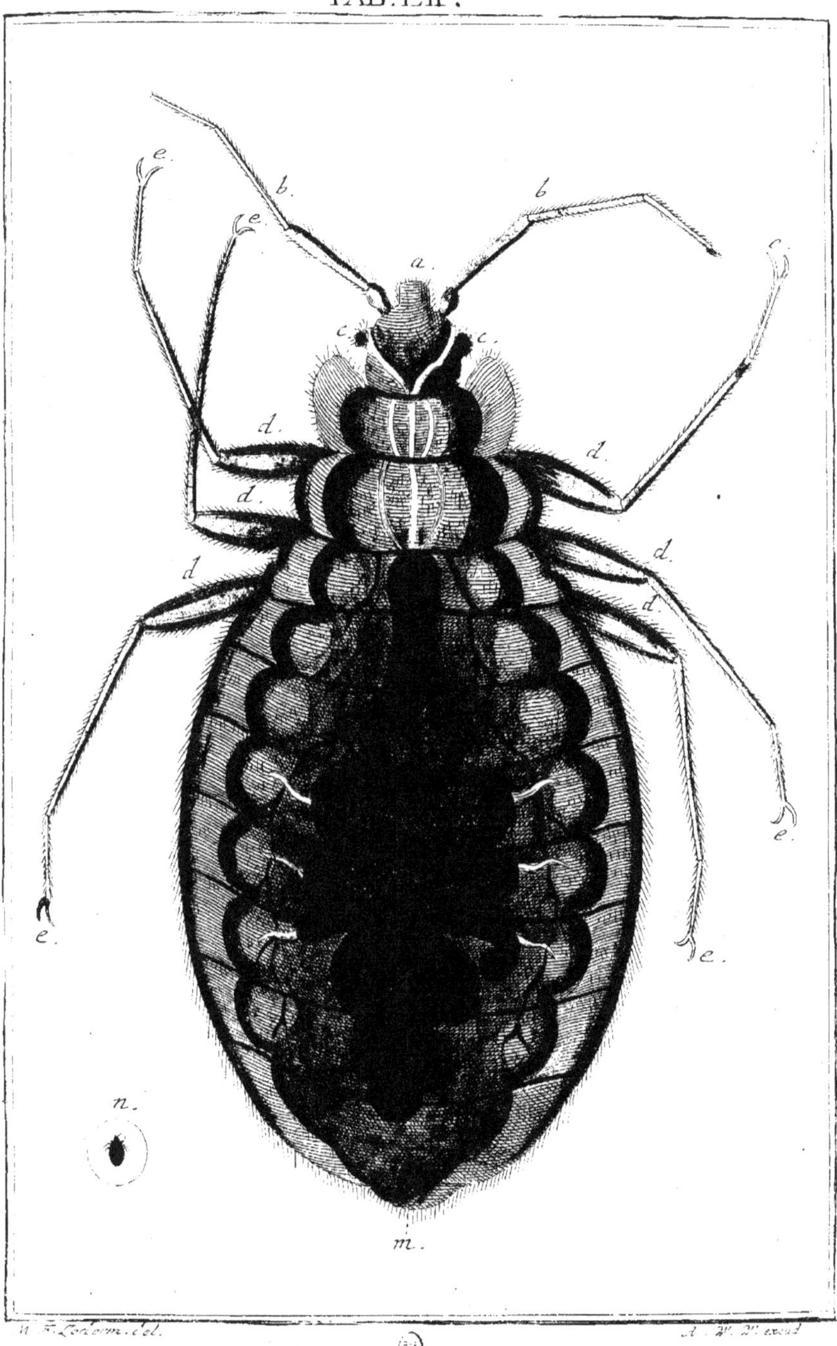
TAB. LII.
e.
b.
b.
e.
c.
a.
c.
c.
d.
d.
d.
d.
d.
d.
d.
e.
e.
e.
e.
n.
m.

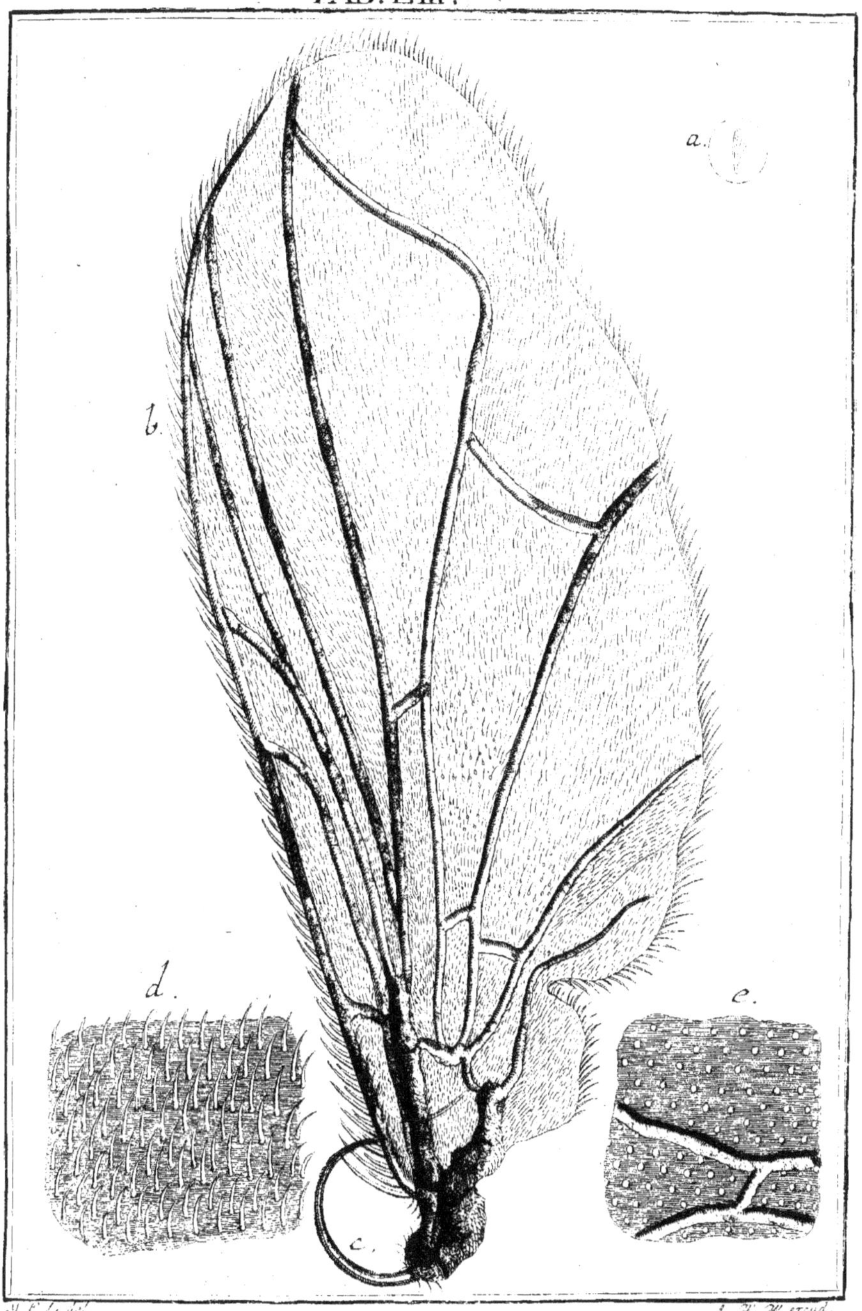
a.
b.
d.
c.
e.

a.
Fig. 1.
b.
b.
c.
c.
c.
c.
c.
c.
b.
b.
b.
b.
b.
b.
b.
b.
a.
a.
Fig. 2.

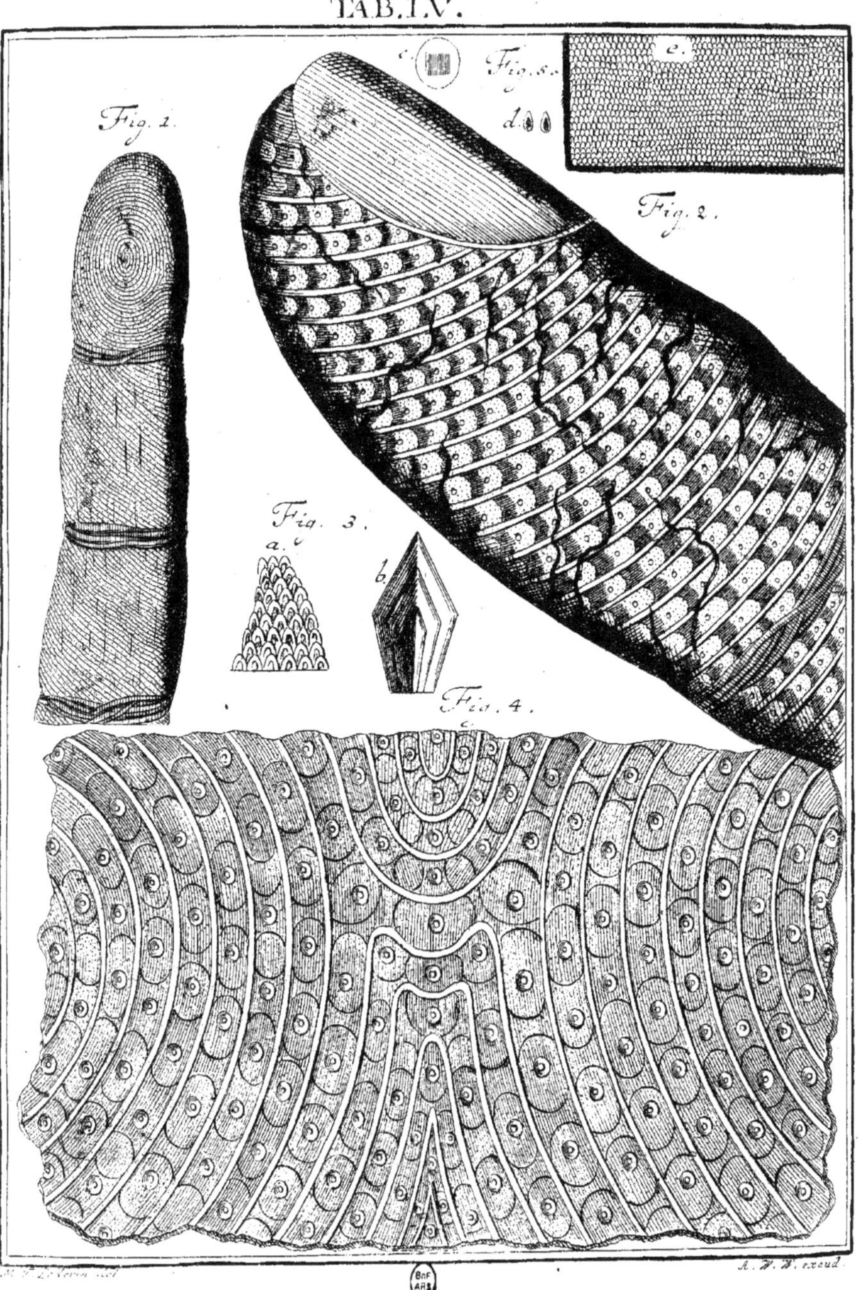

TAB. IV.
Fig. 1.
Fig. 2.
Fig. 3.
Fig. 4.
a.
b.
c.
d.
e.

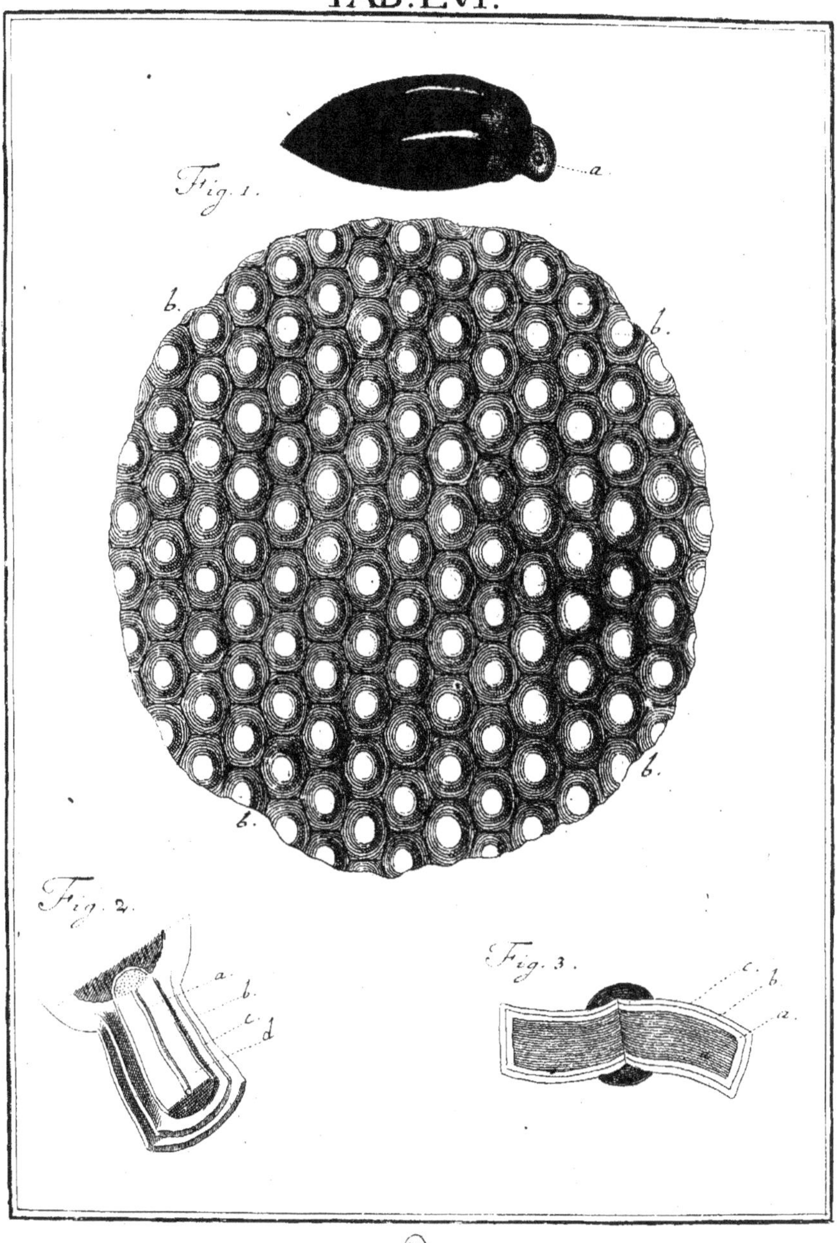
Fig. 1.
a
b.
b.
b.
b.
Fig. 2.
a
b.
c.
d.
Fig. 3.
c.
b.
a.

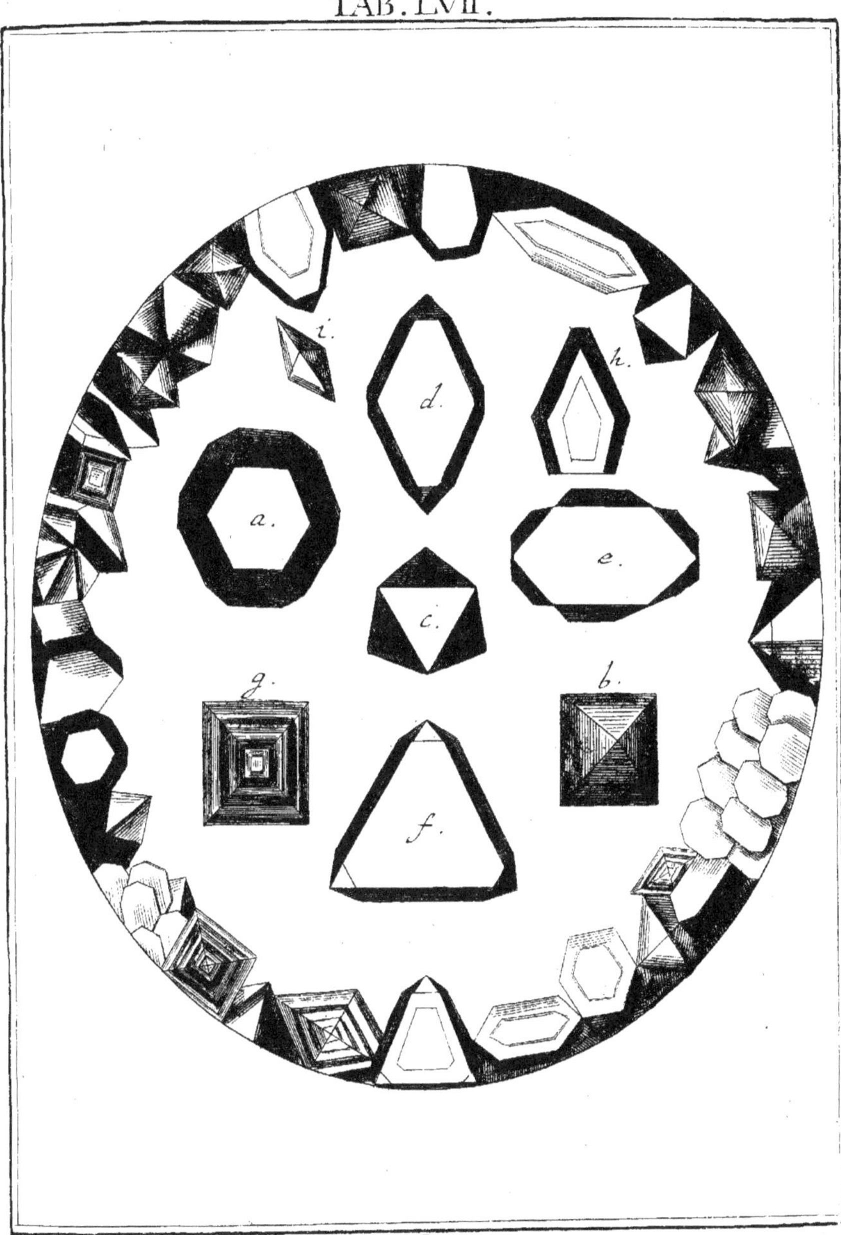

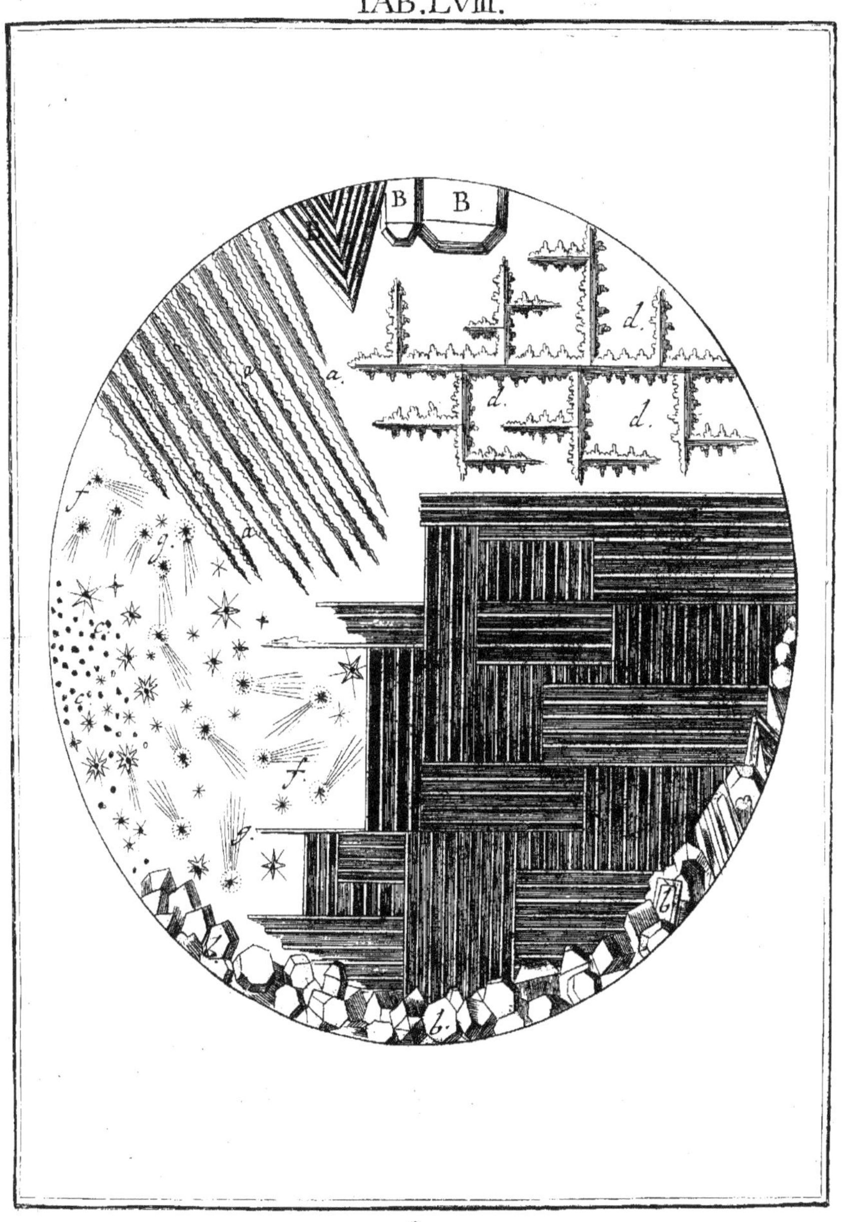

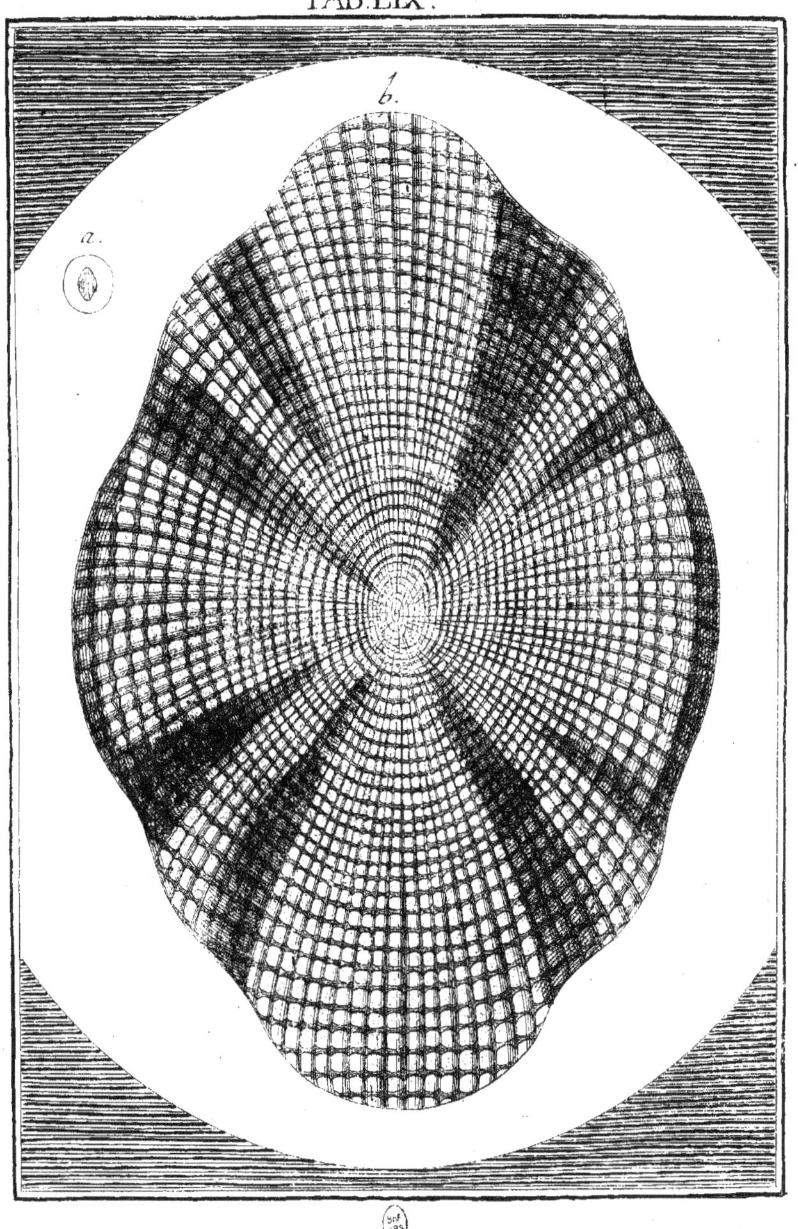

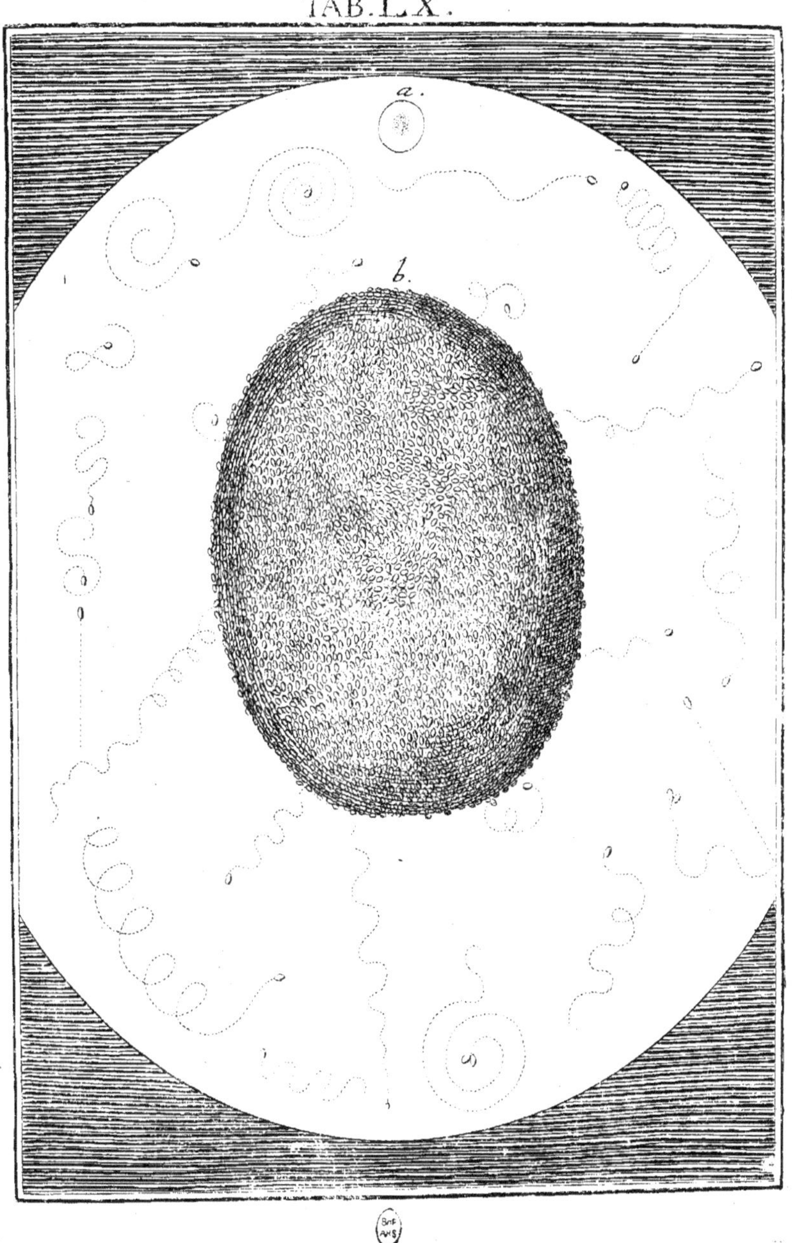

a.
b.

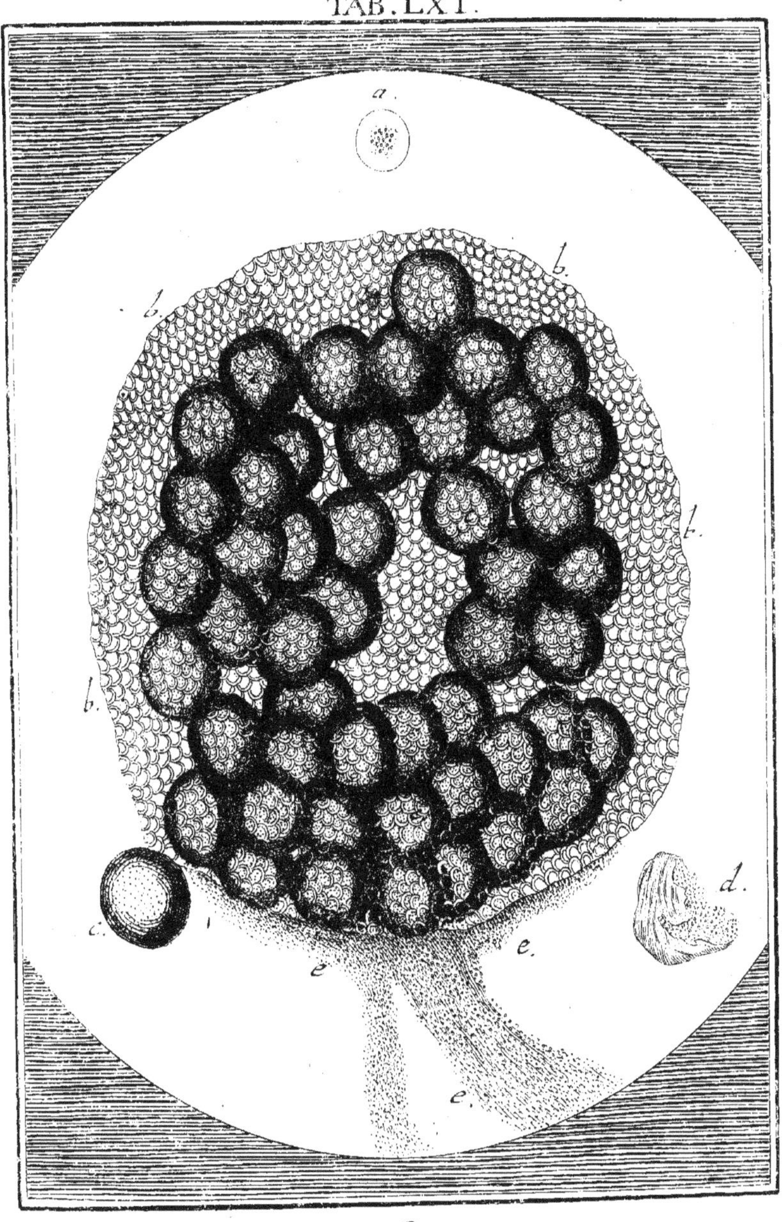

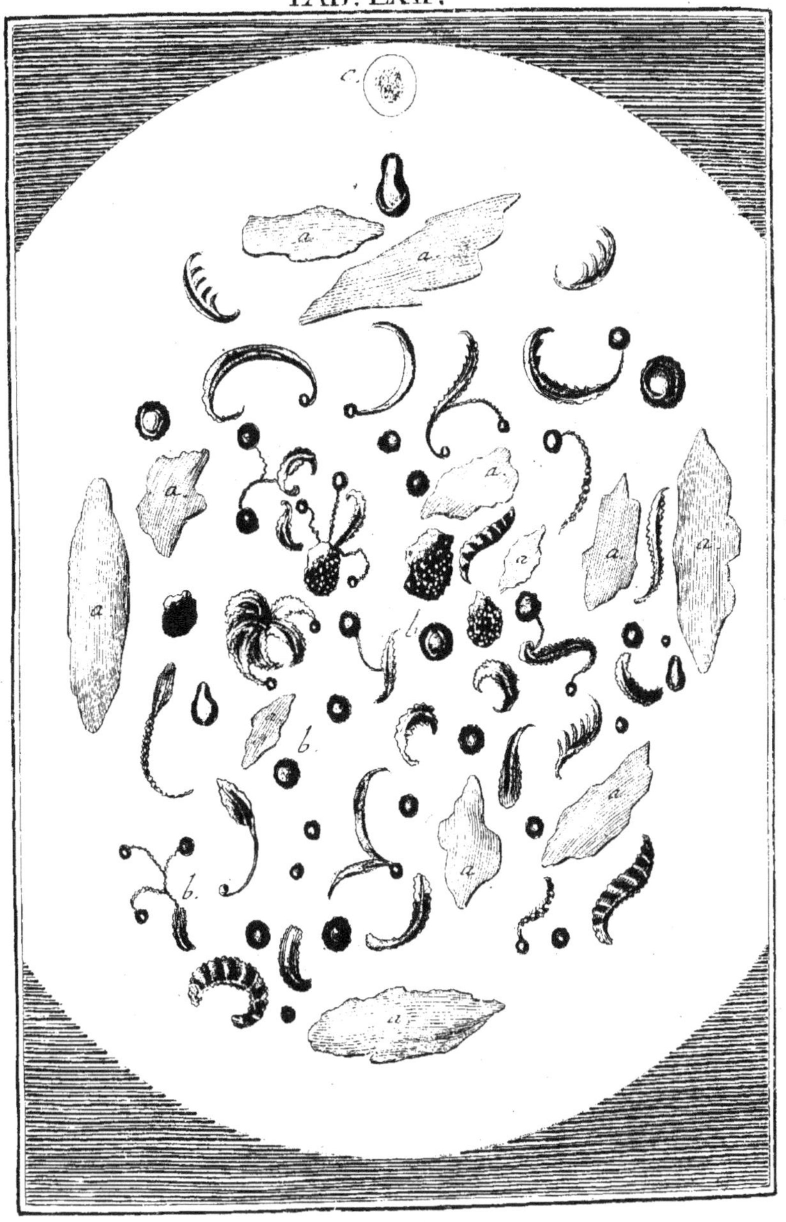

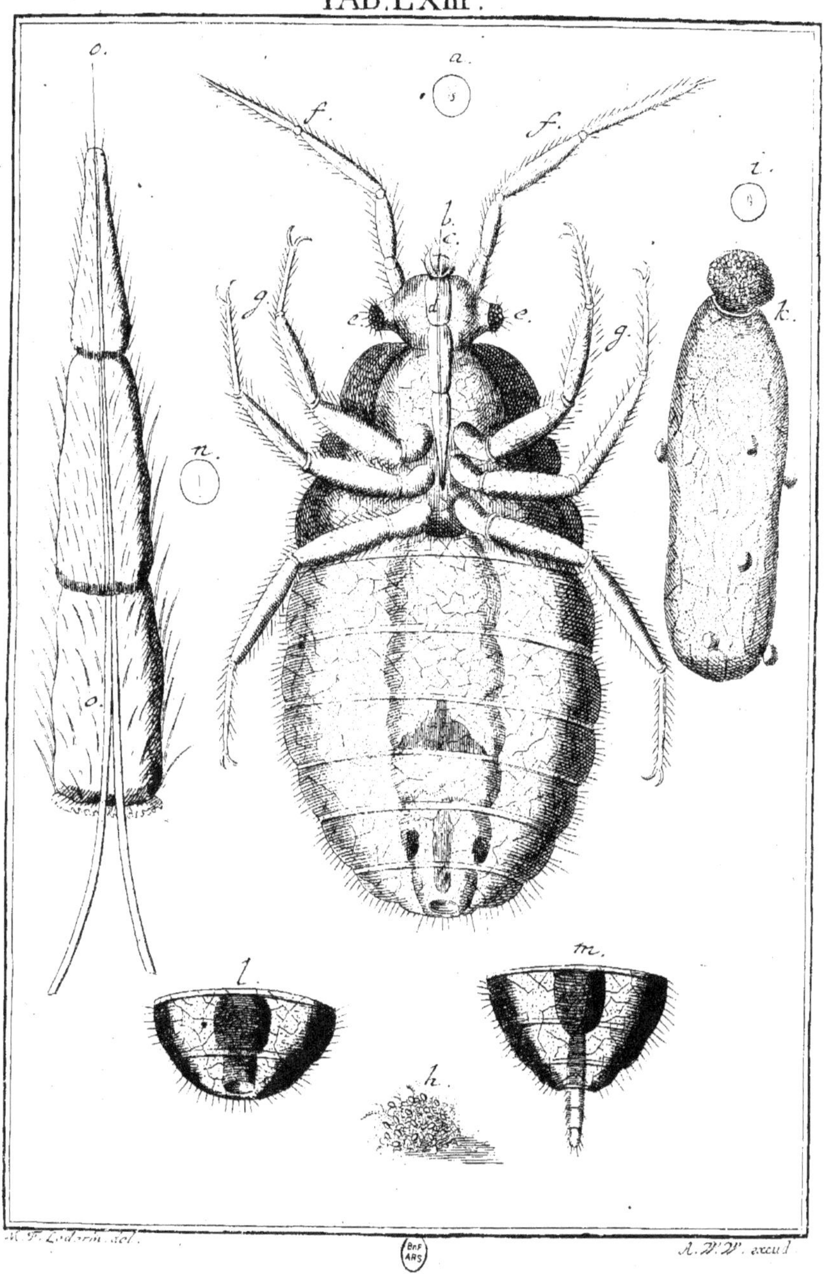

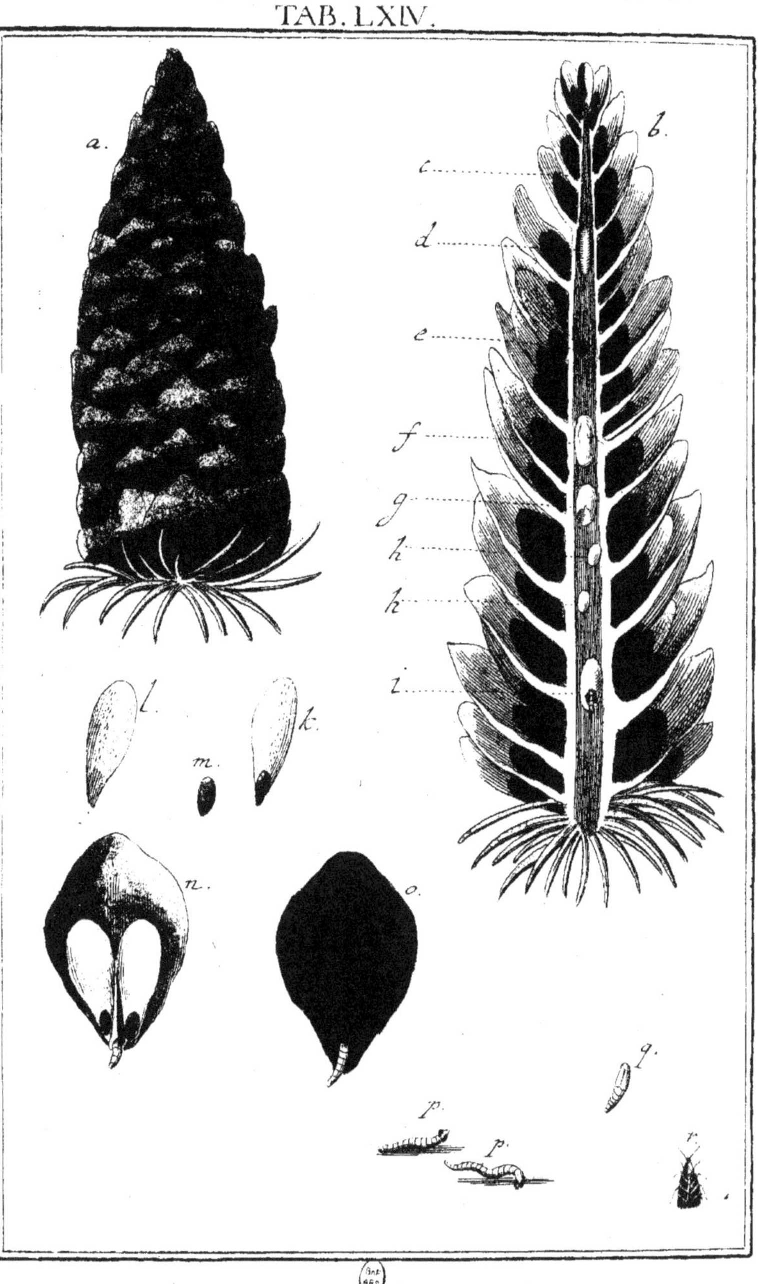
a.
b.
c.
d.
e.
f.
g.
h.
h.
i.
l.
k.
m.
n.
o.
p.
p.
q.
r.

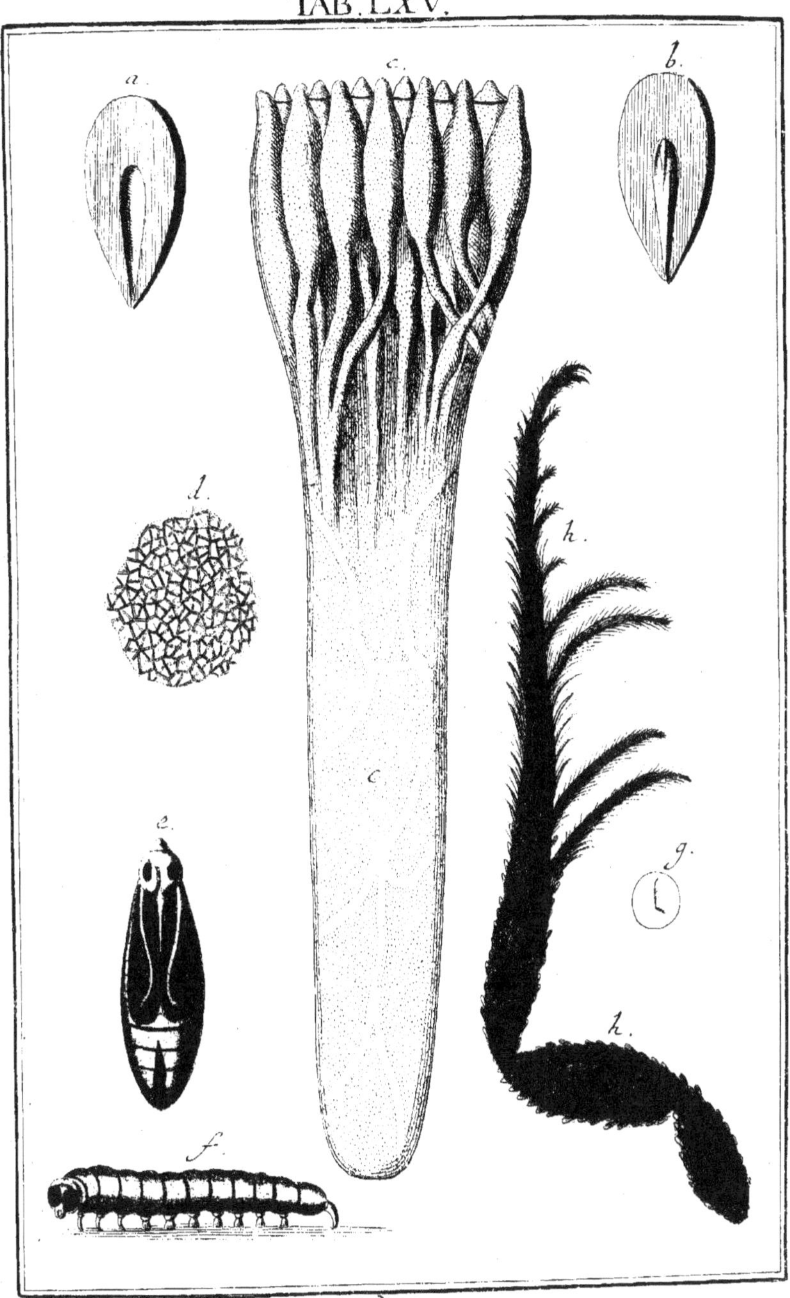
a.
b.
c.
d.
e.
f.
g.
h.
h.

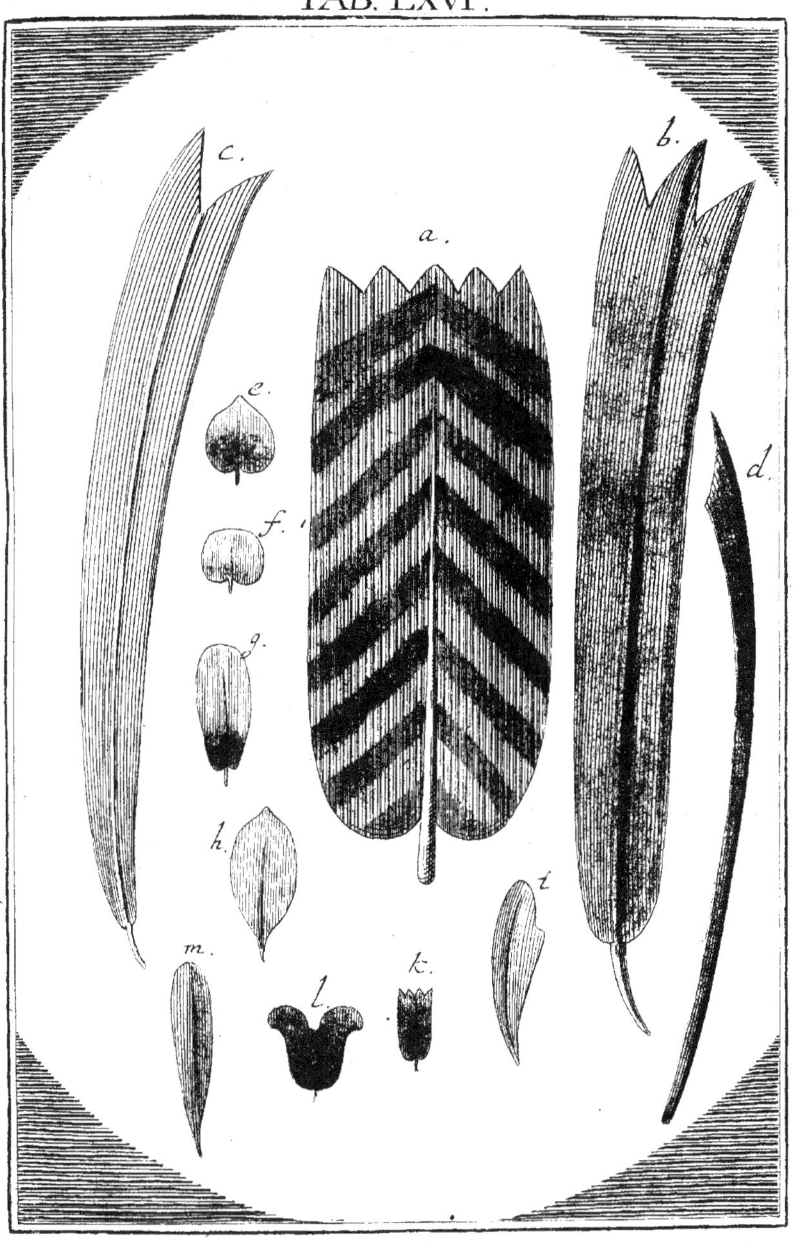

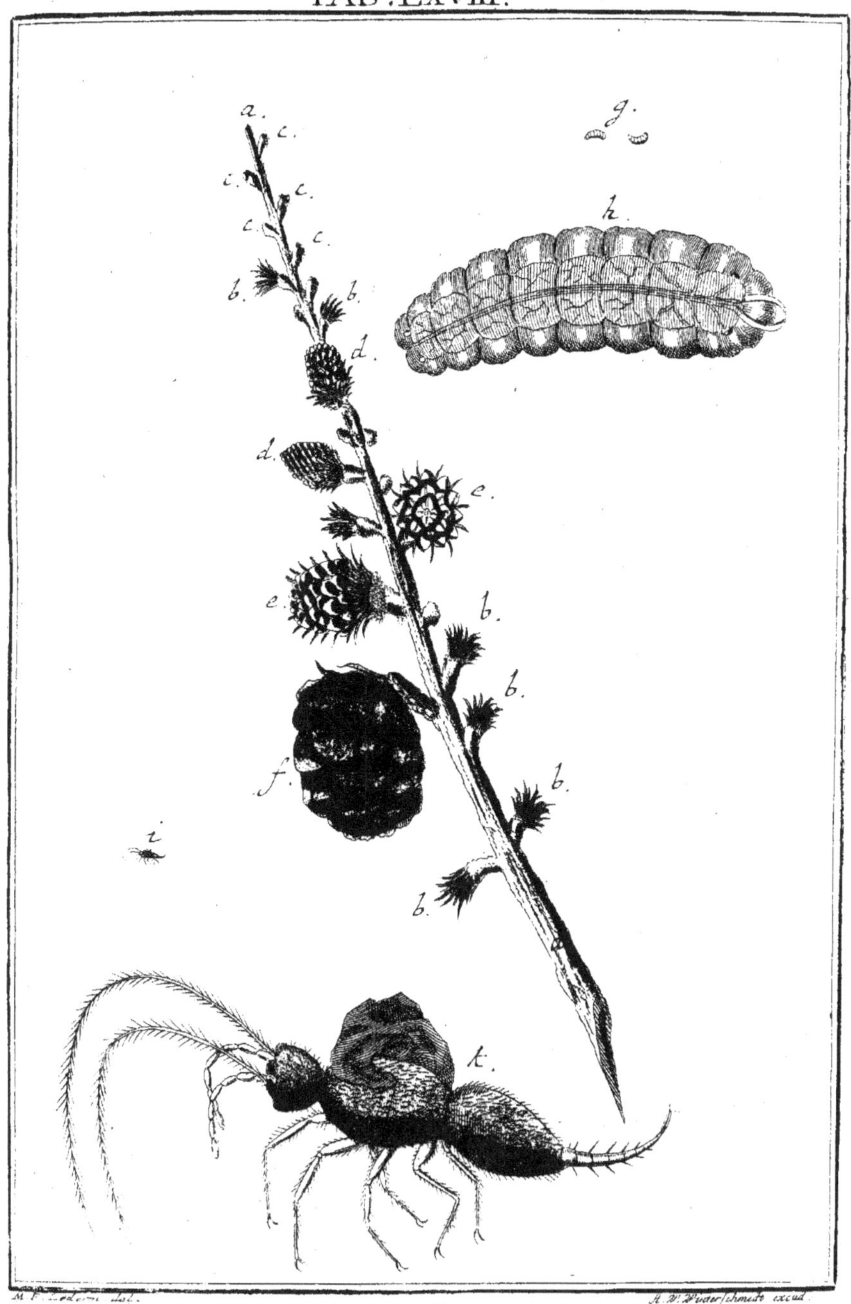

a. c.
c.
c.
c.
c.
b.
b.
d.
d.
e.
e.
b.
b.
b.
f.
i.
b.
g.
h.
k.

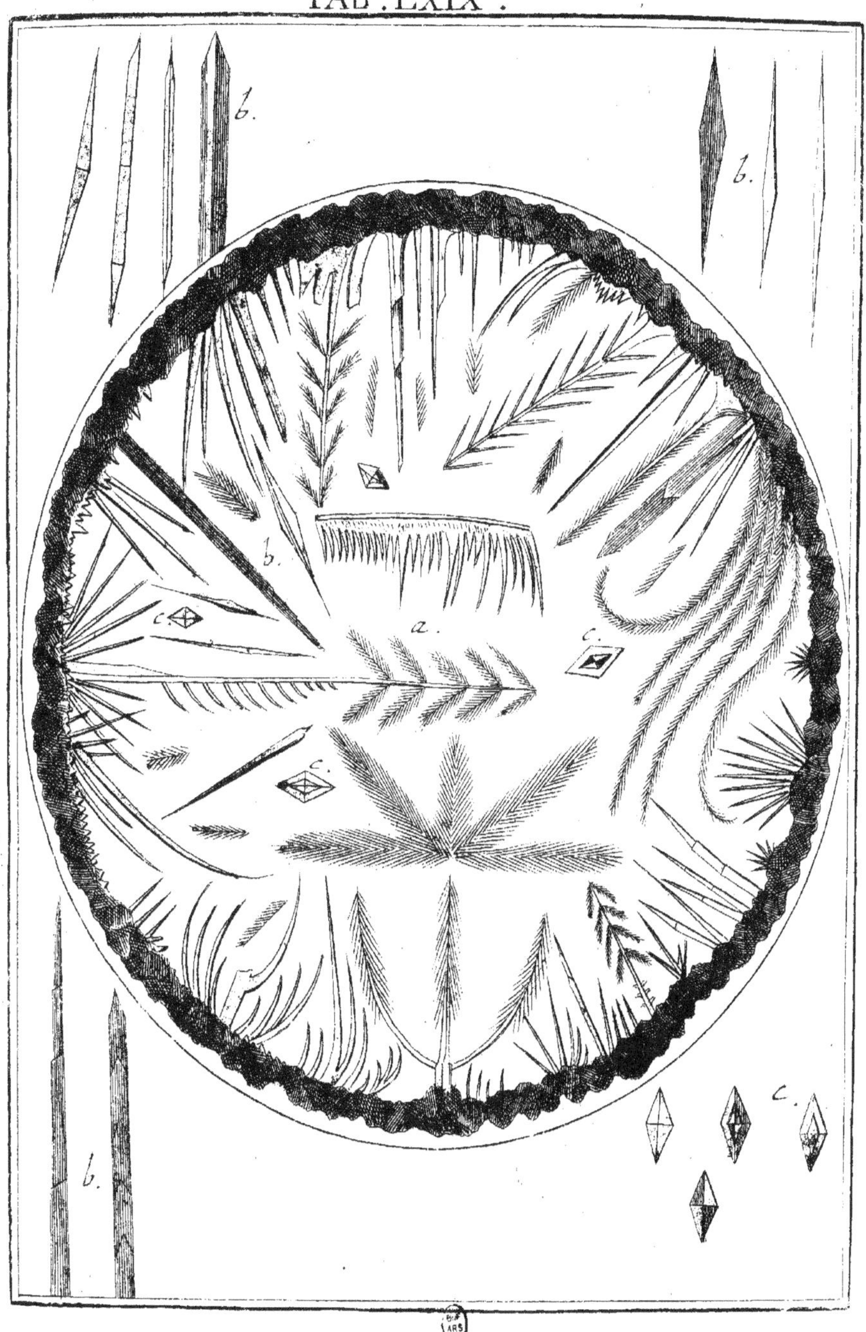

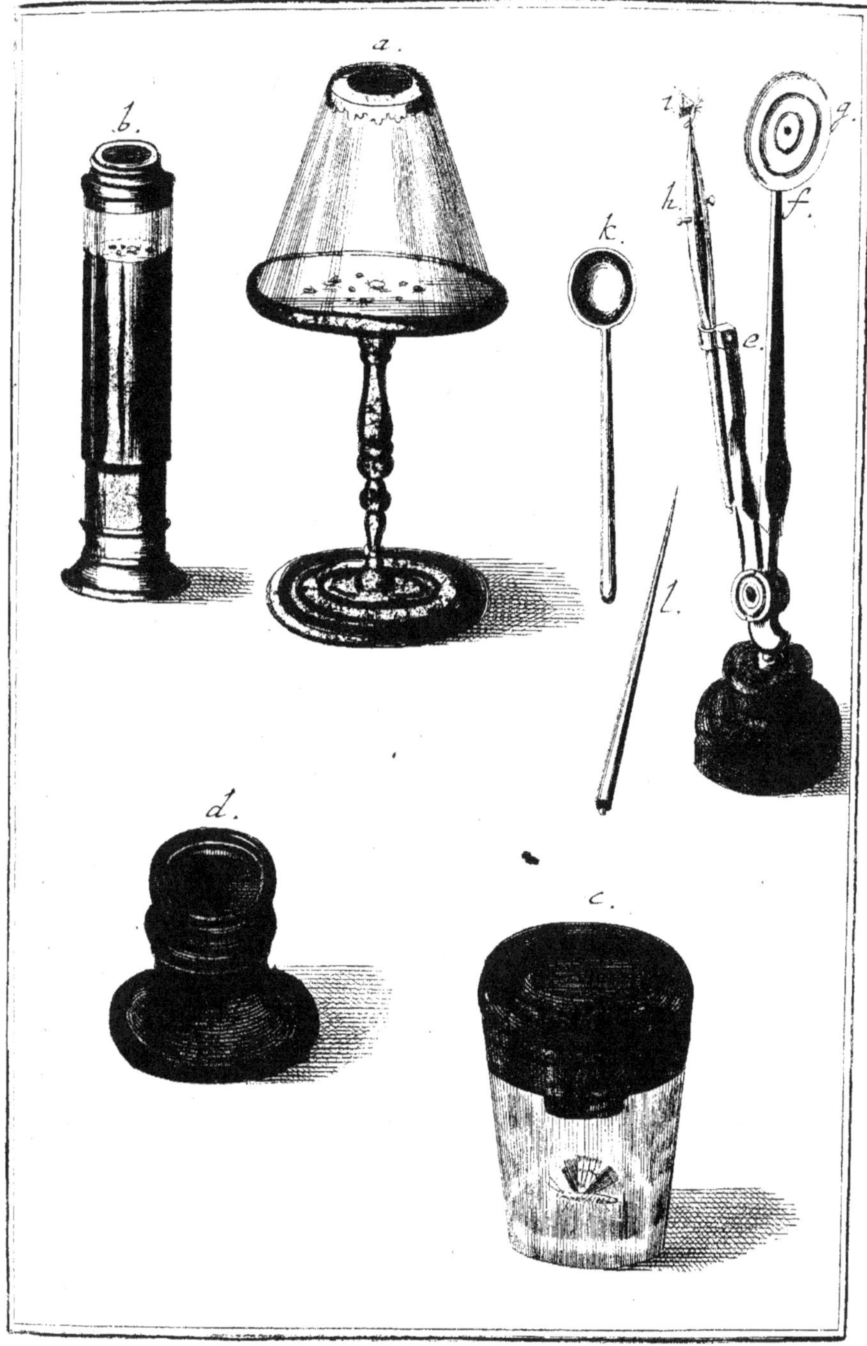

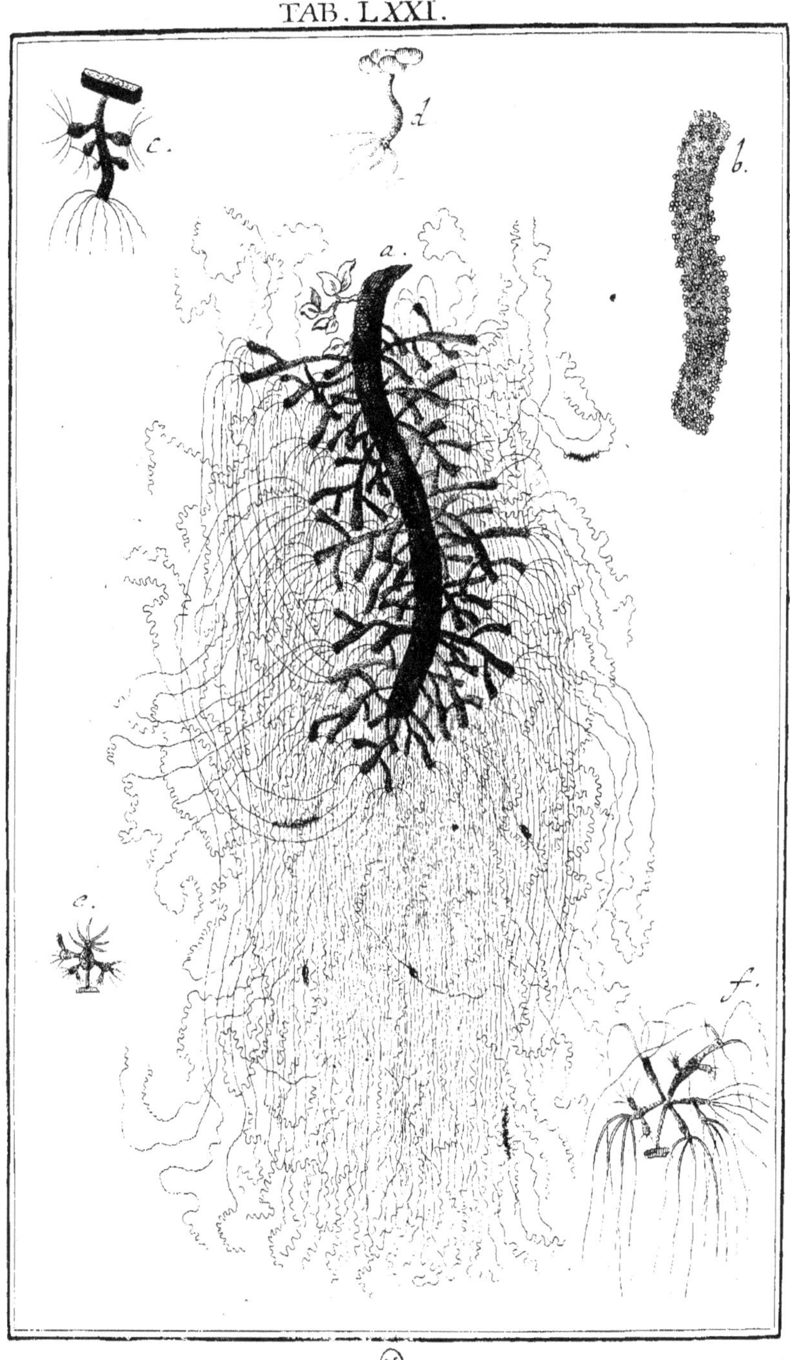
a.
b.
c.
d.
e.
f.

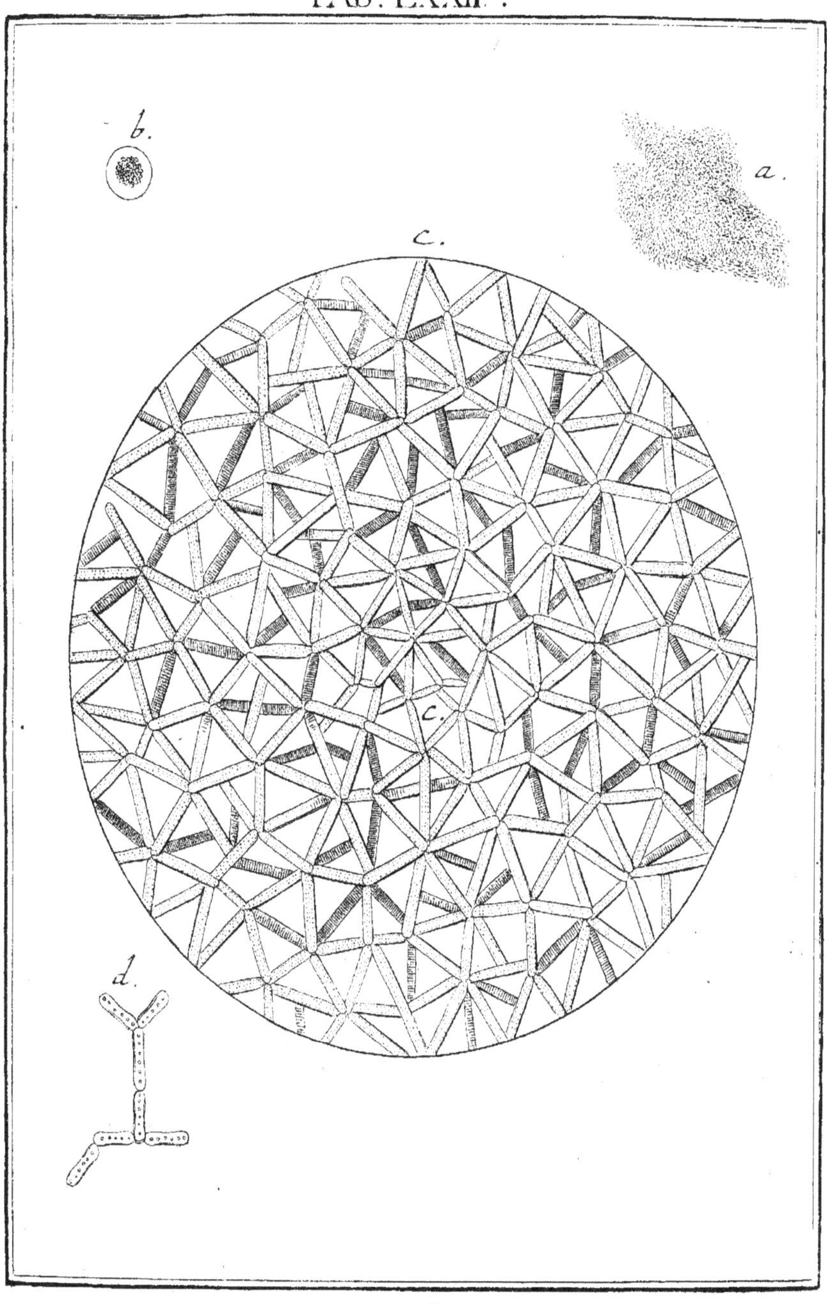
b.
a.
c.
c.
d.

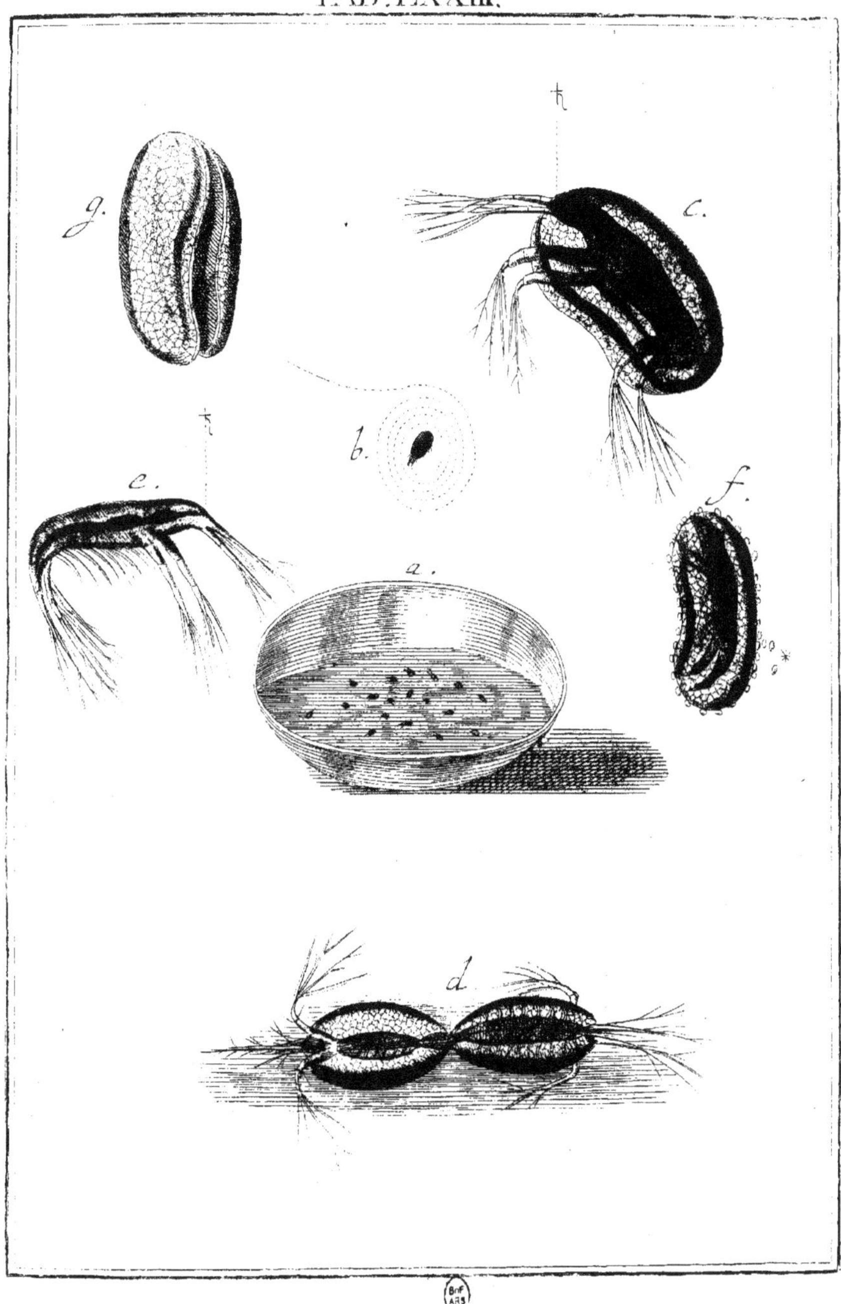

a.
b.
c.

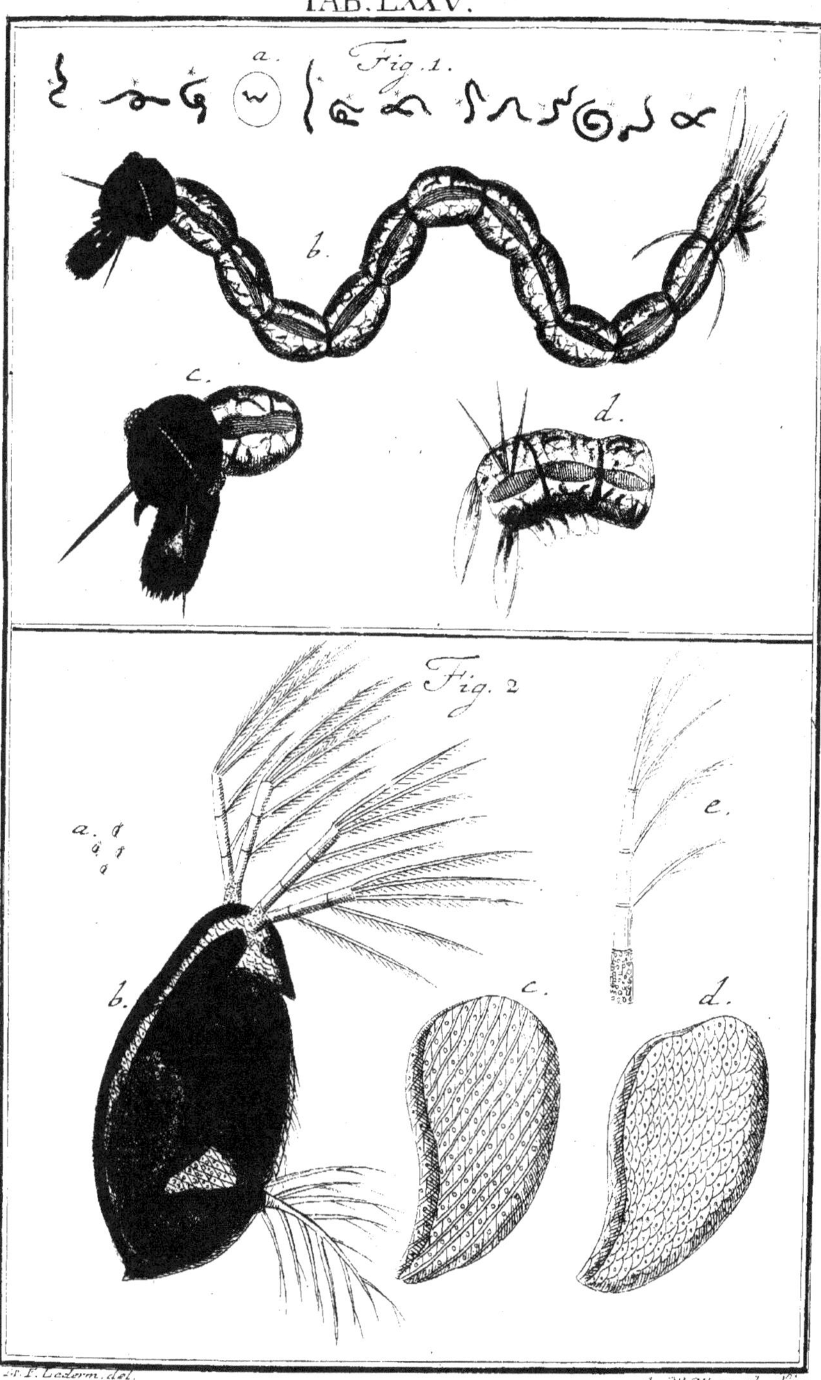

Fig.1.
a.
b.
c.
d.
Fig. 2
a.
b.
c.
d.
e.

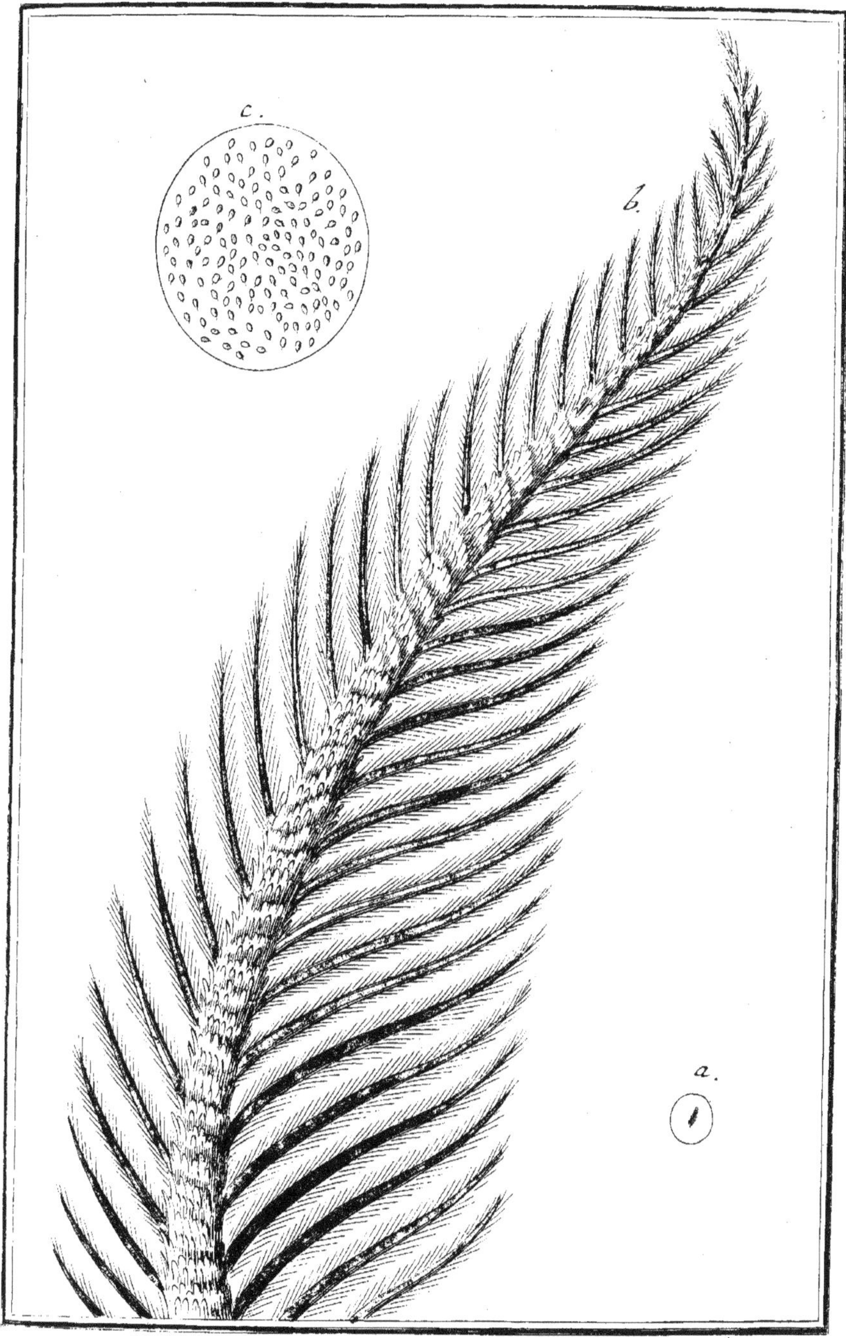
c.
b.
a.

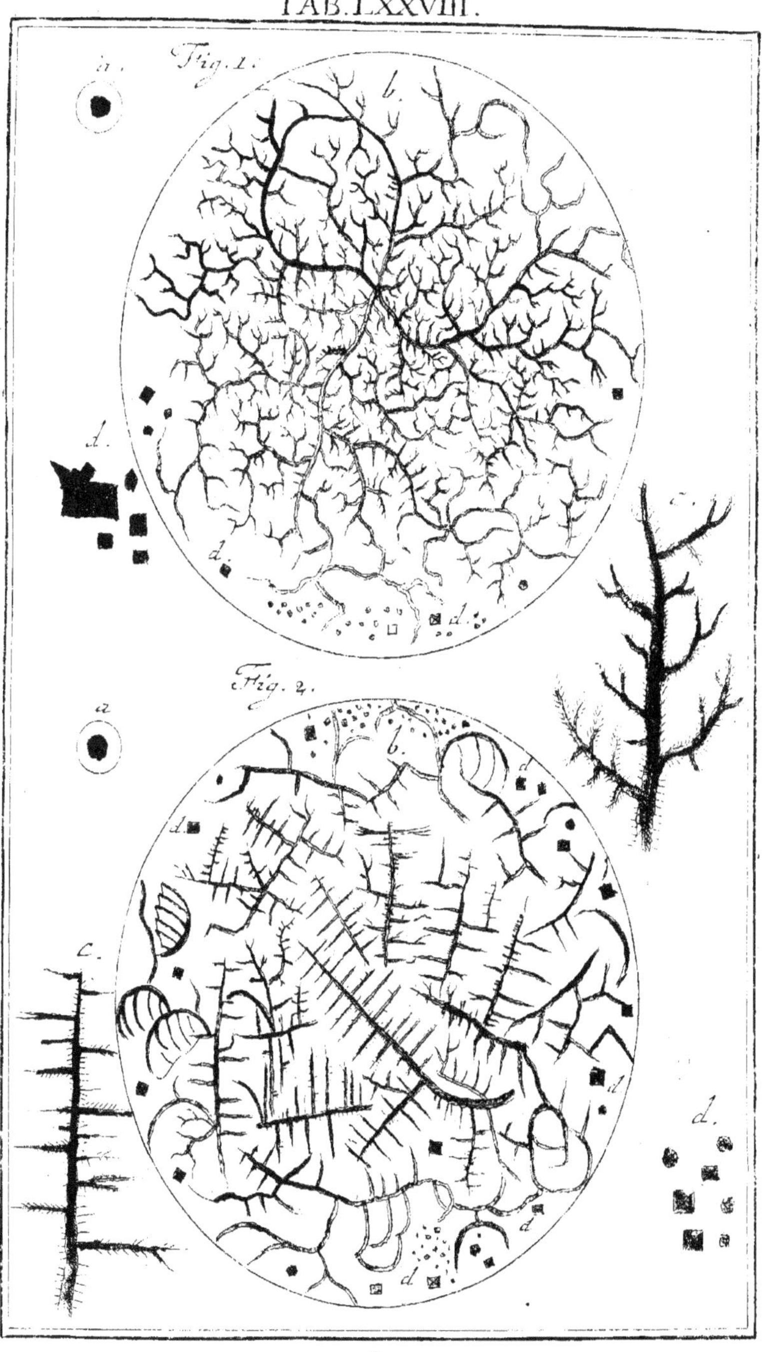
Fig.1.
a.
b.
c.
d.
Fig.2.
a.
b.
c.
d.

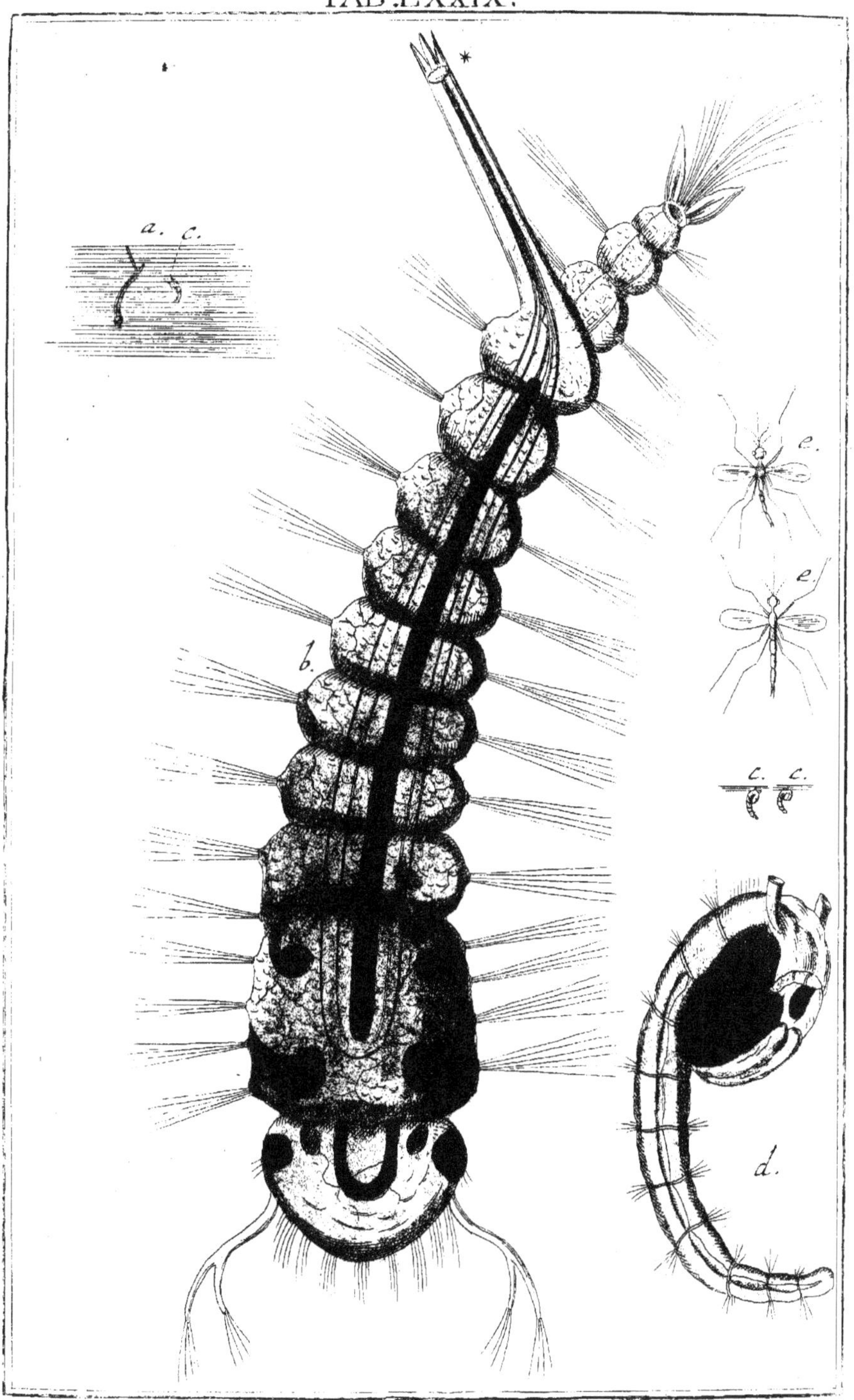
a. c.
b.
e.
e.
c. c.
d.

TAB. LXXX.
b.
c.
d.
k.
g.
m.
f.
e.
m.
a.
l.
a.
n.
o.
h.
i.

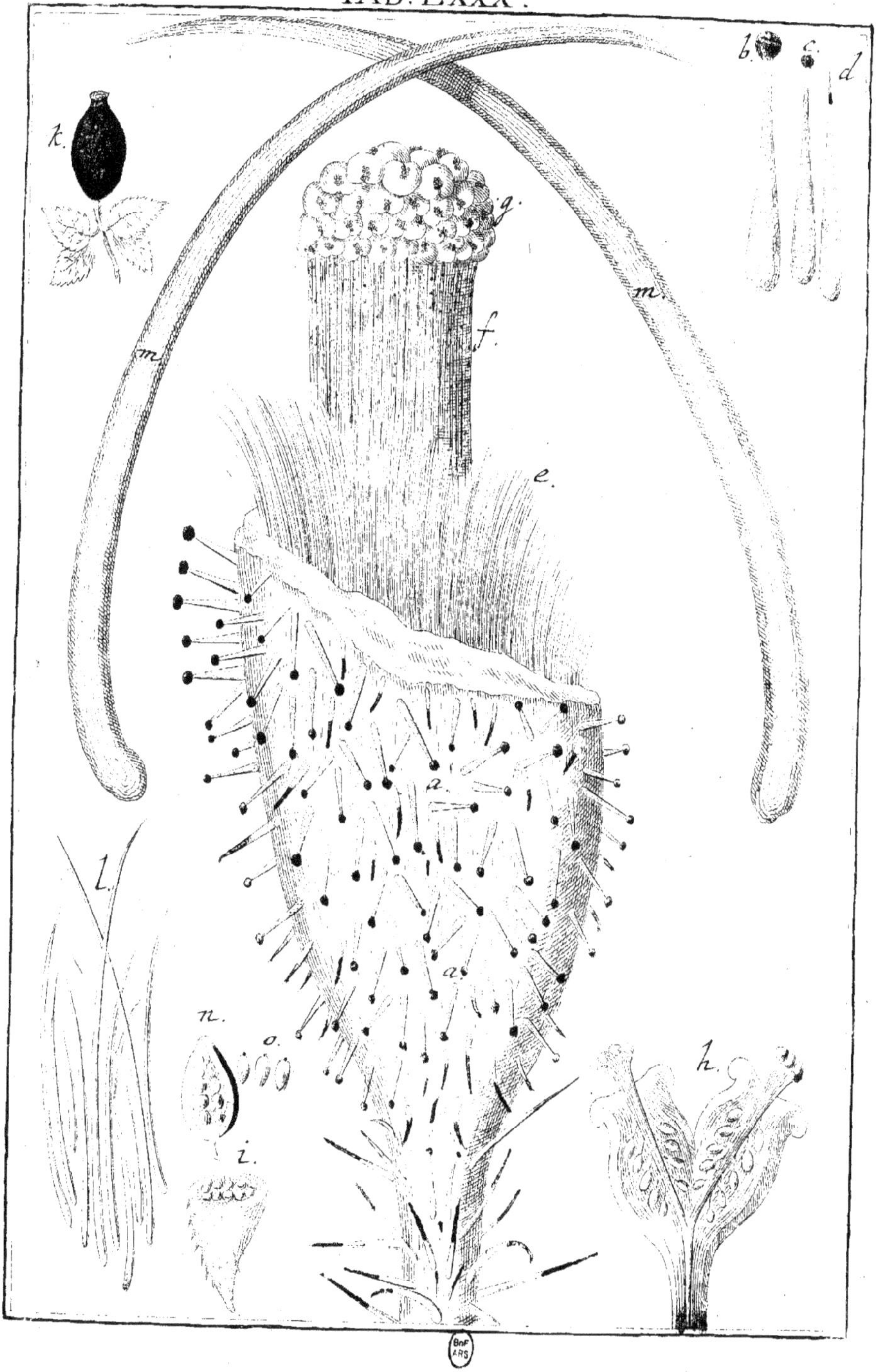

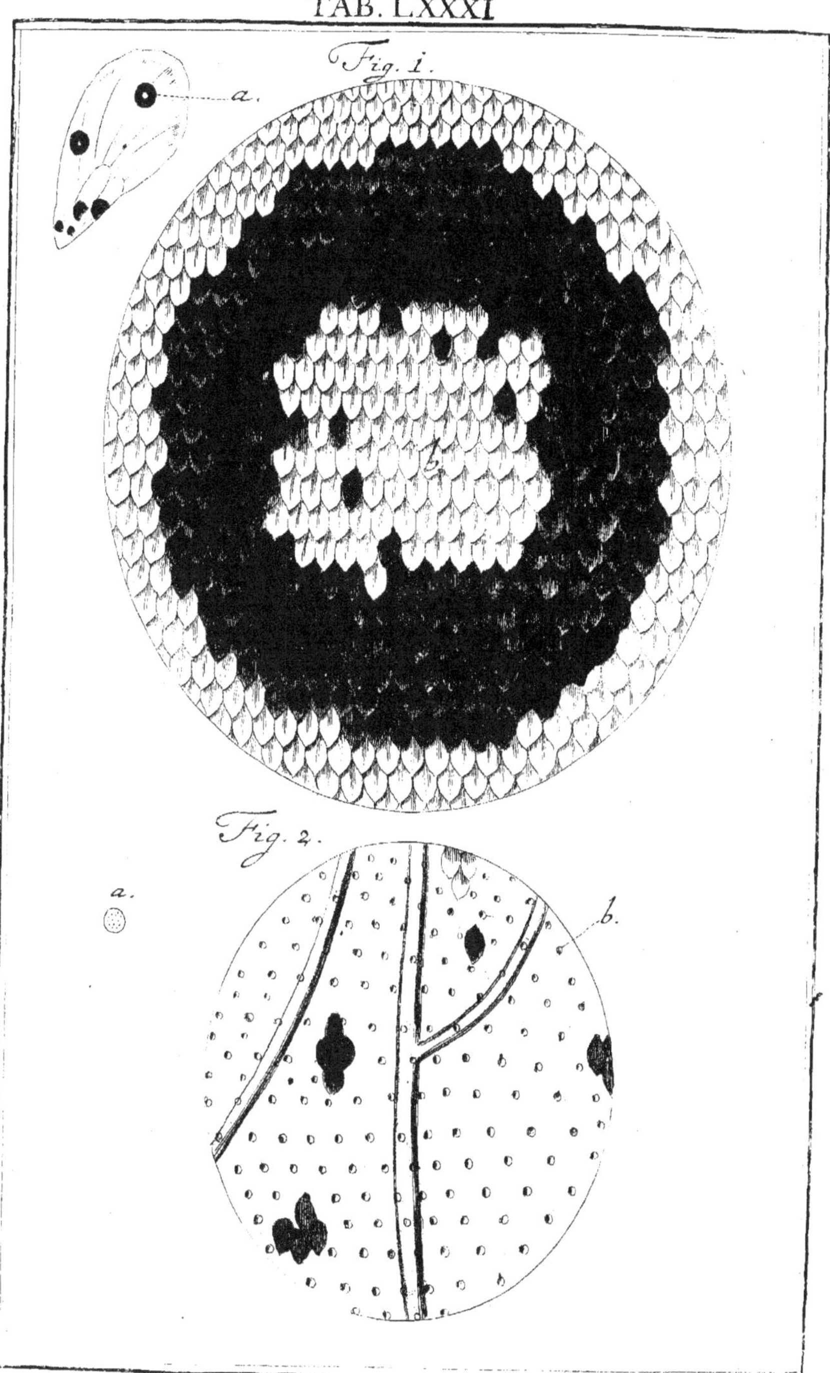
Fig. 1.
a.
Fig. 2.
a.
b.

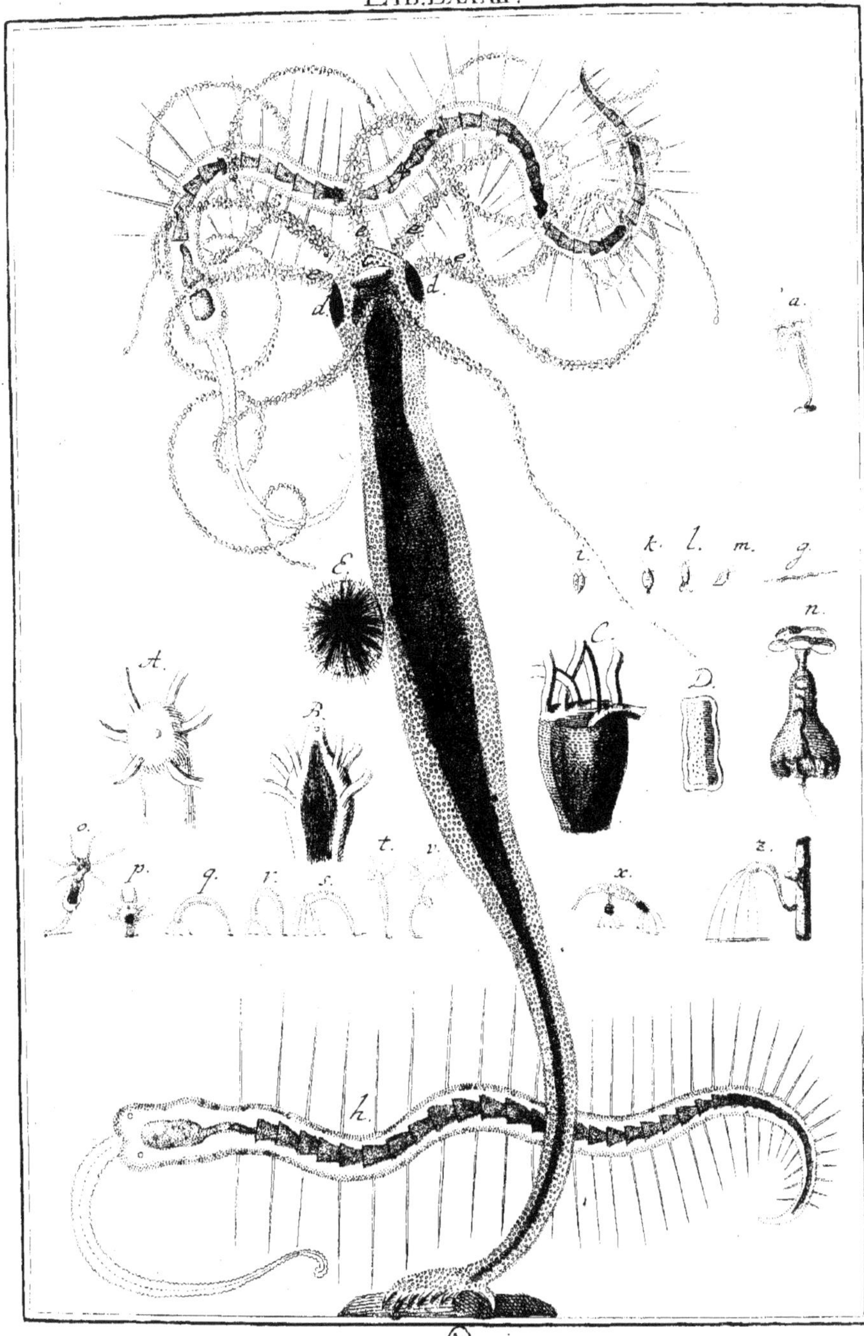

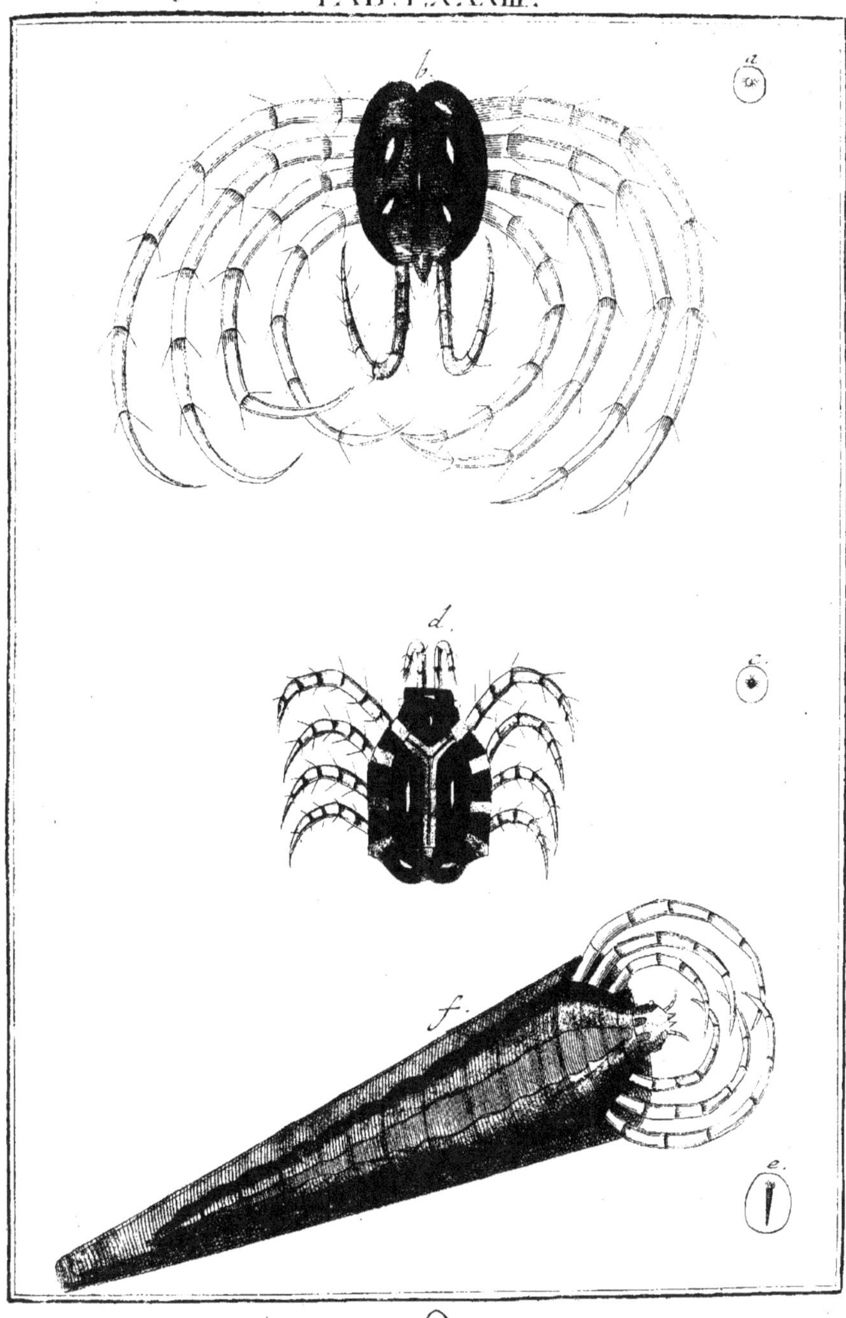
b.
a.
d.
c.
f.
e.

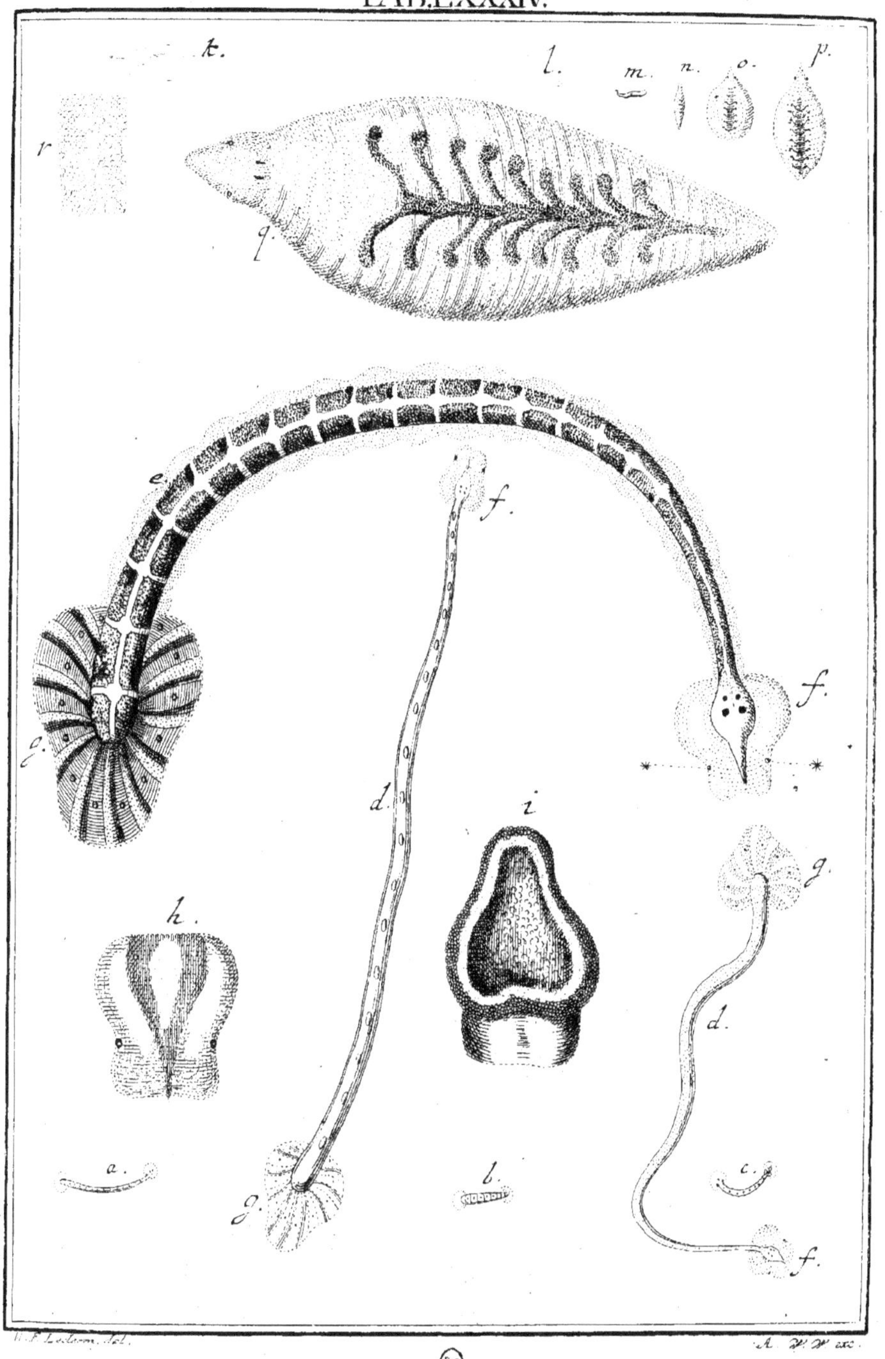
k.
l. m. n. o. p.
r.
q.
e.
f.
f.
g.
h.
d.
i.
g.
d.
a.
g.
b.
c.
f.
W. P. Ledrom del.
A. W. W. exc.

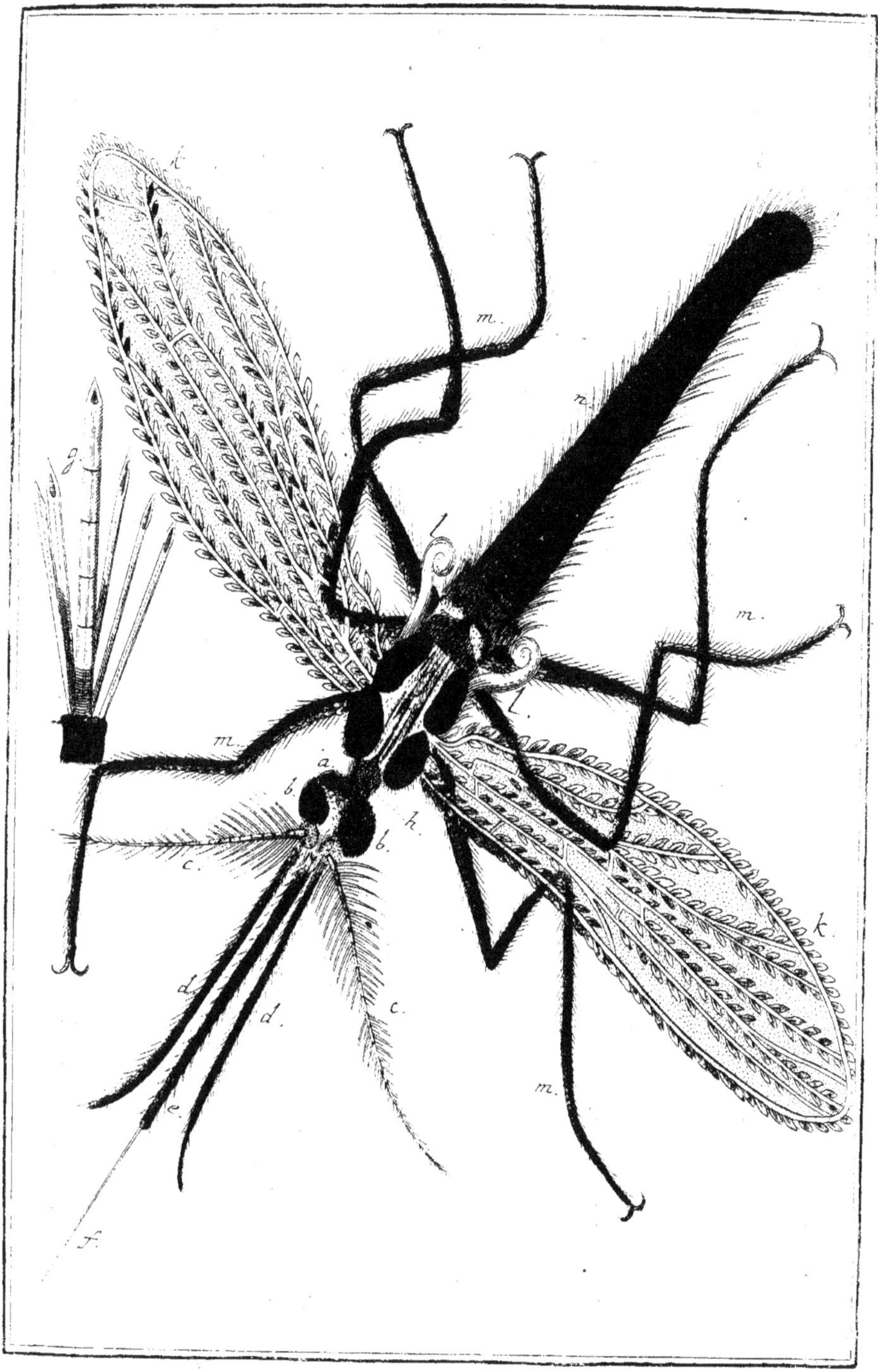

a.
b.
c.
d.
e.
f.
g.

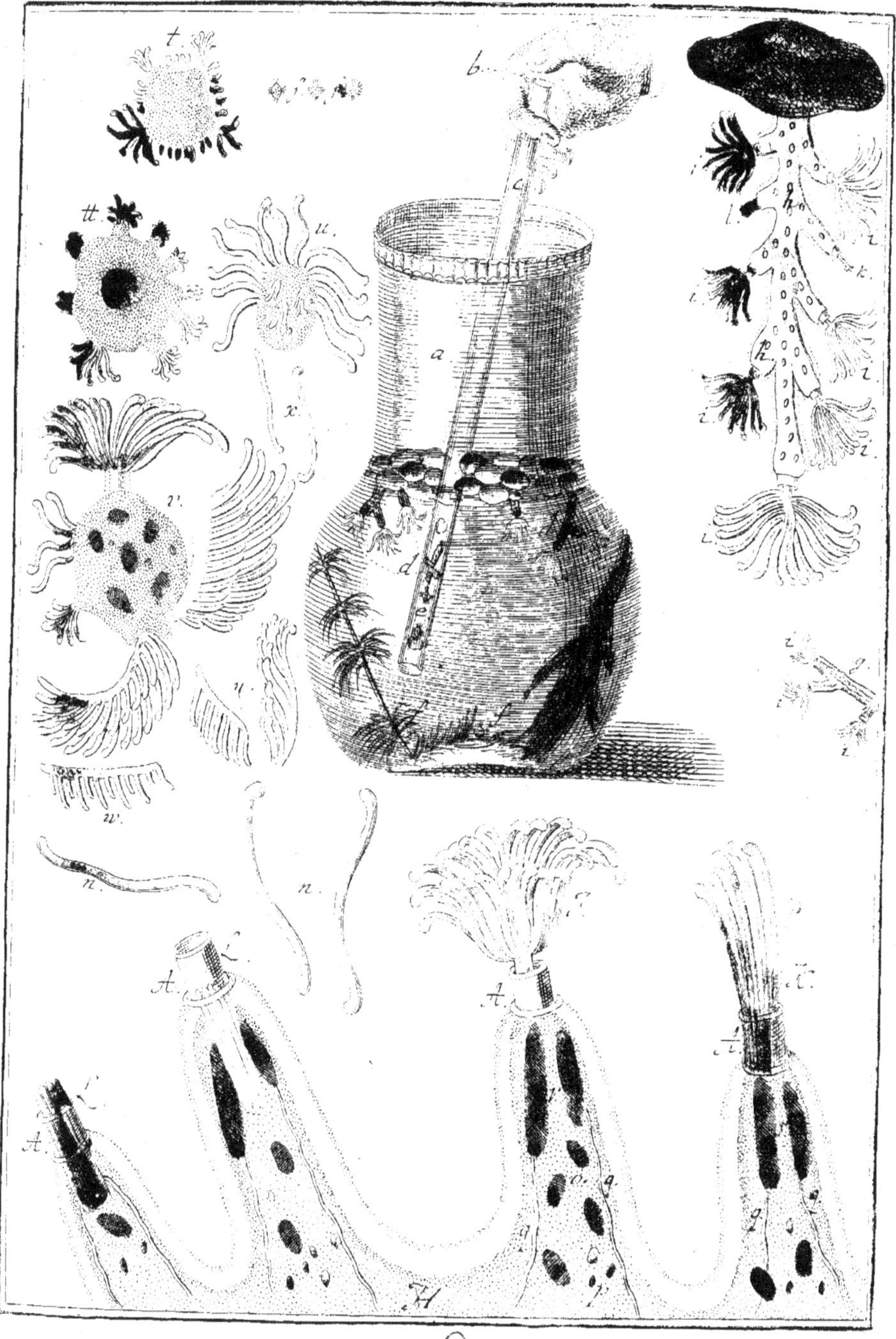

a.
b.
b.
b.
b.
b.
b.
b.
b.
b.
b.
b.
b.
b.
d.
c.

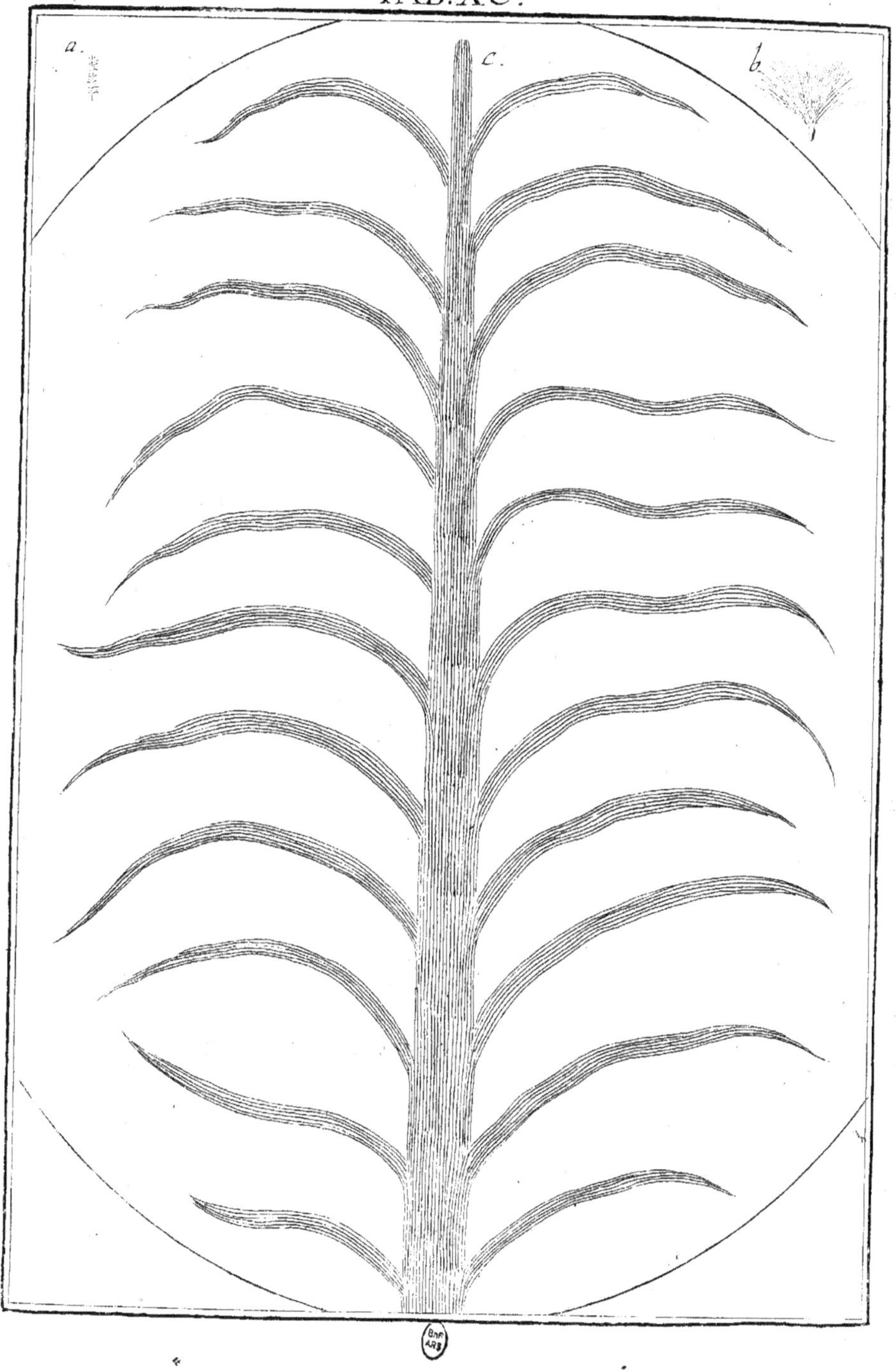
a.
c.
b.

a
d.
c.
d.
c.
d.
c.
b.
c.
c.
c.
c.
d.
c.
c.
c.
d.
d.
d.
d.
e.

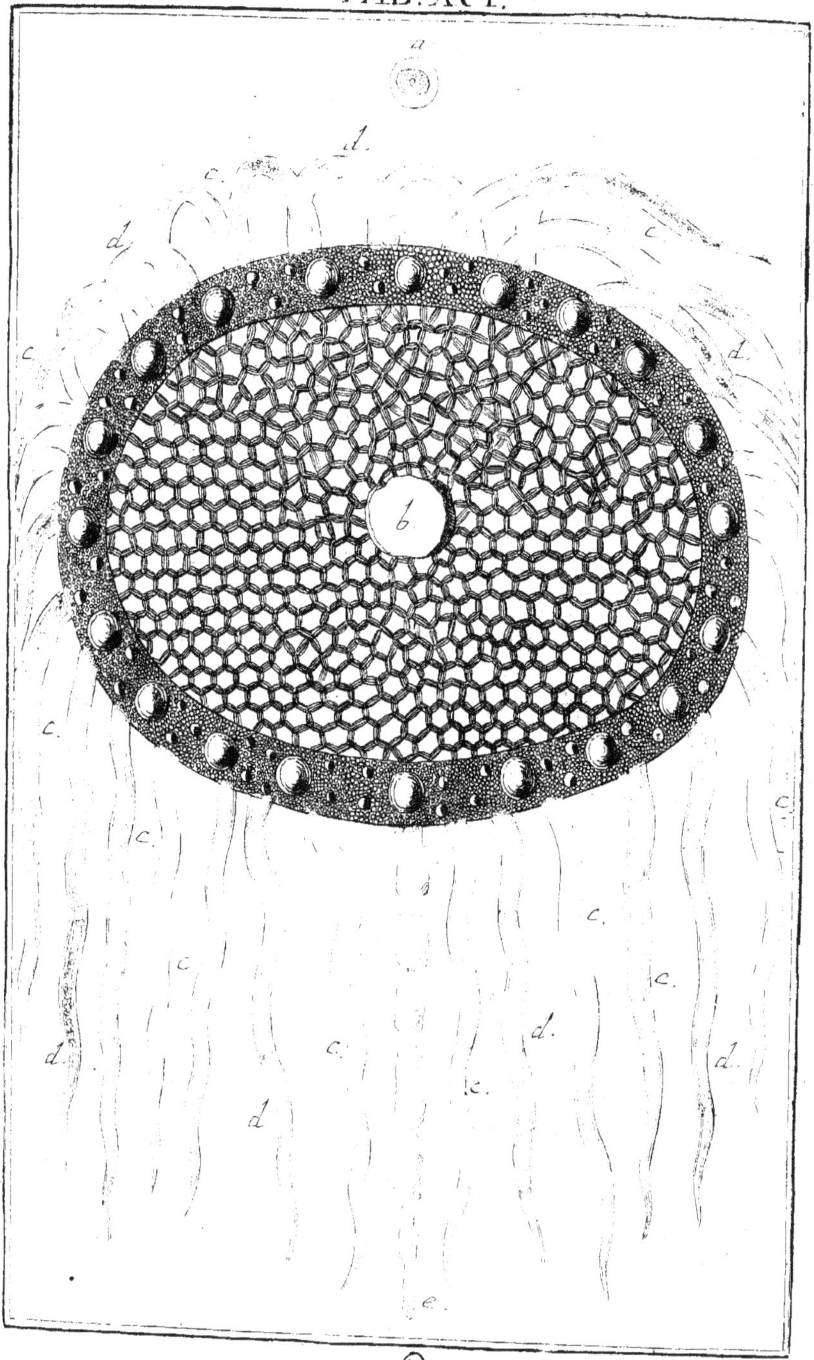

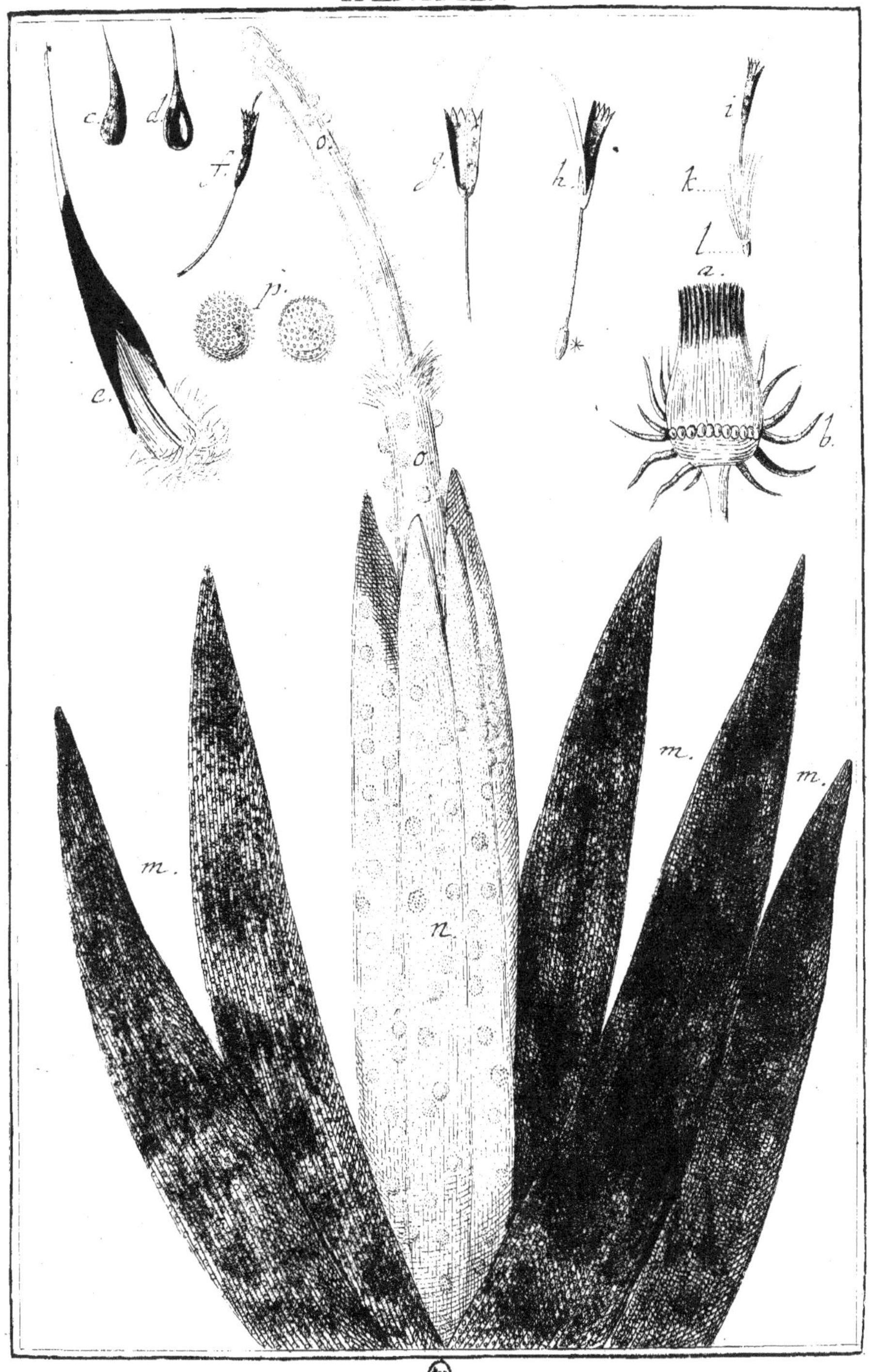

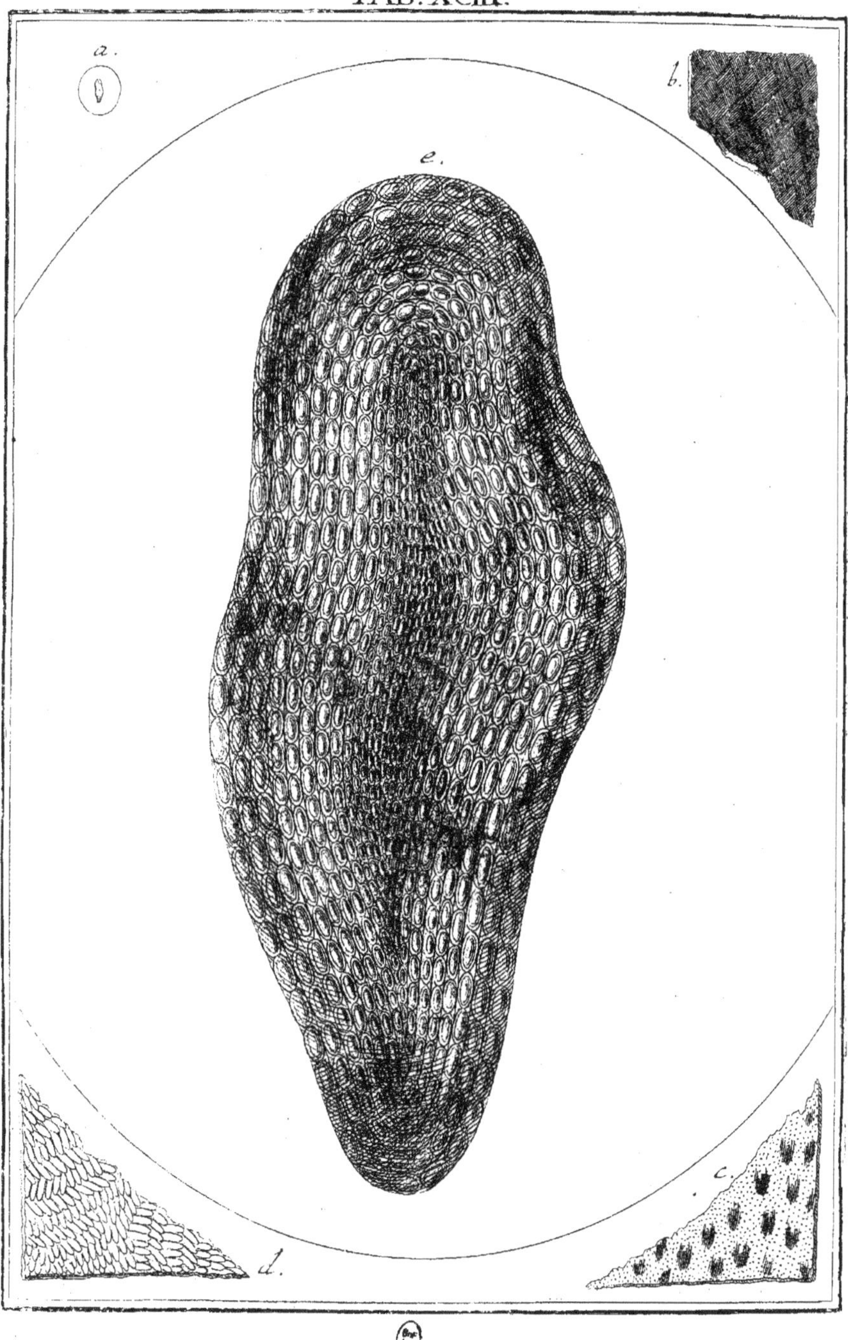
a.
b.
e.
c.
d.

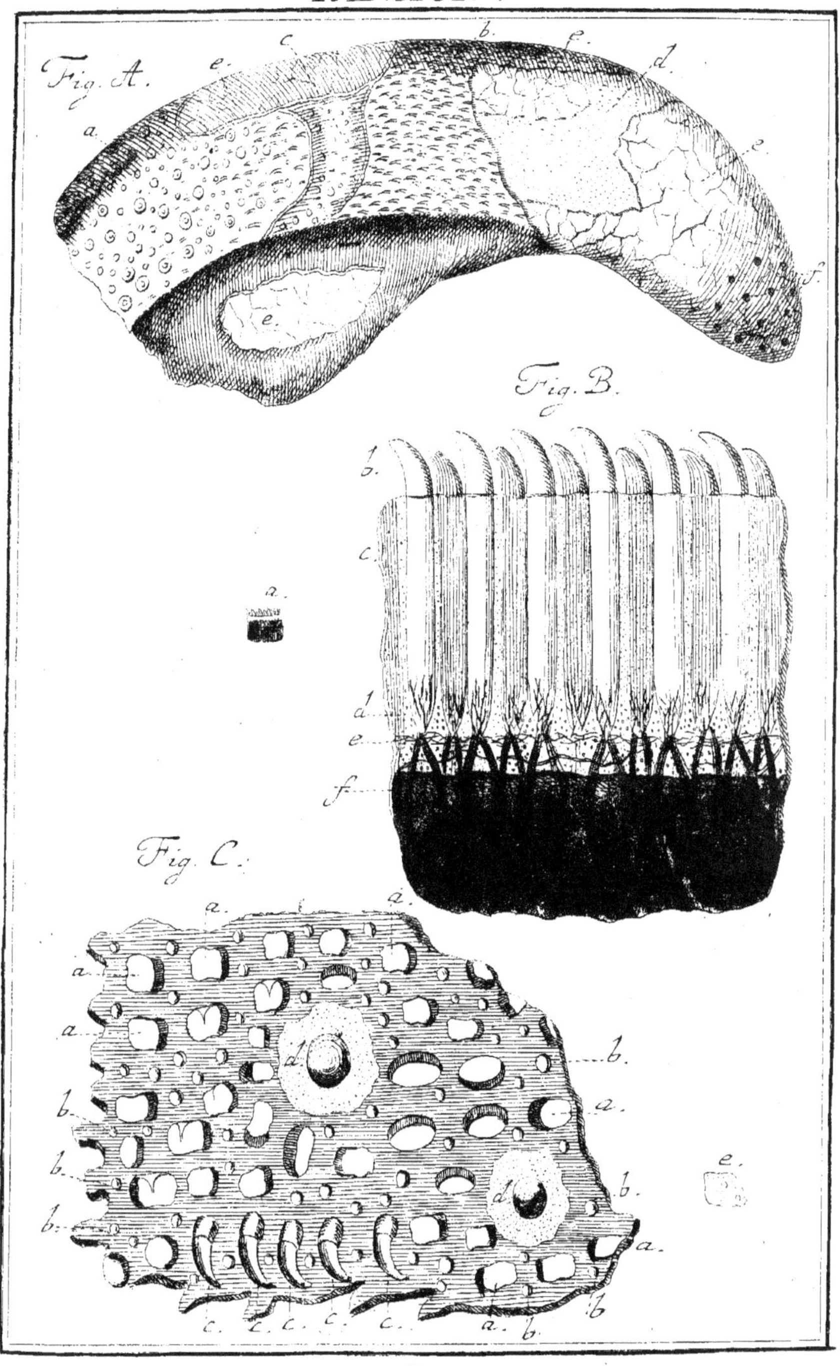
Fig. A.
Fig. B.
Fig. C.

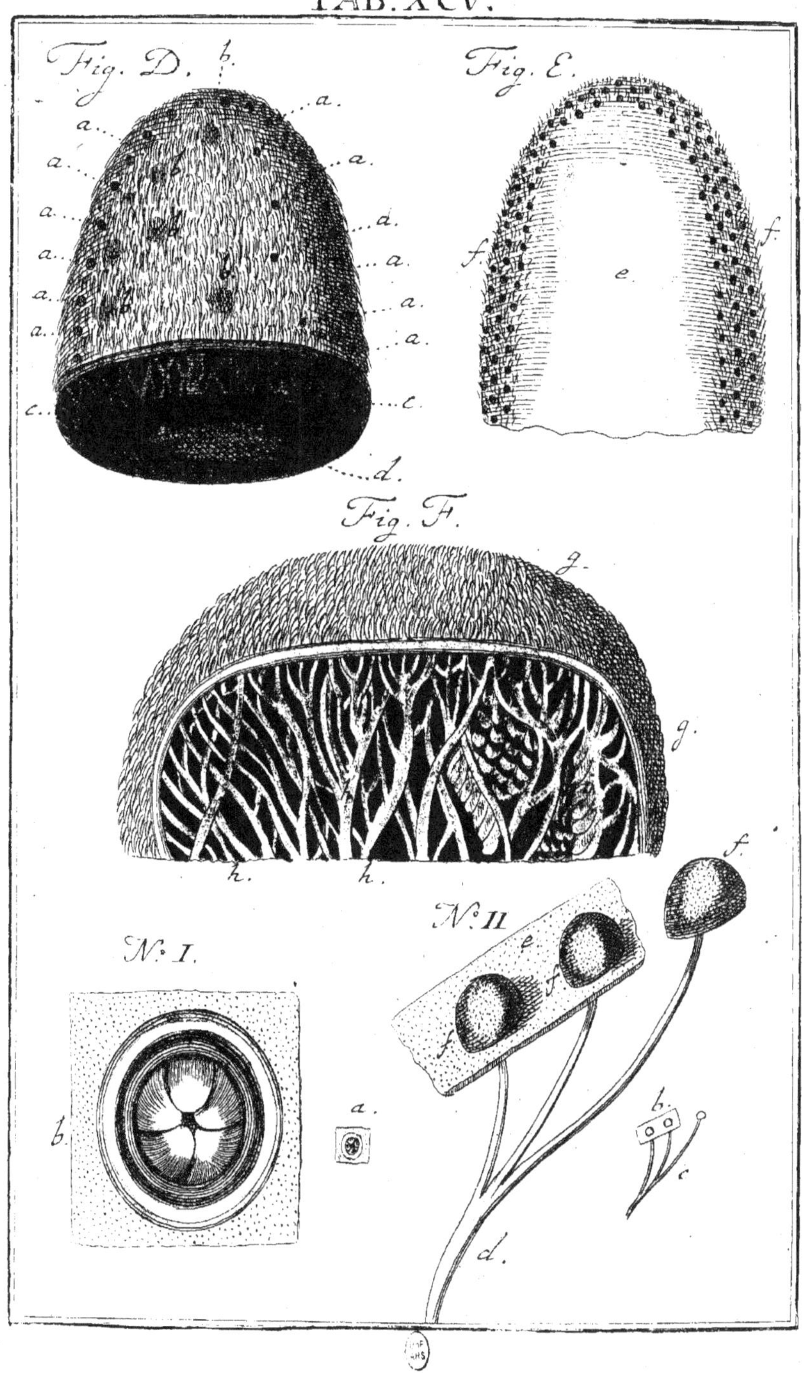

Fig. D.
Fig. E.
Fig. F.
N. I.
N. II.

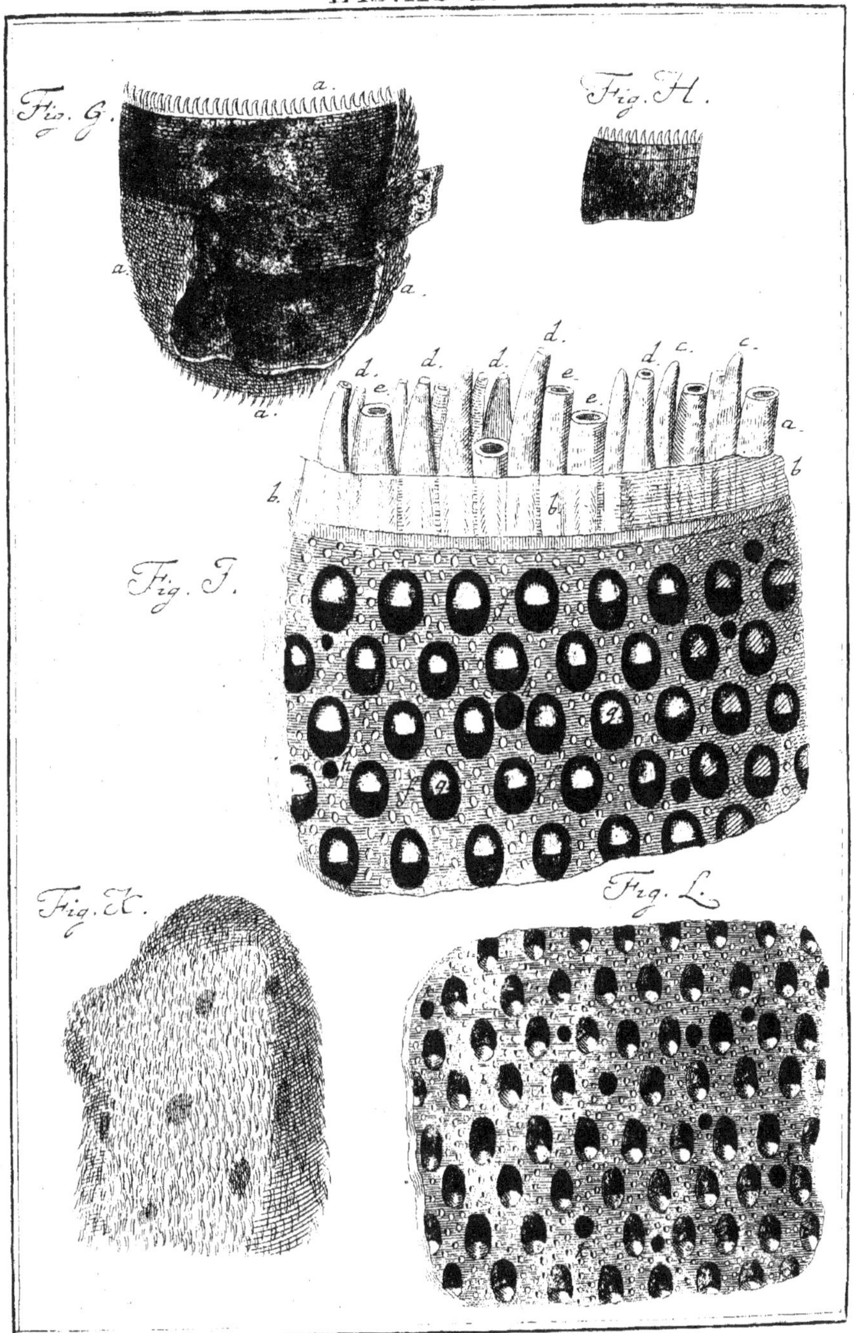
Fig. G.
a
a
a
a
Fig. H.
d
d
d
d
e
e
e
c
c
d
e
a
b
b
b
Fig. I.
Fig. K.
Fig. L.

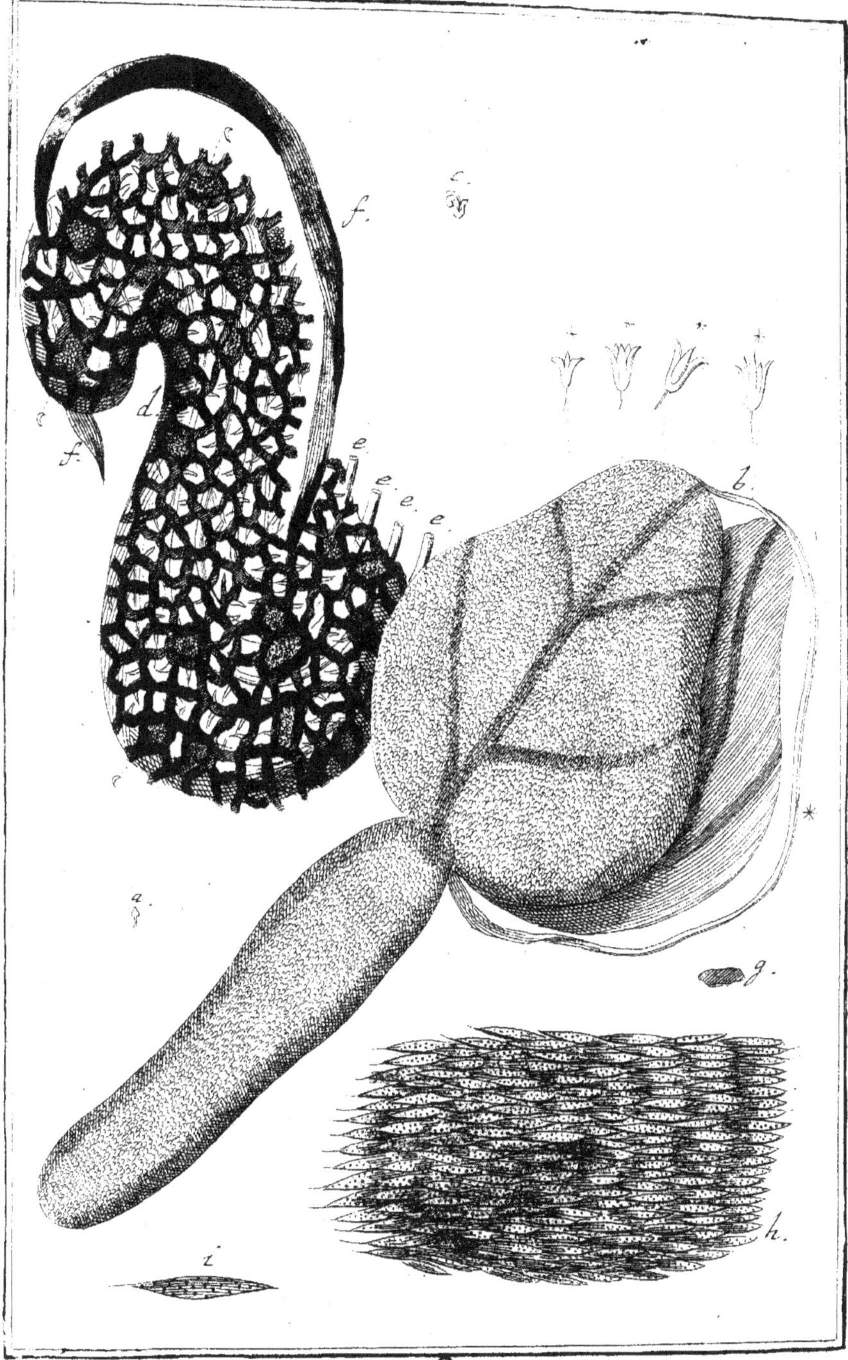

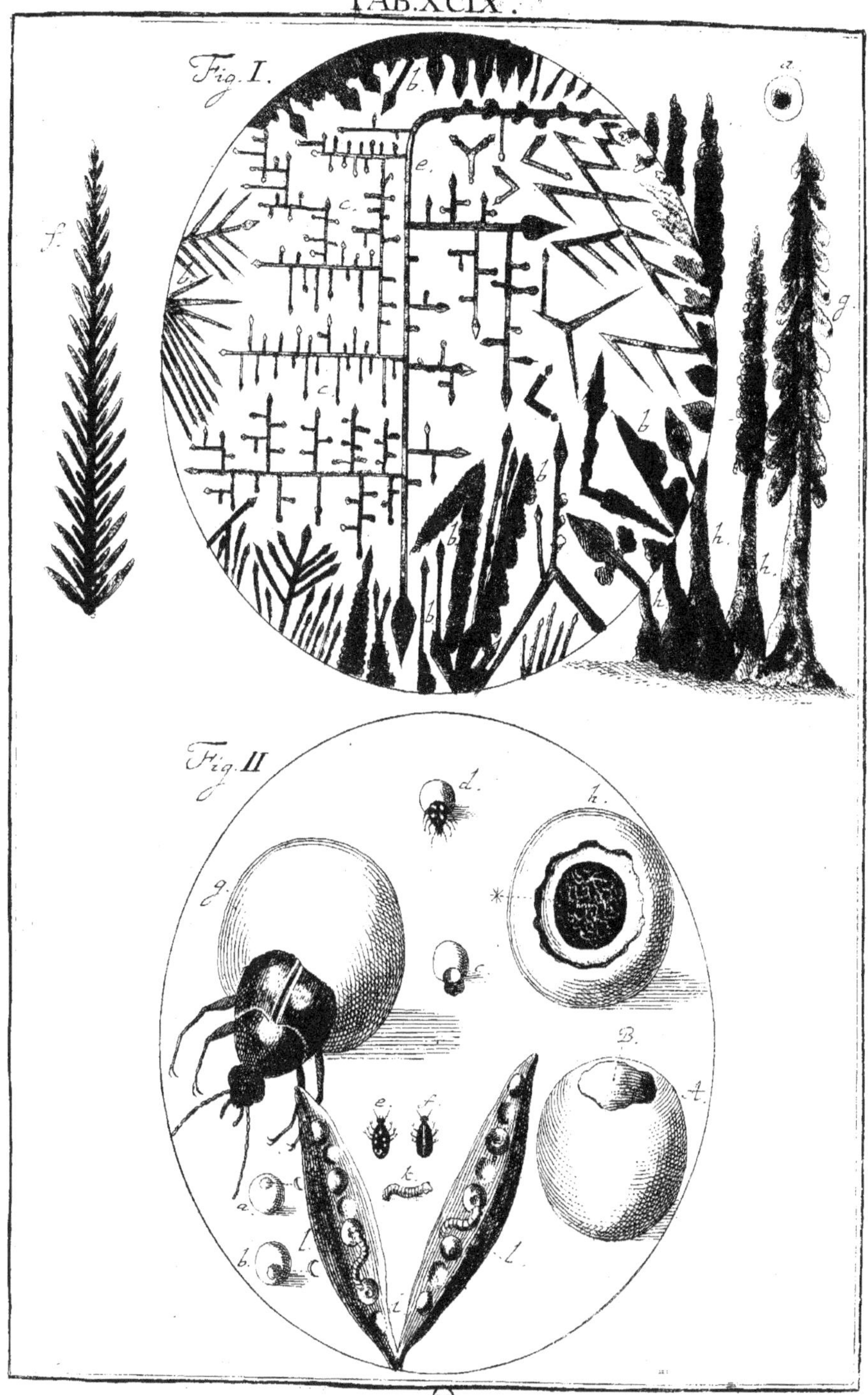

Fig. I.
Fig. II

Fig. A.

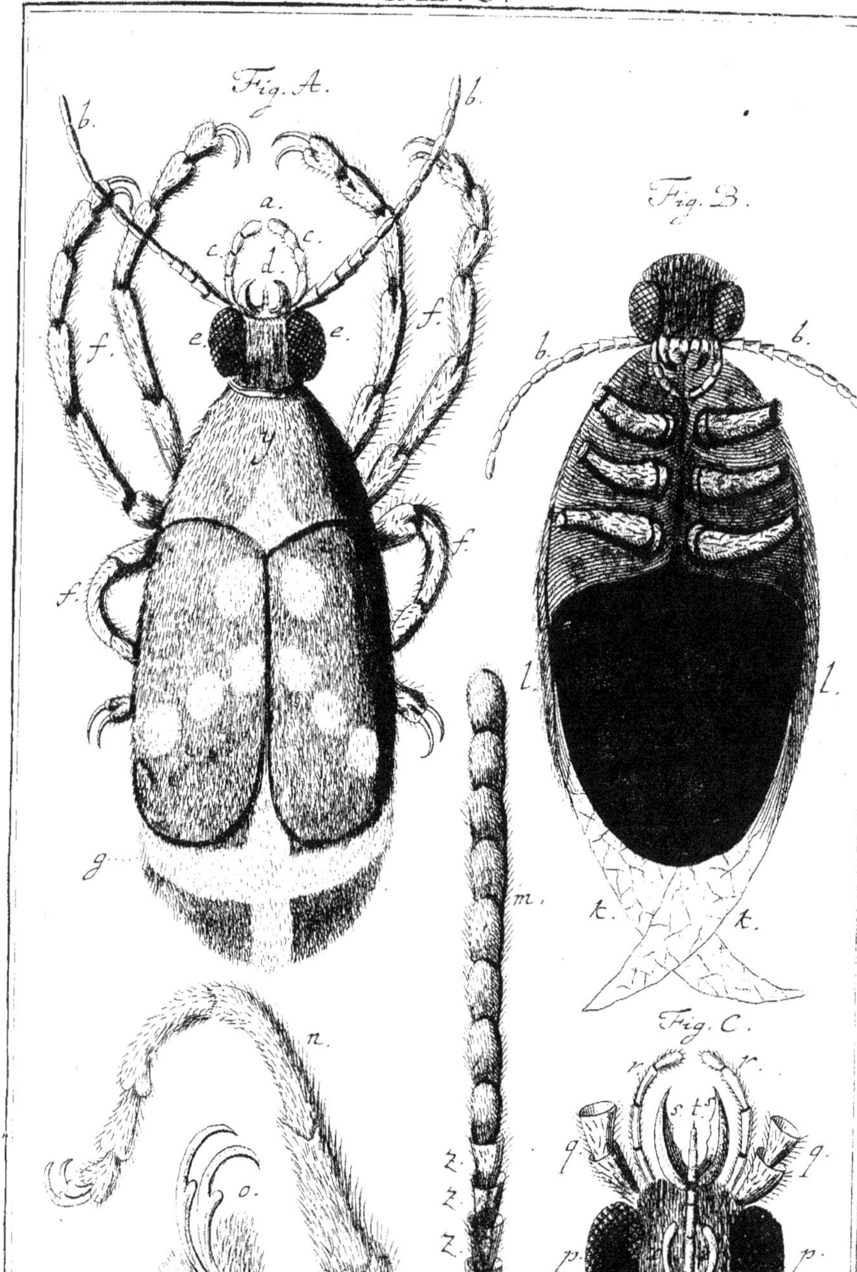

Fig. B.

Fig. C.